经管类精品教材

新编经济思想史

XINBIAN JINGJI SIXIANGSHI

徐俊武　程时雄 编著

知识产权出版社
全国百佳图书出版单位
—北京—

图书在版编目（CIP）数据

新编经济思想史/徐俊武，程时雄编著. —北京：知识产权出版社，2024.3
ISBN 978-7-5130-9087-2

I. ①新… Ⅱ. ①徐… ②程… Ⅲ. ①经济思想史—世界—高等学校—教材 Ⅳ. ①F091

中国国家版本馆 CIP 数据核字（2024）第 004986 号

内容提要

本书以融入中国特色社会主义经济建设的伟大实践和中华优秀传统文化为特点，化繁为简，重构了课程内容体系。主要内容包括经济思想史概述、前古典经济学、古典经济学、古典经济学的反对派、马克思主义经济学、新古典经济学、凯恩斯主义经济学、其他一些重要经济学流派与人物等八个部分。全书勾勒出符合当代大学生思维习惯的经济思想史主线，将经济思想史植根于中国实践场景，增强经济思想史的启发性，培养读者的经济学思维能力。

本书可作为高等院校财经类专业的教材，也可作为经济学爱好者了解经济思想史的入门读物。

责任编辑：张水华　　　　　　责任校对：王　岩
封面设计：段维东　　　　　　责任印制：孙婷婷

新编经济思想史
徐俊武　程时雄　编著

出版发行：知识产权出版社 有限责任公司		网　　址：http://www.ipph.cn	
社　　址：北京市海淀区气象路 50 号院		邮　　编：100081	
责编电话：010-82000860 转 8389		责编邮箱：46816202@qq.com	
发行电话：010-82000860 转 8101/8102		发行传真：010-82000893/82005070/82000270	
印　　刷：北京建宏印刷有限公司		经　　销：新华书店、各大网上书店及相关专业书店	
开　　本：720mm×1000mm　1/16		印　　张：18.25	
版　　次：2024 年 3 月第 1 版		印　　次：2024 年 3 月第 1 次印刷	
字　　数：320 千字		定　　价：79.00 元	

ISBN 978-7-5130-9087-2

序　言

　　阳光底下无新鲜事。任何时候，当我们想解决当前某个经济问题时，很可能需要参考前人的智慧。因为对于很多类似问题，历史上早就有伟大的头脑给出过答案，只是我们不知罢了。例如：当前一些西方国家的逆全球化和贸易保护主义，最初可以追溯到 15—17 世纪的重商主义；内外双循环的经济思想又与魁奈《经济表》中的循环图有异曲同工之处；而广为人知的内需不足导致经济危机的思想则最早来自 18 世纪末的马尔萨斯；等等。

　　就经济学初学者而言，时常回顾历史上那些闪烁着智慧光芒的经济思想，对深刻理解当下的经济活动大有裨益。当前世界和中国正经历百年未有之大变局。过去几年，受新冠病毒感染疫情影响，中国经济面临着下行压力，如何做好疫后重振？是需要"斯密"多一点还是"凯恩斯"多一点？中长期内，中国经济面临着产业结构转型的巨大挑战，创新是产业升级的必由之路。当我们热议"大众创业万众创新"时，熊彼特的思想又能给我们带来哪些启示？回眸改革开放四十余年，伴随市场化进程的加深，重读斯密和马克思的经典著作又会给我们带来什么帮助？诸如此类。各位读者头脑中是否也时常会闪现这些问题？处在 21 世纪的第三个十年的我们是幸运的，因为我们可以站在经济学过去两百多年来的思想巨人的肩膀上，思考解决现实经济问题的理论支撑与政策工具。倘若有幸更接近真实经济规律一小步，那便是经济思想史这门课程的巨大价值。

　　然而，诚如马歇尔所言，经济学不仅是研究财富，更是研究人的学问（It is on the side a study of wealth; and on the other, and more important side, a part of the study of man）。与自然科学对世界的认识水平一直呈现螺旋式或直线式进步不同，经济学属于社会科学，在历史上经济学思想经常具有反复性——有时一种看似已经"过时"的理论对现实世界的解释可能比当时普遍流行的理论更有说服力。事实上，经济学思想的演化就是理论与现实生活不断反馈的过程。20 世纪 30 年代的大萧条使马歇尔理论失色，迫使经济学家重新从需求侧思考经济危机的根源；20 世纪 70 年代的滞胀让凯恩斯理论蒙羞，自由主义经济学卷土重来，供给侧问题再次被重视起来；2008 年的金融危机让人们反思自由主义经济学，凯恩斯主义似乎又起死回生。

很多时候，当代主流经济学能为现实经济现象提供令人信服的解释，但是一旦出现"新"问题，主流经济学可能不能胜任，此时经济思想史中的某个已故经济学家的思想也许能为人们提供意想不到的灵感。可以说，从长期来看，没有"过时"的经济思想，只要有合适的"土壤"，历史上的某个经济学家随时能被"唤醒"。在某种意义上，经济学永远不可能一劳永逸地解释所有已知和未知的经济现象，永远也没有适用于所有经济问题的通用答案，永远需要在温故知新的基础上推陈出新。因此，了解历史上曾经出现过的经济思想，对于我们更深刻理解中国特色社会主义市场经济改革面临的各种问题具有重要意义。

"道不远人，远人非道。"一代又一代杰出的经济学者致力于将西方经济思想史之道带给所有求知者。目前国内经济思想类教材主要分两类：一是翻译自外国的经济思想史教材；二是国内高校自行编写的经济思想史教材。前者主要是以西方经济学者的视角观察经济学思想的演变历程，缺乏中国元素(中国元素是指与中国相关的经济实践案例和文化思想等)，尤其是未能在经济思想史中纳入中华优秀传统文化中的经济思想和中国特色社会主义经济建设的伟大实践经验。后者则良莠不齐，大多对课程思政元素兼顾不足，不能适应"四新"人才培养要求，也无法体现"四新"教学改革和课程建设最新成果。

在西方经济思想史的教学中，编者发现历届学生存在一些共性问题。第一，学生缺乏经济理论的整体性框架。在学习过程中常常只见树木不见森林，纠结于单个经济流派或经济学家的观点，而不理解这些观点与前后经济思想的联系，也对其所产生的历史背景缺乏充分了解。第二，学生缺乏对经济学家的立体认识。浩如烟海的经济思想起初都产生于一个个聪明的大脑，最终连成满天星辰。那些闪闪发光的经济思想在这些大脑中往往不是天外飞仙般的灵光乍现，而是内生于他们的自身性格、人生经历和特定历史时代。在经济思想史的学习过程中，了解了经济学家的性格特征、人生经历和历史背景，才能更好体会他们经济思想产生的前因后果，更扎实地掌握其思想精髓。第三，学生缺少中国传统文化教育。虽然西方经济思想史主要是学习西方的经济思想，但最终还是要为中国服务，解决中国问题，因此有必要帮助学生建立西方经济思想与同时期中国代表性经济思想之间的联系，并将中国特色社会主义经济建设的伟大实践经验融入课程中，才能使习得的西方经济思想知识不仅仅停留于纸面。

针对上述问题，本教材立足经济社会发展需求和人才培养目标，瞄准国家重大战略和学科前沿发展方向，结合中国特色社会主义实践的伟大经验，反映经济学学科教学和科研最新进展，反映经济社会和科技发展对经管类创新性人才培养提出的新要求，准确阐述经济学学科专业的基本理论、基础知识、基本方法和学术体系。本书在内容上删繁就简，力求通俗易入门，但又涵盖西方经济思想史的整体脉络、核心理论和主要经济学家的思想。同时，在语言上，注重严肃学术性叙述与通俗性知识扩展之间的平衡；在思政上，增添中国元素以便与西方经济思想相对照。

经济思想史课程的重点是理清西方经济学思想演变的脉络，难点是将经济学思想应用于中国经济实践。针对课程重点，本教材在吸收同类教材的优点的基础上，化繁为简，勾勒出符合当代大学生思维习惯的经济思想主线，然后按照这一主线展开，同时交代支线与主线的关系，使学生易于理解和掌握。针对课程难点，为了便于学生将相关经济思想应用于中国实践，教材在每一章都专门开辟一节介绍相关经济学思想与中国的联系或在中国的应用场景，使学生能顺利地在西方经济思想中植入中国元素，从而使教材富有启发性，有利于激发学习兴趣及创新潜能。

所以，与其说这是一本教科书，不如说是一本周游西方经济思想的导游书，读者在任何时候都可以停下来，或者改变行程，细细品味其中某一处风景，并建立与中国的联系。无论是对于学习经济学专业知识的在校学生，还是对于希望了解这一领域知识的业余爱好者，本书都是一本值得一翻的案头读物。

本书成稿得益于经济思想史课堂，因此首先要感谢湖北大学经济学类专业历届同学给予我们的启发，同时还要感谢在西方经济学和经济思想史领域给予我们营养的古今杰出经济思想家。最后，还要感谢湖北大学商学院研究生裴可欣、陈钊雄、王茹雪、卢金昌以及杨思婧等诸位同学在资料收集和初稿撰写中给予我的帮助。没有所有人的思想汇聚，就没有这本教材。当然，我们深深感到，受学识和格局所限，即便是执笔这一本经济思想史入门教材，也还有诸多难以避免的错漏，诚望各位读者批评指正！

编 者

目　录

第一章

引言：经济思想史概述

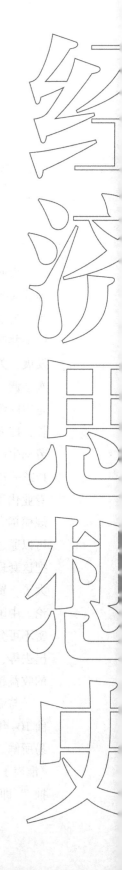

第一节　经济思想史的趣味性

为何一个去世了几百年的经济学家的名字还在现代被频频提起？因为闪烁着人类智慧光芒的思想从来不会因为时间推移而变得黯淡。

过去 40 多年来，中国经济取得了举世瞩目的成就，其最根本原因就是在中国共产党领导下进行的改革和开放。早在 1978 年，邓小平就提出，中国要发展，关起门来搞建设是不可能的。近年来，党和国家领导人在不同场合多次强调，开放带来进步，封闭导致落后。这些表述都表明，中国的对外开放是中国经济成功的一个最重要支柱。从经济学的角度讲，中国经历了长期增长，即人均收入的持续增长，而人均收入增长源自劳动生产率的提高。那么，劳动生产率提高的原因是什么？早在两百多年前，亚当·斯密（Adam Smith，1723—1790 年）就指出，劳动生产率提高的最根本原因在于技术进步和分工、专业化和交换。他在《国富论》里谈到，这取决于市场规模的大小——市场规模越大，参与分工和专业化的生产要素就越多，分工也就越细密，大家越可以通过各自优势、比较优势或绝对优势进行交换，并取得更大收益。后人把这套理论称为"斯密定理"，即经济增长取决于市场规模的扩大，市场规模大了，贸易创造的收益就增长了。中国 40 多年来的开放实践印证了斯密的理论。中国开放取得的重大成就与中国深度参与国际分工和不断深化规则对接密不可分。大力吸引外资、建立经济特区、实行出口导向政策、推动企业走出去等，这一切都扩大了市场规模，在国际分工基础上通过交换使来自贸易的收益越来越大。当然，在开放的过程中中国也实现了显著的技术进步。

与亚当·斯密在 1776 年出版的《国富论》中的表述类似，司马迁在公元前 104 年至公元前 91 年成书的《史记》中的《货殖列传》就写道："以所多易所鲜。"即用我多的东西换我少的东西。与司马迁几乎同时代的刘安编写的《淮南子》一书中也谈到了如何实现经济增长："以所有易所无，以所工易所拙。"即用我有的换我没有的，用我擅长生产的换我不擅长生产的。这些 2000

多年前的理论在相当程度上概括了今天国际贸易理论的基本内容，中国学界将其称为"淮南子·司马迁定理"。

为何有时几百年甚至几千年前的一些错误的思想依然在贻害人类？因为一旦遇到合适的土壤和气候条件，那些谬误就会死灰复燃。

特朗普政府执政以来，其对华贸易政策呈现浓郁的"新重商主义"特征，是错误经济思想的还魂。重商主义原本产生于15—17世纪封建制度瓦解和欧洲资本原始积累时期，先后以货币差额论（强调少买）和贸易差额论（强调多卖）为中心，在这个历史阶段，西欧各国力图通过实施奖励出口、限制进口的政策措施，来保证对外贸易出超。历史已经证明，受重商主义思想荼毒越深的国家，在长期经济增长中表现越差。特朗普政府对华贸易政策突出了"以邻为壑"的特征，采取早就被经济学家证明是错误的经济政策，必然损害中美两国人民甚至全人类社会的福利。

当我们强调中国经济脱虚向实时，300年前的经济学家魁奈的名字又时时闪现；当我国利用后发优势实现赶超战略时，又和200年前的李嘉图密不可分……可见学习经济思想史，不仅是与古人对话，更是加深对当代中国和世界经济理解的过程。

第二节　经济思想演化的主要历程

在漫漫历史长河中，人类从未停止对自然和社会的思考。那些有关家庭管理和财富创造的思想火花不断产生、碰撞、汇合，最终形成我们今天所看到的经济学大厦，而研究和记录这些灿若星辰的思想的学问就是经济思想史。一般将公元1500年看作是经济思想的分水岭。

1500年以前的世界，贸易很少，大部分产品都是在社会团体内部消费，而不是参与市场交易。因此，尽管在古代东西方都出现了货币和信用，但没有得到广泛使用。强大的国家和统一的市场也没有完全发展起来，经济思想的任何流派都没有形成。最早的西方经济思想可以追溯至古希腊时代，"经济学"词源的创造者色诺芬（Ξενοφών，约公元前440—前355年）、提出"探索自然艺术与非自然艺术"的亚里士多德（Aristotle，公元前384—前322年）、描述人类理想国的柏拉图和中世纪倡导公平交易思想的托马斯·阿奎那

(Thomas Aquinas，1225—1274年），是这一时期经济思想的主要代表。

1500年以后，随着地理大发现，市场和贸易的规模迅速扩大。货币经济取代了自然经济或自给自足经济，具有统一经济体的国家成为主导，代表思想和政策系统变化的经济学流派开始形成。16世纪，"政治经济时代"开始取代"道德哲学时代"。对政治经济的关注，使得经济思想的碎片形成完整的理论，产生了更有条理的经济思想。15—17世纪一种流行于西欧的经济思想即重商主义，虽包含许多的谬误，但也在一定程度上促进了彼时市场经济的发展。经济思想史上第一个正式的经济学流派形成于17世纪中叶，是以法国宫廷医生魁奈（Francois Quesnay，1694—1774年）为代表的重农学派。在重商主义的反向激励和重农学派的启发下，1776年以《国富论》的问世为标志，亚当·斯密开创了波澜壮阔的古典经济学时代。

纵观1500年之后的经济思想，大致经历了"三次革命"和"三次综合"，目前正在演变的是第四次综合与第四次革命①。经济思想史上的每一次"革命"都提出了与之前的经济学理论完全不同的研究范式，而每一次"综合"则把前后两种不同的研究范式统一在一个更大的理论框架中。这种以范式"革命"与范式"综合"交替形式出现的理论创新模式，事实上是科学发展的一般规律。就经济学而言，这种"革命"与"综合"的创新，既反映了人类经济历史不断前进的步伐，也反映了人类思想历史不断深化的过程。

近现代经济学的第一次革命，以亚当·斯密的《国富论》为标志，突破了自古希腊和中世纪以来只注重财富管理分析的前古典经济学研究范式，确立了以财富生产分析为主要目的的古典经济学研究范式。这一范式革命与转换，发生在第一次工业革命的开启时期（18世纪60—70年代），反映了以机器生产和社会分工为特征的工业文明对以家庭经济和自然经济为特征的农业文明的革命性替代。近现代经济学的第一次综合，以约翰·穆勒（John Mill，1806—1873年）的《政治经济学原理》（1848年）为标志，对前古典经济学与古典经济学的研究范式进行了理论综合，把财富的管理和财富的创造整合为一个统一的分析框架，使之成为经济学并行不悖、相互补充的两大研究范式。这种范式的综合，发生在第一次工业革命结束时期（19世纪中叶），反映了随着第一次工业革命的完成，包括经济学家在内的社会精英分子可以以更包容的心态对待人类科学与人文发展的历史遗产。

---

① 叶航. 超越新古典：经济学的第四次革命与第四次综合 [J]. 南方经济，2015，311（8）：1-31.

以牛顿力学体系的建立为诞生标志的近代科学，催生了近代经济学的第二次革命，即所谓的"边际革命"，其标志性的人物和代表作分别包括赫尔曼·戈森（Hermann Gossen，1810—1858 年）的《人类交换规律与人类行为准则的发展》（1854 年）、卡尔·门格尔（Carl Menger，1840—1921 年）的《国民经济学原理》（1871 年）、利昂·瓦尔拉斯（Léon Walras，1834—1910 年）的《纯粹经济学要义》（1874 年）和威廉·斯坦利·杰文斯（William Stanley Jevons，1835—1882 年）的《政治经济学理论》（1871 年）。"边际革命"突破了古典经济学此前以生产投入（包括劳动投入）作为分析对象的客观价值理论，提出了以人的心理因素作为分析对象的主观价值理论，即边际效用理论。这一范式革命与转换，发生在第二次工业革命的开启时期（19 世纪 70 年代），反映了在第一次工业革命极大地提升了人类的物质文明以后，经济学家开始更多地关注人类自身以及人类精神世界的崭新视野。近现代经济学的第二次综合则是新古典经济学的创立，以阿尔弗雷德·马歇尔（Alfred Marshall，1842—1924 年）的《经济学原理》（1890 年）为标志，将古典经济学的客观价值论和边际革命的主观价值论整合为一个统一的分析框架。其中，古典经济学的要素投入理论被作为新古典经济学的生产（供给）理论，而边际革命学派的边际效用理论则作为新古典经济学的消费（需求）理论，并以供给函数（供给曲线）和消费函数（消费曲线）的形式，统一于以数学（微积分）形式表达的均衡价格理论中。这种范式的综合，发生在第二次工业革命的结束时期（19 世纪末到 20 世纪初），反映了人类工业文明鼎盛时期现代科学、技术对人类经济生活极大的促进作用，以及现代科学理论的建构方式尤其是以数学作为一种通用的科学语言对经济学产生的重大影响，从而成为经济学理论从近现代走向现代的标志。

现代经济学的第三次革命，以梅纳德·凯恩斯（Maynard Keynes，1883—1946 年）的《就业、利息和货币通论》（1936 年）为标志，被世人称为"凯恩斯革命"。凯恩斯革命突破了新古典经济学将经济分析的基点立足于个人与厂商的微观分析范式，第一次确立了以国民经济作为一个整体对象的宏观分析范式。这一范式的革命与转换，发生在整个工业文明由鼎盛转向衰退的时期（20 世纪 20—40 年代），反映了 1929—1933 年在美国爆发，继而席卷整个资本主义世界的大危机对资本主义经济方式产生的深刻影响。它是在资产阶级意识形态内部对亚当·斯密以来"自由放任"的古典经济学传统，以及马歇尔均衡价格理论的深刻反思与批判，并由此开创了"国家干预"的现代资本主义制度。现代经济学的第三次综合，以保罗·萨缪尔森（Paul Samuelson，1915—2009 年）的《经济分析基础》（1947 年）为标志，将新古典经济学的微观分析范式与凯恩斯主义的宏观分析范式整合为一个统一的分析框架。该理论以"充分就业"为界，把描述充分就业均衡状态的经济分析称为微观经济分析，把描述未能实现充分就业的非均衡状态的经济分析称为宏观经济分析，从而创立了所谓的"新古典综合派"经济理论。这种范式的综合，发生在工业文明日趋式微而人类新经济形态开启的前夜（20 世纪 50 年代），既反映了"二战"以后世界经济恢复所带来的经济繁荣与文化繁荣，也反映了全球经济中心与政治中心由老牌帝国主义国家——英国向新兴帝国主义国家——美国的转移。以新古典综合派为代表的经济学理论体系，至今仍然是当代西方经济学的主流经济理论。

正在进行的现代经济学第四次革命是指从 20 世纪 80—90 年代开始，一直延续至今的、对西方主流经济学"经济人假设"或"理性人假设"的挑战与批判，以及以行为经济学（Behavioral Economics）、实验经济学（Experimental Economics）、演化经济学（Evolutionary Economics）、计算经济学（Computational Economics）、神经经济学（Neuroeconomics）为代表的新兴经济学（Neo-Economics）在此基础上提出的一系列不同于传统经济理论的假设与范式。这次革命发生的时间，基本与人类社会进入以"信息文明"为标志的后工业时代相契合。这一范式的革命与转换，具有后现代主义反理性、反分工的鲜明色彩，反映了当代科学技术跨学科融合与跨学科发展的趋势，是人类对启蒙运动以来所谓"科学理性"和"科学分工"进行全面反思在经济学领域的体现。

当代西方主流经济学是一个逻辑演绎系统。该系统从一个最基本的逻辑前提出发，进而推衍出它的所有命题。这个逻辑前提就是所谓的"经济人假设"或"理性人假设"。这一假设最早由亚当·斯密在《国富论》中提出，后来经马歇尔、萨缪尔森、德布鲁（Gerard Debreu，1921—2004 年）等人的发展，逐步形成了一套严密的、逻辑自洽的公理体系。但是，科学发展的历史和事实表明，逻辑自洽只是科学理论的必要条件而非充分条件，科学理论的充分条件是它所提出的假设必须得到可观察、可重复的经验事实的验证。以物理学为例，牛顿的三大定律只有在精确预测了哈雷彗星和海王星运行轨道的基础上，才能成为经典的力学理论；爱因斯坦的广义相对论只有在观察到空间弯曲所引起的红移现象后，才能成为现代物理学的基础。在这个意义上，当代西方主流经济学还不能算作一门真正的科学，因为作为这一理论体系逻辑前提的经济人假设和理性人假设并没有经过经验事实的严格检验。20世纪60年代以后，随着经济学微观基础的博弈论转向，经济人假设和理性人假设受到了空前的挑战。在一些著名的博弈案例，如囚徒困境（Prisoner's Dilemma）、公地悲剧（Tragedy of the Commons）中，根据理性人假设作出的行为决策并不能给决策者带来最优结果，而导致了所谓的"社会困境"（Social Dilemma），这与主流经济学的另一个重要假设"帕累托最优"产生了重大矛盾。从20世纪80年代开始，以行为经济学、实验经济学、演化经济学、计算经济学、神经经济学为代表的新兴经济学科，为了在经验实证的基础上对主流经济学的理性人假设进行严格的检验，不但从自然科学中借鉴并创立了各种科学手段，例如行为实验、神经实验和仿真实验，而且广泛吸收和融合了其他多门相关学科的研究成果，例如心理学、社会学、人类学、生物学、认知科学和神经科学等，从而使这次革命在形式上具有明显的反分工和跨学科倾向。

第三节　经济学、经济史与经济思想史

对经济学类专业的学生来说，了解"经济思想史"与"经济史""经济学说史""西方经济学流派""政治经济学""西方经济学"这几门课程的关系，对于准确理解经济思想史和相关经济学知识大有裨益[①]。

一、经济思想史

经济思想史研究自古以来人们关于社会经济生活的各种见解、主张、政策方案，以及它们赖以产生的思想基础和相互之间的影响等。经济思想史不仅包括早期人类没有形成系统化的经济主张，也包括近代以来各个时期产生的比较成型的系统化理论化的经济学说。任何思想都是一定社会文化、政治制度、历史背景等的产物，按照国别，可分为西方经济思想史（或外国经济思想史，一般简称为经济思想史）和中国经济思想史。从内容上看，经济思想史与经济学说史和西方经济学流派有很多相似之处，具体来说，经济思想

---

① 魏丽莉. 经济思想史 [M]. 北京：机械工业出版社，2019.

史包括经济学说史（凯恩斯以前）和西方经济学流派（凯恩斯以后）。

二、经济史

经济史是以人类社会各个历史时期不同国家或地区经济活动的具体发展演变过程作为研究对象的一门学科，横跨历史学与经济学，具有双重属性。经济史研究过去的经济事实，旨在还原真实的历史，例如经济史学界广泛开展了关于古史分期、封建土地所有制形式、资本主义萌芽等若干重大历史问题的讨论。经济史能总结历史上经济活动的经验和教训，在此基础上归纳经济活动的规律。因此，经济史是经济学理论创新的源泉。一部人类经济史，就是市场和市场经济产生、发展的历史，是走向市场化和市场化演变的历史。

三、政治经济学

在中国语义背景下，政治经济学有两个含义，一是经济学的旧称（1890年以前），二是特指马克思主义政治经济学，相对于西方经济学而言。"政治经济学"的提法出现于 17 世纪初，源于希腊文中的"poniz"（原意为城邦、国家及经济）与"经济学"组成的复合词。法国重商主义者 A. 蒙克莱田在1615 年出版的《献给国王和王后的政治经济学》一书中首先使用该词，目的是说他所论述的经济问题已经超出了自然经济的范畴。1775 年，卢梭为法国《百科全书》撰写了"政治经济学"条目，把政治经济学和家庭经济区分开来。而马克思主义政治经济学是经济思想史的一部分，是介于古典经济学和新古典经济学时期经济学的一个重要分支，也是马克思主义的三个组成部分之一。马克思恩格斯创立的无产阶级政治经济学，以社会的生产关系即经济关系为研究对象。马克思恩格斯批判地继承了古典政治经济学的优秀成果，着重剖析了资本主义的经济关系，创立了剩余价值学说，揭示了资本主义生产和剥削的秘密，揭露了无产阶级与资产阶级之间阶级对立和斗争的经济根源，论证了资本主义必然灭亡和社会主义必然胜利的客观规律，指明了无产阶级的历史使命就是推翻资本主义制度和建立社会主义制度，最终实现共产主义。

四、西方经济学

西方经济学是流行于西方市场经济国家的经济学，因特别注重对市场机制的研究，又有市场经济学之称。当代西方经济学发源于 1776 年亚当·斯密

《国富论》，历经了 200 多年的发展，是在经济思想史这棵大树上成熟的最大果实。从古典经济学、新古典经济学到凯恩斯主义经济学、新古典宏观经济学和新凯恩斯主义经济学，西方经济学界大师辈出、经济学流派林立。西方经济学不断创新和发展，与其他学科相互融合，以至于有"经济学帝国"之称。

第四节　中国特色社会主义市场经济理论与经济思想史

一、经济思想史上的"社会主义"与"市场经济"

根据经济思想史的传统观点，"社会主义"与"市场经济"是一对难以相互兼容的概念[①]。自亚当·斯密以来，市场经济及其对稀缺资源的配置就一直是经济学家关心的重要问题。斯密在《国富论》中主张将政府作为市场的守夜人，阐扬自由主义的经济观念。不过，随着 19 世纪末资本主义自由市场经济问题频发，社会主义成了当时社会关注的新热点，主流经济学者们也逐渐关注并思考社会主义经济的合理性与可行性问题。奥地利学派代表人物弗里德里希·冯·维塞尔（Friedrich Freiherr von Wieser），利用机会成本的概念，从稀缺资源配置最优化着手，提出资本主义经济与社会主义经济实际上都受共同基本"经济规律"的支配；克里斯托弗·皮尔森（Christopher Pierson）和卡尔·考茨基（Karl Kautsky）就社会主义社会必须解决价值的问题展开争论；阿尔伯特·谢夫莱（Albert Sch Ffle）认为中央计划权威只能依靠某种与自由市场定价相似的方式来确定价值；卢布·布伦塔诺（Lujo Brentano）则认为计划经济与自由难以相容。1920 年，奥地利学派另一代表人物路德维希·海因里希·艾德勒·米塞斯（Ludwig Heinrich Edler von Mises）发文质疑社会主义经济的合理性与可行性问题，由此引发了关于社会主义合理经济计算的大论战。米塞斯的主要观点在于市场决定生产要素的价格，而社会主义制度下不存在市场，那么社会主义将无法进行计算。弗里德里希·奥古斯特·冯·哈耶克（Friedrich August von Hayek）支持米塞斯的这一说法，并强

---

① 董志勇，沈博. 中国共产党关于社会主义市场经济发展的百年探索 [J]. 经济学动态，2021（7）：22-33.

调由于中央计划机构无法掌握所有数据，无法具备完全知识，所以社会主义的资源配置问题是无法践行的。面对米塞斯和哈耶克的论断，意大利经济学家恩里科·巴罗内（Enrico Barone）借鉴维尔弗雷多·帕累托（Vilfredo Pareto）的设想，构建了社会主义经济的一般均衡模型。这让哈耶克转而提出了一个新问题：中央计划者无法像自由市场对价格作出迅速反应那样对经济计划进行调整。美国经济学家基德·泰勒（Fred M. Taylor）认为社会主义社会一系列生产要素及产品的价格都可通过"试错"过程来设定。奥斯卡·理沙德·兰格（Oskar Ryszard Lange）于1936年和1937年先后发文回应这一问题，主张价格不仅是交换比率，还是用于经济决策的一般依据，并支持泰勒所提出的"试错"假想。

20世纪30年代兰格论战的背景还与英国经济学家约翰·梅纳德·凯恩斯（John Maynard Keynes）于1930年出版的《货币论》和1936年出版的《就业、利息和货币通论》密切相关。1929年大萧条的爆发与罗斯福新政带来了思想界对传统自由市场的反思。凯恩斯力主通过国家干预的方式应对经济危机，由此打破了自古典经济学以来关于政府与市场关系的认知，开创了国家干预经济的新模式。随着"二战"结束越来越多的西方国家在经济指导思想上采纳凯恩斯主义，政府干预与国有企业在资本主义市场中的角色与作用得到强化。待到20世纪70年代初经济滞胀之时，以米尔顿·弗里德曼（Milton Friedman）为代表的货币主义取代了凯恩斯主义在西方主流经济学中的地位，西方经济学界的整体思潮又重新朝向自由市场，并凝结为自由化、私有化和市场化的"华盛顿共识"，从而进一步强调资本主义私有制与市场经济之间的"亲和力"。

二、中国特色社会主义市场经济理论的提出与框架构建

20世纪80年代末90年代初，国内外形势的新变化让国内出现了对社会主义条件下发展市场经济的改革探索的质疑之声。邓小平结合计划与市场手段论和社会主义本质论进一步强调了社会主义条件下发展市场经济的必要性和可行性，消除了人们对实行社会主义市场经济会让中国走上资本主义道路的担忧。1992年邓小平南方谈话廓清姓"资"姓"社"的迷雾，为社会主义市场经济体制的提出立下了基调。他提出，社会主义基本制度确立后，还需"从根本上改变束缚生产力发展的经济体制，建立起充满生机和活力的社会主义经济体制，促进生产力的发展"，而"计划和市场都是经济手段""计划经

济不等于社会主义""市场经济不等于资本主义"，社会主义要赢得与资本主义相比较的优势，就必须"大胆吸收和借鉴人类社会创造的一切文明成果"。对于当时出现的计划与市场相结合的社会主义商品经济体制、社会主义有计划的市场经济体制、社会主义的市场经济体制等不同说法的争论，江泽民认为新经济体制的提法需涵盖如下三个特征：所有制结构上坚持以公有制为主体，个体经济、私营经济和其他经济成分为补充，多种经济成分共同发展；分配制度上坚持以按劳分配为主体，其他分配方式为补充，允许和鼓励一部分地区、一部分人先富起来，逐步实现共同富裕；经济运行机制上把市场经济和计划经济的长处有机结合起来，促进资源优化配置，合理调节社会分配。在经历一系列探讨后，党的十四大正式提出"我国经济体制改革的目标是建立社会主义市场经济体制"，让市场在社会主义国家宏观调控下对资源配置起"基础性作用"，利用价格杠杆和竞争机制高效配置资源，实现优胜劣汰，促进生产与需求的及时协调。这标志着中国特色社会主义市场经济理论初步形成，是党探索在社会主义条件下发展市场经济的突破性一步。1993 年党的十四届三中全会通过了《关于建立社会主义市场经济体制若干问题的决定》，就现代企业制度的建立、市场体系的培育和发展、宏观调控体系的建立健全、个人收入分配和社会保障制度的建立、对外经济体制改革的深化等重点领域的配套改革任务进行部署，勾勒了社会主义市场经济体制的基本框架；要求从中国国情出发，借鉴世界各国"一切反映社会化生产和市场经济一般规律的经验"。江泽民在党的十四届三中全会上谈到了正确处理加强宏观调控与发挥市场作用的关系问题，强调社会主义市场经济体制是与社会主义基本制度结合在一起的，国家宏观调控与市场机制的作用"都是社会主义市场经济体制的本质要求"。1995 年 9 月，江泽民在党的十四届五中全会上阐述了正确处理社会主义现代化建设中的若干重大关系的问题，其中包括市场机制和宏观调控、公有制经济和其他经济成分、收入分配中国家与企业和个人的关系问题。党的十五大明确提出，"公有制为主体、多种所有制经济共同发展，是我国社会主义初级阶段的一项基本经济制度"，以"逐步消除所有制结构不合理对生产力的羁绊"，进一步解放和发展生产力，由此从所有制问题上推进了关于社会主义市场经济的探索。至此，中国共产党完全突破了以往将社会主义与市场经济相对立的观念。

随着市场机制作用和所有制问题的理论突破，党关于中国特色社会主义市场经济体制的基本框架认知与实践路线设计日渐清晰，完善社会主义市经济体制成为党在新世纪中所面临的新任务。党的十六大提出，"建成完善的社会主义市场经济体制和更具活力、更加开放的经济体系"是全面建成小康社会的重要目标和任务，强调个体、私营等多种形式的非公有制经济都是"社会主义市场经济的重要组成部分"。2003年10月党的十六届三中全会通过的《关于完善社会主义市场经济体制若干问题的决议》对完善社会主义市场经济体制的目标提出了具体的政策实践框架，并相应地提出了主要任务：完善基本经济制度；建立有利于逐步改变城乡二元经济结构的体制；形成促进区域经济协调发展的机制；建立统一开放竞争有序的现代市场经济体系；完善宏观调控体系、行政管理体制和经济法律制度；健全就业、收入分配、社会保障制度；建立促进经济社会可持续发展的机制。由此呼应了此前历次重大会议通过的关于社会主义市场经济体制的目标及任务要求，并为后续的改革开放与稳定发展指明了方向。根据这一决议，党中央和国务院先后颁布了关于资本市场、投资体制、个体私营等方面体制改革的重要文件，推进了社会主义市场经济各层面的体制改革。党的十七大延续了此前关于完善社会主义市场经济体制的政策导向，并提出"从制度上更好发挥市场经济在资源配置中的基础性作用"。2008年，胡锦涛在纪念党的十一届三中全会召开30周年的大会上充分肯定了党在社会主义条件下发展市场经济的成果，要求"必须把坚持社会主义基本制度同发展市场经济结合起来，发挥社会主义制度的优越性和市场配置资源的有效性"，以"更好地实现经济建设这个中心任务"。2010年12月，胡锦涛根据科学发展观的指引，在中央经济工作会议上提出要认真总结与研究社会主义市场经济规律，注意将"抓住发展机遇和创新发展理念、发展模式结合起来"，处理好政府与市场、经济发展与收入分配、维护中央权威与发挥地方积极性、国内发展和对外开放等关系。党的十八大重申了此前关于完善社会主义市场经济体制的目标，提出要在"更大程度更大范围内"发挥市场在资源配置中的基础性作用，强调深化改革是"加快转变经济发展方式的关键"，而经济体制改革的核心问题在于处理好政府和市场的关系，"必须更加尊重市场规律，更好发挥政府作用"，保障各种所有制经济能够"依法平等使用生产要素""公平参与市场竞争""同等受到法律保护"。

整体而言，1978年至21世纪头十年是党探索在社会主义条件下发展市场经济的重要阶段，是中国特色社会主义市场经济理论提出与初步发展的阶段。党根据社会主义的本质要求，打破经济体制和经济制度的传统映射关系，从促进生产力发展、改善人民生活的角度将社会主义与市场经济有机地结合到一起，从而实现了伟大的理论创新。进入 21 世纪，尤其是在中国加入世界贸易组织后，社会主义市场经济的理念日益深入人心，加快建设和完善社会主义市场经济体制成为党新的历史任务。

三、中国特色社会主义市场经济理论的全面完善

党的十八大以来，我国进入中国特色社会主义新时代，党对社会主义条件下发展市场经济的理论与实践探索进入新的发展与完善阶段。随着我国社会生产力的迅速发展和社会经济发展水平的不断提升，新时代对我国社会主义市场经济体制的建设与完善提出了新的要求与目标。

以习近平同志为核心的党中央全面深化改革，在社会主义市场经济的基本理论和实践问题上取得了一系列新突破，对政府与市场的关系做了进一步的科学定位，在产权问题上提出了一系列新的理论命题和改革举措，实现了社会主义市场经济理论新的飞跃。2013 年党的十八届三中全会通过的《关于全面深化改革若干重大问题的决定》提出，要使市场在资源配置中起"决定性作用"，更好地发挥政府作用，加快完善现代市场体系、宏观调控体系与开放型经济体系，着力解决"市场体系不完善、政府干预过多和监管不到位问题"，明确政府的职责是"保持宏观经济稳定，加强和优化公共服务，保障公平竞争，加强市场监督，维护市场秩序，推动可持续发展，促进共同富裕，弥补市场失灵"。习近平指出，关于使市场在资源配置中起决定性作用和更好发挥政府作用是党提出的又一"重大理论观点"，实现了对政府和市场关系认识的不断深化，从而推动经济发展方式和政府职能的转变，抑制消极腐败；完善的社会主义市场经济体制的形成需要在市场秩序、生产要素市场、市场规则、市场竞争等方面解决存在的问题。2014 年 5 月，习近平在主持中共十八届中央政治局第十五次集体学习时提出，在市场和政府的问题上，要讲辩证法和"两点论"，"'看不见的手'和'看得见的手'都要用好"，进而形成市场和政府"有机统一、相互补充、相互协调、相互促进的格局"。党的十八届三中、四中、五中全会提出了一系列扩大非公企业市场准入、平等发展的改革举措，致力于构建"亲""清"的新型政商关系。党的十九大提出了"建设现代化经济体系"，强调构建"市场机制有效、微观主体有活力、宏观调控有度的经济体制"，要求经济体制改革必须"以完善产权制度和要素市场化配置为重点"，并将"两个毫不动摇"列入新时代坚持和发展中国特色社会

主义的基本方略，以此回应自党的十八届三中全会以来党对市场经济体制的新定位，以及不断促进非公企业更好发展的改革要求。党的十九届三中全会则重点关注破除制约使市场在资源配置中起决定性作用、更好发挥政府作用的体制机制弊端。

在充分重视政府与市场关系问题的同时，党一直注重所有制问题在社会主义市场经济体制建设中的重要角色及影响，甚至是拓展社会主义基本经济制度的范畴，将宏微观经济主体及其所在的市场体制环境一同纳入统一的理论话语体系。党的十九届四中全会将公有制为主体、多种所有制共同发展，按劳分配为主体、多种分配方式并存，社会主义市场经济体制一同纳入社会主义基本经济制度的范畴。这一创新一方面充分彰显了社会主义制度的优越性，另一方面遵照生产力与生产关系相匹配的原则，充分考虑了与我国社会主义初级阶段社会生产力发展水平相适应的问题。2020 年 5 月，中共中央和国务院颁布《关于新时代加快完善社会主义市场经济体制的意见》，针对各种所有制经济、市场经济基础性制度、要素市场化配置体制机制、宏观经济治理体制、民生保障制度、高水平开放型经济新体制、社会主义市场经济法律制度等重点领域，提出了一系列改革新举措。党的十九届五中全会进一步提出"推动有效市场和有为政府更好结合"的要求，强调建设更加完善的社会主义市场经济体制的重要内容：高标准的市场体系基本建成；市场主体更具活力；产权制度改革与要素市场化配置改革向前迈出重大步伐；公平竞争更为健全；高水平开放型经济新体制基本形成。

2022 年 10 月，党的二十大报告着眼全面建设社会主义现代化国家的历史任务，作出"构建高水平社会主义市场经济体制"的战略部署，明确了新举措新要求。习近平指出："市场决定资源配置是市场经济的一般规律，市场经济本质上就是市场决定资源配置的经济。"[①] 构建高水平社会主义市场经济体制，要加快建设全国统一大市场，深化要素市场化改革，建设高标准市场体系，不断完善产权保护、市场准入、公平竞争、社会信用等市场经济基础制度，实现准入畅通、开放有序、竞争充分、行为规范，充分发挥我国巨大市场潜力，聚集国内外资源要素，为构建新发展格局提供坚实支撑。[②]

构建全国统一大市场。建设高效规范、公平竞争、充分开放的全国统一

---

① 习近平关于全面深化改革若干重大问题的决定的说明 [EB/OL]. [2022-04-05]. https://www.gov.cn/ldhd/2013-11/15/content_2528186.htm.

② 宁阳. 高水平社会主义市场经济体制的内在本质与构建 [J]. 人民论坛, 2022 (24)：18-21.

大市场，是坚持扩大内需战略、构建新发展格局、建设高水平社会主义市场经济体制的内在要求。要强化统一大市场基础制度建设，推进市场基础设施互联互通，建立公平规范高效的市场监管体系。打造高标准商品、服务和要素市场，促进现代流通体系建设，大力发展物联网，降低制度性交易成本和全社会物流成本，增强统一市场的规模效应和集聚效应。深入实施乡村振兴战略和新型城镇化战略，畅通城乡要素流动，激发融合发展的巨大潜能。建立有利于发挥比较优势的区域协调发展机制，促进生产要素在更大范围、更广领域流动交融。加快统一市场法规及标准的建立和修订，坚决废除妨碍全国统一市场和公平竞争的各种规定和做法。

深化要素市场化改革。完善要素市场是构建全国统一大市场的重要组成部分，是深化市场化改革的重点任务。要深入开展要素市场化配置综合改革试点，健全要素市场体系，扩大配置范围，实现要素价格市场决定、流动自主有序、配置高效公平。统筹推进农村土地征收、集体经营性建设用地入市、宅基地制度改革，加快建设城乡统一的建设用地市场。深化户籍制度改革，破除劳动力和人才在城乡、区域、不同所有制单位间的流动障碍。加强资本市场基础制度建设，推动多层次资本市场健康发展。加快发展技术要素市场，完善科技创新资源配置方式。加快构建数据基础制度体系，统筹推进数据产权、流通交易、收益分配、安全治理，促进数字经济和实体经济深度融合，打造具有国际竞争力的数字产业集群。加快要素价格市场化改革，完善主要由市场供求关系决定要素价格的机制，依法维护公共利益，最大限度减少政府对价格形成的不当干预。

建设高标准市场体系。高标准市场体系是构建高水平社会主义市场经济体制、保障市场有效运行的重要基础。要坚持平等准入、公正监管、开放有序、诚信守法，畅通市场循环，疏通政策堵点，提升市场监管服务的规范化和便利化程度。全面完善产权制度，健全归属清晰、权责明确、保护严格、流转顺畅的现代产权制度，健全以公平为核心原则的产权保护，强化知识产权保护。全面实施市场准入负面清单制度，严格落实"全国一张清单"管理模式。全面落实公平竞争审查制度，坚持对各类市场主体一视同仁、平等对待，健全公平竞争制度监督实施机制，增强刚性约束。全面推进社会信用建设，健全相关法律法规和标准体系，完善市场主体信用承诺制度，构建以信用为基础的新型监管机制。

问题与讨论

1. 当代中国有哪些西方经济思想经常"复辟"？
2. 为什么 1500 年经常被当作经济思想的分界点？
3. 列举当年媒体关注的五个最热的经济问题，并追寻它们在经济思想史上的渊源。
4. 中国特色社会主义市场经济理论的主要思想来源有哪些？

参考文献

[1] 赵晓雷. 中国经济思想史 [M]. 沈阳：东北财经大学出版社，2023.

[2] 张旭昆. 经济思想史 [M]. 北京：中国人民大学出版社，2017.

[3] 赖建诚. 经济思想史的趣味 [M]. 杭州：浙江大学出版社，2016.

[4] 魏丽莉. 经济思想史 [M]. 北京：机械工业出版社，2019.

[5] 海因茨·D. 库尔茨. 经济思想简史 [M]. 李酣，译. 北京：中国社会科学出版社，2016.

[6] 程霖，夏艳秋. 中国经济思想史研究的历史初心与未来使命 [J]. 中国经济史研究，2022（4）：14-31.

第二章

前古典经济学

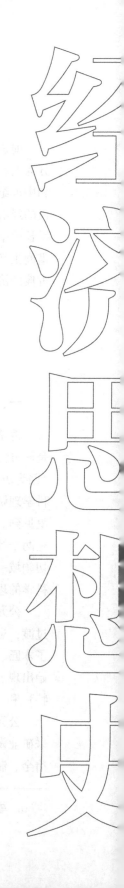

前古典经济学是指 1776 年以前的经济学，大致以 1500 年为分界点，可分为上、下两个部分，上半部分（公元前 8 世纪至 1500 年）包括古希腊时代和中世纪，下半部分（1500—1776 年）包括重商主义和重农学派。古希腊时代的经济思想是经济学的渊源与先声，古希腊哲学家播下了经济思想的种子；漫长的中世纪在圣经哲学中留下了经济思想的影子；随后 15—17 世纪兴起的重商主义开启了民族国家之间的竞争；18 世纪 50—70 年代盛行的重农学派对古典经济学产生了深刻影响。

第一节　古希腊的经济思想

一、概述

古希腊包括巴尔干半岛南部（本土）、爱琴海诸岛和小亚细亚沿岸地区，是西方文明的发祥地。西方最早出现的经济学说也产生于古希腊，马克思说："因为历史地出现的政治经济学，事实上不外是对资本主义生产时期的经济的科学理解，所以，与此有关的原则和定理，也能在例如古希腊社会的作家那里见到。这只是因为一定的现象，如商品生产、贸易、货币、生息资本等等，是两个社会共有的。由于希腊人有时也涉猎这一领域，所以他们也和其他一切领域一样，表现出同样的天才和创见。所以他们的见解就历史地成为现代科学的理论的出发点。"[1]

公元前 12 世纪到公元前 9 世纪，古希腊从原始社会制度向奴隶社会制度过渡，史称"荷马时代"。这一时期，由于铁器出现，农业生产力提高，出现了木匠、瓦匠等的行业分工，商品交换开始形成，私有土地和贵族蓄奴也开始出现。这个时期的经济思想主要表现在当时的两部史诗之中——《伊利亚特》和《奥德赛》。

公元前 8 世纪到公元前 6 世纪，古希腊进入奴隶制城邦时期。这一时期，采矿业发展，铁制农具进一步推广，耕地面积逐步扩大，人口增加，造船、冶金、制陶等手工业进一步发展，工商业呈现出一定的繁荣。城乡接合体，

---

① 马克思，恩格斯. 马克思恩格斯全集：第 20 卷 [M]. 北京：人民出版社，1971：249-250.

又称城邦（以城市为中心，结合周围农村，实现农业和工商业的双向互动），大量形成。雅典和斯巴达是当时最著名、最大的两个城邦。

　　公元前 431—前 404 年爆发了伯罗奔尼撒战争，斯巴达最后战胜雅典。从此希腊各城邦逐渐陷入危机，并开始衰败。古希腊较为系统的经济思想，大多出现在伯罗奔尼撒战争之后。当时希腊城邦进入危机的时代，奴隶制度所暴露出来的矛盾和剧烈的阶级斗争，驱使奴隶主思想家去寻找维护奴隶制度的途径，于是产生了较为系统的经济思想。在古希腊，对奴隶主经济思想做较系统论述的有色诺芬、柏拉图和亚里士多德。

色诺芬　　　　　　　　柏拉图　　　　　　　　亚里士多德

二、色诺芬的经济思想

　　色诺芬（Xenophon，Ξενοφών，约公元前 444—前 354 年）是古希腊哲学家、历史学家，出生于雅典的一个富人家庭，是希腊哲学家苏格拉底的学生。以希腊雇佣兵的身份参加过战争，后加入斯巴达军队，因此被雅典公民大会判处终生流放。公元前 387 年，迁移到奥林匹亚附近的土地居住，从事经营和庄园管理，并进行创作，最后死于哥林斯。

　　色诺芬的著述很多，经济著作有《经济论》，这是最早用"经济"（原意为家庭管理）一词作为书名的著作，也是古希腊流传下来专门论述经济问题的一部著作。色诺芬在这一著作中，探讨奴隶主的经济任务与如何经营奴隶制经济的问题。全书采取苏格拉底与克利托布勒斯、伊斯霍玛霍斯对话这一文学形式写成。书中苏格拉底的谈话，实际上是色诺芬本人的见解。全书大体分为两部分：一部分主要论述与奴隶经济制度有关的问题，诸如奴隶主的经济任务，财产的经营与管理，奴隶的管理与训练，管家人的挑选和培养等；另一部分主要涉及生产力问题，例如论述农业的重要性、农业耕作技术问题。《经济论》典型地表现出奴隶主经济思想的特色。色诺芬的另一著作是《雅典的收入》，讨论雅典国家财政问题，是一部最早的财政学著作，其中包含有对货币的深刻见解。色诺芬的主要政治观点是拥护斯巴达贵族统治，反对雅典民主政治。

三、柏拉图的经济思想

柏拉图（Plato，Πλατών，公元前 427—前 347 年）出生于雅典贵族家庭，是苏格拉底的学生，创办了"阿卡德弥亚"哲学学园。他不仅是古希腊伟大的哲学家，也是整个西方文化中最伟大的哲学家和思想家之一。柏拉图和老师苏格拉底、学生亚里士多德并称为"希腊三贤"。以柏拉图命名的有：柏拉图思想、柏拉图主义、柏拉图式爱情等。

柏拉图的著述也很多，其中和经济学有关的两部著作是《理想国》和《法律篇》，这两部著作都在伯罗奔尼撒战争之后写成。他看到尖锐的社会矛盾正动摇着奴隶制度，因此从唯心主义哲学出发，提出所谓跟人类理性相一致的正义原则来组织一个消除贫富对立的国家。他以社会分工学说为基础，阐述了如何按照人们的天性进行社会分工，把整个社会分为执政者即哲学家阶层、保卫者和生活资料供应者三个阶层。他们分别承担治理国家、保卫国家、生产物质产品的职能。以上三个阶层的人只能是自由民，奴隶不在其中。因为他认为奴隶只是会说话的工具，连工具人都算不上，因为奴隶非人哉。

除社会最低层级外，执政者和保卫者都不应该拥有私有财产，他们的收入由国家供给，所供给的数量足够一年的耗费。因为私人情感可能妨碍公共精神，因此应该消灭家庭，实行共妻共子。如此一来有利于全国团结，而且可以改良人种，便利公民教育。柏拉图认为理想国的人口不能太多也不能太少，应与国土保持相应的比例。按照他的计算，5040 名的公民人数对理想国家最为适宜。柏拉图提出农业应成为理想国的基础，在理想国中商业是必要的。但他又认为雅典人只应从事农业，而不应从事唯利是图的商业。他的政治观点是拥护贵族专政，反对雅典民主制。此外，他还认为货币的职能是为交换服务，具有价值尺度和流通手段职能，反对将货币作为贮藏手段，反对商业资本和高利贷资本。

四、亚里士多德的经济思想

亚里士多德（Aristotle，Αριστοτέλης，公元前 384—前 322 年），出生于希腊殖民地色雷斯，其父为马其顿国王的御医。17 岁到雅典成为柏拉图的学生。柏拉图去世后，他前往各地游历，后来被聘为马其顿王子亚历山大的老师。公元前335年，他在雅典办了一所叫吕克昂的学校，被称为逍遥学派。马克思曾称亚里士多德是古希腊哲学家中最博学的人物，恩格斯称他是"古代的黑格尔"。

亚里士多德著述十分丰富。他的经济思想主要反映在《政治论》和《伦理学》中。他认为，生财之道有两种：一种是属于家务管理的一部分；另一种是"货殖"，即无限制地追求货币增值。前者是把大自然提供的生活资料安排好，积累对家庭具有使用价值的财富，取得这些财富是为满足消费，人的消费有一定限度，因而这种财富也是有限的，是合乎自然的。后者的目的是增加货币，因而这种财富是无限的，也是违反自然的。在这类活动中，高利贷是尤其可恶的，因为它不是对金钱的自然使用，是不合乎自然的。

亚里士多德认为物品有两种用途：第一种是直接使用；第二种是供交换之用。他认为一种商品的价值可以通过任何其他商品来表现，例如"5张床的价值=1间屋子的价值"和"5张床的价值=10个银币的价值"没有本质不同，因此认为货币使商品成为相等的物。关于市场，亚里士多德认为需求是社会的黏合剂，交换一般发生在有相互需求的两者之间。他认为市场交换的前提是"对等"，已经有了后世等价交换的思想雏形。例如1头牛和3只羊的价值大致是相等的，于是在某种情况下这样的交易就有可能会发生；反之因为1头牛和1粒普通米饭之间的价值不具有对等关系，因而便基本不可能发生交易。

亚里士多德在《政治学》中提出了与柏拉图不同的理想国家组织。他希望在加强奴隶阶级中等阶层的势力的情况下，组织有限的奴隶主民主制来巩固奴隶制度，而柏拉图则试图实行大奴隶主阶层占统治地位的寡头政体来巩固奴隶制度。他的政治观点是希望实行有限的奴隶主阶级的民主政体来巩固奴隶制度。

第二节　中世纪的经院哲学

中世纪是西欧一个漫长的封建时代。封建制度下的生产是在封建庄园中进行的，自然经济占统治地位。但公元11世纪后，随着生产力的发展，手工业和商业逐渐发展起来，并在手工业生产者和商人聚居的地方开始形成城市。与封建统治相适应，宗教在西方社会生活中占有特殊地位，教会有极大势力。教会僧侣不仅是大封建主，也是思想文化教育领域的垄断者，宗教思想在人们精神生活中占绝对支配地位。那时的经济思想也是僧侣的产物，特别是由一个著名学者组成的团体即经院学派的产物。经院哲学是欧洲中世纪占统治地位的哲学，它是从古代奴隶主基督教神学演变和发展而来的。经院学派的方法是：先提出一个观点，然后对这种观点做肯定或否定的评论说明，按权威人士（例如亚里士多德）的说法，给出一个最后的答案。它的产生和发展与西欧封建制度的形成和发展是分不开的。

托马斯·阿奎那（Thomas Aquinas, 1225—1274年）是欧洲中世纪最重要的哲学家，死后也被封为天使博士或全能博士。他是自然神学最早的提倡者之一，也是托马斯哲学学派的创立者，成为天主教长期以来研究哲学的重要根据。他在论证自己的学说时，除了援引宗教信条和教父说理，还广泛引用古代亚里士多德的学说。因为他在大多数场合紧紧地追随着亚里士多德，以致这位哲学家在天主教信徒的心目中具有教父般的权威，就算是在纯哲学问题上批评亚里士多德，也会被人认为是不虔诚的。

托马斯·阿奎那

阿奎那的著作非常多，总字数高达1500万字以上，其中许多著作包含着哲学观点，比如《论存在与本质》《箴言书注》《论真理》《论自然原理》《波埃修〈论三位一体〉注》。《神学大全》是其代表作，也是中世纪经院哲学的集大成著作。他为亚里士多德著作《论原因》做过评注。

关于财产所有权制度，他竭力推崇私有制，反对公有制。按他的说法，私有财产之所以需要，是由于每个人对获取他自己独得的东西，要比获取许多人共有的东西更关心些，如果责成每个人去当心他自己特有的某些东西，人类事务将管理得更有秩序，并保证人们有一个更太平的国家。财产共有反而会引起不和与争执。因此私有制不仅符合自然法观念，而且也是人类生活不可缺少的基础。但是他又提出，私有财产只在不许别人使用或用以伤害别人的时候才是不正当的。阿奎那为私有制辩护的种种理由为后来的思想家提供了重要参考，但不许别人使用私有权就不正当的说法又是一种糊涂的观点，因为排他性正是财产私有制的基本特征之一。

关于价格问题，阿奎那提出了"公平价格"的重要思想。但在中世纪教会思想家中，大阿尔伯特（Albertus Magnus，约 1206—1280 年）早在阿奎那之前就曾研究过"公平价格"问题。他在注释亚里士多德的《伦理学》时，把与生产物品所耗掉的劳动量相等的价格称为"公平价格"，并认为如果产品交换不能和耗费掉的劳动相等，则生产该商品的行业就会消失。

关于货币问题，阿奎那认为货币是人们在交换中为了双方共同利益而有意识发明和创造出来的，铸造货币和规定货币购买力是统治者的特权，但统治者造币时应当使货币具有一定重量和稳定的内在价值，否则会损害商业活动。这些看法都在一定程度上反映了阿奎那对当时正在发展的商品货币关系所做的符合实际的观察和思考。关于商业的看法，阿奎那作为中世纪经院学派的代表，理所当然会对商品采取否定态度，认为从商业中赚取利润是可耻的，"从本质上看，贸易总含有某种恶劣的性质"，但同时他又认为，贸易也会"转向某种诚实的或必要的目标"。这样，"贸易就变成合法的了"。

阿奎那不仅在当时非常重要，而且在后世也具有很大的影响力。天主教教会认为他是历史上最伟大的神学家，中世纪经院哲学的集大成者，被称为"圣"托马斯·阿奎那。列奥十三世于公元 1879 年颁发敕令，所有讲授哲学的天主教文教机关必须把阿奎那的哲学体系作为唯一正确的体系来讲授，从此以后，这便成了一种惯例。

第三节　重商主义

经济理论常常随新环境的变化和新问题的出现而发展。不同的时代背景，具有主导地位的经济思想不同，有时甚至多种思想并存。地理大发现之后，随着市场和贸易的迅速扩大，货币经济逐渐取代了原有的自然经济。具有统一经济体的国家成为主导。经济学流派开始形成，并且形成了系统的思想和政策体系。公元 1500—1776 年，是重商主义学派的主导时期，欧洲的封建社会渐渐地被新兴的资本主义取代。国内与国际贸易日益繁荣，城市变得越来越重要，民族国家正在兴起，各个强国都在攫取殖民地和势力范围。国家间的经济竞争激烈，因而提倡民族主义、赋予商人新贵身份和重要性、为经济和军事扩张进行政策辩护的重商主义形成了。重商主义又分为早期重商主义和晚期重商主义两种。历史上对国际贸易的研究和理论在最早的时候几乎都是出自重商主义的著作。早期重商主义以"货币差额论"为中心，代表人物为英国的威廉·斯塔福（William Stafford，1554—1612 年）。晚期重商主义以"贸易差额论"为中心，代表人物是英国的托马斯·孟（Thomas Mun，1571—1641 年）。

一、重商主义产生的历史背景与发展阶段

（一）历史背景

1. 金银的重要性

自给自足的封建社会慢慢被新兴商业资本主义取代。重商主义虽然夸大了金银的作用，但是它处于中世纪占支配地位的自给自足经济与现代货币信用经济之间的过渡时期。商业的快速增长需要更多的货币参与流通，而银行业的发展程度还不足以创造这么多的货币。战争中金银的使用要采取量入为出的原则，同时还要留存备用金以便招募士兵、发放饷银、建造船舰、收买盟友和贿赂敌军。

2. 贸易繁荣

国内与国际贸易日益繁荣，货币的使用范围逐渐扩大。西半球金矿的发现促进了贸易量的增长，也激发了贵金属理论的产生。英国与波罗的海地区、东印度群岛间的贸易需要国际间的贵金属流动。英国几乎不能生产出口到这些地区的贵金属，而由于国际货币市场的不发达，这些地区也不接受纸币。因此，英国的殖民地开始生产金银，以便用于支付从波罗的海和东印度地区购买的商品。在国际金融和多边贸易开始发展之前，金银在国际支付中发挥着非常重要的作用。

3. 民族国家兴起

民族国家正在兴起，其中强大的国家都在攫取殖民地和势力范围。国家间的经济竞争更加激烈。因此毫不奇怪，一个取代封建概念、提倡民族主义、赋予商人尊贵和重要性、为经济和军事扩展政策辩护的学说形成了，这个学说就是重商主义。

（二）发展阶段

重商主义抛弃了西欧封建社会经院哲学的教义和伦理规范，开始用世俗的眼光，依据商业资本家的经验去观察和说明社会经济现象。它以商业资本的运动作为考察对象，从流通领域研究了货币—商品—货币的运动。早期重

商主义产生于 15—16 世纪，在对外贸易上强调少买，严禁货币输出国外，力求用行政手段控制货币运动，以贮藏尽量多的货币，因而又被称为货币差额论（重金主义）。晚期重商主义盛行于 17 世纪上半期，强调多卖，主张允许货币输出国外，认为只要购买外国商品的货币总额少于出售本国商品所得的货币总额，就可以获得更多的货币。晚期重商主义为保证对外贸易中的出超，采取保护关税的政策。由于晚期重商主义力图控制或调节商品的运动并发展工场手工业，又被称为贸易差额论。

二、重商主义的主要信条

为了增加本国的金银就要追求贸易顺差。重商主义者倾向于将一国的财富等同于其拥有的金银块的数量。早期的重商主义者甚至认为贵金属是唯一值得追求的财富形式。他们都把金银作为获取权力和财富的途径。因此为了获得硬通货补偿，一国的贸易顺差是必要的。甚至在战时，只要商品的购买是用黄金支付的，一些国家也会把商品出口给敌国。要怎么才能更好地获得贸易顺差呢？在重商主义者看来，关键在于构筑贸易壁垒，具体来说，就是要增加出口、限制进口，那么就要控制原材料，多向外国卖出制成品。因此除了本国的原材料与市场之外，自然而然地还需要控制殖民地以拓展原料产地和制成品市场，于是就引出下面三个信条。

（1）对本国不能生产的原材料免征关税，对本国能够生产的制成品和原材料实行保护，并严格限制原材料出口。

例如，在伊丽莎白女王统治时期的 1565—1566 年曾颁布法律禁止出口活绵羊。违反该法律的惩罚措施是没收财产、一年监禁和砍掉左手。第二次触犯将被处以死刑。在查尔斯二世统治期间（1661—1685 年），禁止羊毛出口，违反者也将被处以同样的刑罚。

（2）数量众多且努力工作的人口的重要性。

规模大、勤奋工作的人口数量，不仅能够提供充足的战士和水手以随时准备为国家的荣誉和财富而战，而且能够保证劳动力的充足供应以维持低工资水平。

（3）殖民地化和殖民地贸易垄断。

商业资本家赞成殖民地化，并希望殖民地保持对宗主国的永久依赖和附属地位。因宗主国的经济增长和军事力量而流入殖民地的任何利益，都是剥削政策的偶然的副产品。1651 年和 1660 年英国先后颁布的两个《航海条例》

就是这一政策的例子。进口到大不列颠及其殖民地的商品，必须用英国及其殖民地或者用原产国的船只运输。殖民地的某些商品只能销售到英国，其他商品卖到外国之前也要先运到英国。殖民地从外国进口是受到严格限制或禁止的。殖民地的制造业受到严格控制，某些情况下还被法律禁止，因此，附属国能成为低成本原材料的供应者和英国制成品的进口者。

重商主义的理论家和实践者认识到，税费会扼杀商业经济，并使一国出口商品的价格上扬。一个极端的例子是 1685 年艾尔贝河（Elbe River）上的状况。将 60 块木板从萨克森（Saxony）运送到汉堡，需要向沿途收费站缴纳的费用相当于 54 块木板，结果是只有 6 块木板到达目的地。但是需要重点指出的是，这并不意味着重商主义者支持国内自由贸易，相反，重商主义者希望尽可能地获得垄断特许权或排他的贸易特权。这或许体现了商业资本家与官僚的某种内部矛盾。

为了完成构筑贸易壁垒、增加出口、限制进口、控制原材料、争夺殖民地等一系列目标，那么就需要民族主义的意识形态以及强大的中央政府，由此引出下面的两个信条。

（1）民族主义。

重商主义者采取一种零和博弈的思维，他们认为整个世界的经济资源数量是固定的，因此一国促进出口和积累财富都是以牺牲邻国的利益为代价的。而只有强大的国家才能获取和控制殖民地，主导贸易规则，赢得战争胜利，并在国际贸易中获得优势。因此其必然倾向民族主义。

（2）强大的中央政府。

要实现重商主义者的目标，一个强大的中央政府是必需的。政府授予外贸公司垄断特权，控制国内商业活动的自由进入以限制竞争。农业、采矿业和工业由于政府的补贴得到快速发展，并受到进口关税的保护。此外，政府严格管制生产方式和产品质量，以便使该国的产品不至于因在国外市场上声誉不佳而妨碍出口。一个强有力的国家政府必须实行全国统一的管制措施。中央政府也是必要的，以便实现上面讨论的那些目标：民族主义、保护主义、殖民主义以及不受通行费和过度征税而妨碍的国内贸易。

简单说，重商主义的基本逻辑是：为了追求更多的金银就要追求贸易顺差，就必须控制原材料价格、有一大群能够干活的人以及控制殖民地，因而就需要有民族主义意识形态和强大的中央政府。

三、重商主义的阶级性

这一学派的信条显然对商业资本家、国王和政府官员有利。有些经济思想史学家认为，重商主义可以理解为寻租行为的一个极端的例子。寻租行为就是私人团体试图向政府寻求安全有利的法律规章保护，从而增加其利润的行为。在这种情况下，如果法律采取赋予垄断地位、禁止进口以及管制等形式，那么新加入的生产者和商人就很难与已有的生产者竞争并取得优势。简单说就是"商人"通过官商勾结来获得超额利润，而"官僚"也得以用权力牟利，将权力变现。

例如：在英国，为了保护羊毛制品的利益，禁止进口羊毛制品的替代品——一种名为"印花布"的印染棉制品；1721 年法律禁止消费印染印花布，但生产和出口该商品却是允许的；在 17 世纪晚期，法律要求死人要穿羊毛寿衣入葬，尽管按照宗教传统应该穿亚麻寿衣。又如法国政府从罚款、向商业集团出售特许、垄断权中获得了极大的收入，从违反政府规章的人手中征收的罚款，官员要提取一定的比例。

四、重商主义对后世的影响

（一）重商主义对经济学发展的直接贡献

重商主义者对经济学的长期贡献在于其强调了国际贸易的重要性。在这方面，他们还发展了一些经济学和会计学概念，这些概念如今被称为国际收支平衡表，用来反映一国与世界其他国家之间的支付关系。

但是，除了这些贡献，重商主义者（不包括威廉·配第，或许还不应该包括托马斯·曼）对我们今天所知的经济学理论贡献甚微。他们中的大多数人并不了解，要使一个国家变得富有，不仅可以通过使邻国变得贫困来实现，还可以通过在国内发现更多的自然资源、制造出更多的资本货物以及更有效地使用劳动力来实现。他们也没有理解，通过专业化分工和贸易可以同时增加所有国家的财富，给工人支付高工资并不必然导致懒惰和劳动力减少。虽说如此，但今天的不少经济行为还具有重商主义色彩，典型的如贸易保护主义。不过需要注意的是，今天的重商主义政策的受益者、产生原因等与几百年前是有所不同的。

（二）重商主义对经济学发展的间接贡献

尽管重商主义者并没有对经济学理论作出直接贡献，但是他们确实曾对经济学与经济学的发展作出了间接贡献。

1. 对商人的态度

他们永久地影响了人们对待商人的态度。中世纪的贵族曾经将经商的人视为可鄙的二等公民。重商主义者赋予商人以尊贵和重要的地位。他们认为，如果商人的活动由政府给予适当引导，商人不仅会使其自身变得富有，而且会使其国家和统治者变得富有。

2. 民族主义

重商主义对经济学的另一个间接影响是提倡民族主义，这种影响至今犹在。当出现如下情形时，中央政府的管理是必要的：需要使用统一的度量衡、货币制度和法律法规时；生产和贸易还没有充分发展到可以依赖竞争为消费者提供大范围可供选择的商品时；当贸易的财务风险是如此之高以至于垄断特权是必需的，因为它能比其他情况降低更多的风险。

3. 现代公司

拥有特权的贸易公司，也就是现代公司的前身，通过以下措施帮助改造了欧洲的经济组织：引进新产品、为制造品提供销路、为资本投资增长提供刺激。

4. 商品、人员流动与法律

扩展了国内市场，提倡货物不受通行费阻碍而自由流动，建立了统一的法律和税收制度，保护人员与货物在国内与国际运送过程中的安全。

第四节　重农学派

重农学派最早出现于重商主义时代的法国，它是盛行于 18 世纪 50—70 年代的经济思想，虽然只有短暂的 20 年，但是重农学派的意义和影响力跨越了时代，在经济思想的历史长卷中留下了浓墨重彩的一章。

一、重农学派起源的历史背景

18 世纪中期的法国正处于法国大革命的前夜，社会政治经济矛盾日益突出，内外交困。受中世纪重商主义观念的影响，欧洲各国政府对生产和贸易进行着严格的管制，向工商业收取各种类型的费用，阻碍了货物的流通。政府对商品的严格规定虽然曾在一定程度上保证了商品的质量，但同时也抑制了生产方式的试验和创新；加之腐败奢靡的政府无法保障其管制措施公正地实施，因此这些管制反而束缚了工商业的发展，形成的阻碍日益严重，逐渐导致社会、经济和政治方面出现不同程度的危机。

18 世纪中叶法国的工商业已有了相当程度的发展，但占据生产领域统治地位的依旧是封建生产关系。当时法国实行包税制，即将某一区域的收税权卖给私人即包税商，后者只需向法国政府交纳固定数额的税收，剩余则归私人所有，这就导致了地方"苛政"。由于在封建制度下，拥有土地的贵族和神职人员无须纳税，自由耕作的农民就成了繁重的苛捐杂税的承担者。法国政府和市镇行政部门禁止法国谷物出口，而且对谷物在本国内的流通严加限制，甚至出现了甲地仓库里谷物霉烂，乙地却有饥民饿死的矛盾现象。封建苛捐杂税以及牺牲农业以发展工商业的重商主义政策不但严重损害了农业的发展，造成农业衰败和农民破产，而且也阻碍了城市工商业的进一步发展。

经济乏力，财政陷入危机。产生于中世纪的行会制度，起初适应了不断加强的专业化分工的要求，对保护城市手工业的发展具有积极意义。但随着市场的不断扩大，行会反对劳动力自由进出很多行业、实行商品固定价格、排斥来自其他城镇或国家的竞争等种种做法抑制了创新，生产越来越不能满足市场需求，反过来阻碍了本国经济发展：工商业渐渐缺乏活力，国民收入增长乏力，税收减少，国库空虚，国家财政陷入危机。

政治上，法国社会矛盾十分尖锐，正在酝酿资产阶级大革命。为了挽救社会经济危机，法国统治者采取了英国重商主义者约翰·劳的建议，开设国家银行并大量发行纸币来清偿债务，结果导致了严重的通货膨胀，使得法国的经济雪上加霜。为此，一些新兴的资产阶级代表提出从农业寻找出路，通过恢复和振兴农业来挽救法国面临的经济危机，发展资本主义。

至此，重农学派的思想就如同一缕清风，吹过当时法国萧条、腐朽的社会，在极大程度上推动了 1789 年法国大革命的爆发，形成了 18 世纪 50—70 年代的法国资产阶级古典经济学派，促进了法国古典经济学的进一步发展和系统化。

二、重农学派的主要信条

重农学派的哲学基础源于平等、民族的启蒙思想，它以自然秩序为最高信条，视农业为财富的唯一来源和社会一切收入的基础，认为保障财产权利和个人经济自由是社会繁荣的必要因素。

（一）自然秩序

"自然秩序"是重农学派思想体系的理论基础，"重农学派"（Physiocrat）一词本身就有"自然规律"之意。重农学派认为，客观世界存在一种永恒的、不以人的意志为转移的规律，这种规律是可以被人发现和理解的。对于人类社会而言，也存在这样的自然规律，它们如同牛顿发现的那些自然规律统治着物理世界一样，统治着人类社会。在经济学范畴内，自然规律赋予个人享受自己的劳动果实的自然权利，只要这种享受与他人的利益相协调。也就是说，人身自由和私有财产是自然秩序所规定的人类的基本权利（即"天赋人权"），而自然秩序的实质是个人利益和公众利益的统一。这一自然秩序学说第一次确认了在人类社会中存在着客观规律，从而为传统政治经济学创立了把社会经济看作一个可以测定的制度的概念。

（二）自由放任

自由放任（Laissez-faire）最早是由温森特·德·古尔内（Vincent de Gournay，1712—1759 年）提出来的，其实际含义是"不要政府干涉，让人们做他们喜欢做的事情"。除了保证最低的、绝对必需的基本保障，如保护生命和产权、保障订立合约的自由等，政府不要对经济生活施加任何干预。在经济政策上，重农学派几乎反对一切封建主义、重商主义和各种类型的政府管制，注重顺应自然规律，不能过度地人为干预经济。如布阿吉尔贝尔就大力主张经济自由，反对国家干预经济生活，和重商主义理论划清了界限。"自由放任"理念作为重农学派思想的精髓，为资本主义农业的发展开辟了道路。

（三）重视农业

重农学派明确提出，农业是社会财富的来源，只有农业才是一个国家繁荣富强的根本。农业的繁荣昌盛是一切其他物质财富的必要基础，农业衰落则一切工艺凋零。任何国家必须是农业产品增加，才能养活律师、医生、演员和各行各业的工作者，一切工业产品的生产随农产品的增降而增降。因此，只有农业（也许还包括采矿业）才是生产性的，能生产超过所耗费资源价值的净产品。其理论贡献是，把研究的重心放到生产领域，把理论研究从流通领域转入了生产领域。

三、重农学派的主要代表人物

（一）领袖：弗朗斯瓦·魁奈

1. 人物生平

弗朗斯瓦·魁奈（Francois Quesnay，1694—1774年）是法国重农学派的重要代表人物和公认的领袖，也是资产阶级古典经济学的奠基人之一。他出生于巴黎附近的一个农民家庭，他一生研究过多种学科，如化学、植物学、数学和哲学等，曾获得医学博士学位，发表过一些医学和生理学方面的著作。魁奈医术高明，最为擅长的是拔牙、接生和放血三种手术。1749年魁奈被任命为宫廷御医，住进了凡尔赛宫，并得到了蓬巴杜夫人的庇护。由于蓬

弗朗斯瓦·魁奈

巴杜夫人非常爱好研究中国的文物，因此魁奈也对中国文化产生了浓厚的兴趣。他提倡中国哲学，视《论语》为圣经，因而也被誉为"欧洲的孔子"。魁奈在凡尔赛宫居住期间得以有更多的机会同当时法国上流社会的思想家和哲学家交谈，借以熟悉了法国的社会和经济状况。当时法国因柯尔贝尔主义而产生了十分严重的经济问题，财政困难，人民贫苦，这一最大现实自然成为人们谈论的中心。在这样的背景下，魁奈将研究对象转向哲学，并进一步地转向经济学。1753年他开始研究经济问题，其主要著作有《农民论》《谷物论》《人口论》《赋税论》，影响最大的经济著述为1758年发表的《经济表》和1766年发表的《经济表的分析》。在魁奈之后涌现了一批追随者，他们对魁奈的思想加以宣传、研究和系统化，最终形成一个见解基本一致的学派。

2. 主要观点

（1）"纯产品"学说。

"纯产品"学说是重农学派理论的基石。魁奈从等价交换的原则出发，展开了对"纯产品"问题的论述。①他认为既然交换是等价的，流通领域不可能有财富增加，那就只有从生产领域去寻找财富增加的起源。②在农业中，如果没有意外情况发生，劳动者的耕作收入总是大于为之消耗掉的财富，因为农业生产有自然的参与，所以在社会各生产部门中只有农业才能生产纯产品。③纯产品是农业中每年生产出来的农产品扣除生产过程中所耗费的生产

资料和农业生产者的生活资料后所剩余的农产品。实际上就是农业总产品超过生产费用的余额，也就是劳动者生产的剩余产品。④只有纯产品增加，一国财富才能增加。

（2）《经济表》。

魁奈的《经济表》描述了在一个理想的、自由竞争的环境中商品和货币的循环流动。这是对财富流动的第一次系统分析，是经济学家对资本主义宏观经济的一次有意义的探索。《经济表》对资本主义社会财富的生产、流通、分配的有规律的运行过程进行了简明图示说明。魁奈在"纯产品"的概念下研究剩余价值，把剩余价值的起源研究从流通领域追溯到直接生产领域，奠定了科学分析资本主义经济的基础。

所谓纯产品（net product），是指农产品中扣除生产资料和工资后剩下的部分，即每年收获的农产品中，除去种子、肥料、人力、农具等各项支出之后的余额。表示为：农业总产品＝生产资料＋工资＋"纯产品"；实际上，纯产品＝剩余或净收入，即弥补生产成本后的剩余。纯产品的多少显示了农业生产率的高低，也决定着社会经济生活的兴衰。

魁奈认为农业的衰退是法国财富生产减少和经济处于危急状态的根本原因，只有振兴农业才能增进国民财富，而工商业被视为"不生产部门"。从学术贡献上看，《经济表》对整个社会资本再生产进行的分析，否定了重商主义的"流通"是财之源的观点，并为当时的法国制定经济政策提供了理论依据，将重农思想形成了科学的体系。

魁奈给《经济表》的分析规定了一系列的前提：

①农业是大规模的租佃农场，小农经济忽略不计；

②社会再生产是简单再生产，即产品全部实现，纯产品全部消费，生产费用全部收回；

③商品价格保持不变；

④不考虑对外贸易因素的影响；

⑤三个阶级间无数买卖行为都合成一次总的交换，货币只在三个阶级之间流通，各阶级内部的流通则舍掉。

魁奈在《经济表》中将整个流通过程归结为包括商品和货币流通的五次交换行为，每次均流通10亿里弗尔①产品，共50亿里弗尔产品，其中工业制造品20亿里弗尔，农业30亿里弗尔。具体过程如下：

① 里弗尔：法国的古代货币单位名称之一，又译作"锂"或"法镑"。

①土地所有者将生产阶级交付的 20 亿里弗尔地租中的 10 亿里弗尔用来和生产阶级交换他们所必需的生活资料；

②土地所有者用剩下的 10 亿里弗尔地租向不生产阶级购买工业品；

③不生产阶级用出售工业品给土地所有者所得的 10 亿里弗尔向生产阶级购买生活资料；

④生产阶级为了生产向不生产阶级购买价值 10 亿里弗尔的工业品（生产资料）；

⑤不生产阶级又以向生产阶级出售工业品所得的 10 亿里弗尔向他们购置农产品以作为工业原料。

经过上面五次交换，即整个流通后形成了这样的结果：①土地所有者用他们在流通前所取得的 20 亿里弗尔货币地租，换取了 10 亿里弗尔的生活资料和 10 亿里弗尔的工业品，得到了他们所"应得"的"纯产品"。②不生产阶级得到了 10 亿里弗尔的生活资料确保生存需要和 10 亿里弗尔的农产品（工业原料）保证合并再生产的继续。③生产阶级以上一年度生产中的价值 30 亿里弗尔的农产品（20 亿里弗尔的生活资料，10 亿里弗尔的工业原料）换得价值 10 亿里弗尔的生产资料和 20 亿里弗尔的货币。除了这 30 亿里弗尔进入流通，生产阶级还有价值 20 亿里弗尔的农产品保留在他们手中，作为种子和本阶级的生活资料，不参加流通。

《经济表》中运用了抽象法，抽象掉了考察和探索中不必要的因素，只对本质的问题进行科学和集中的分析研究，使得所要阐述主题的结论变得明晰、清楚，这正是魁奈为使人们清楚地了解并长久地铭记而特意使用的一个技巧。结果影响比他的初衷还要多：通过描述支出和收入在三个阶级之间的流动，《经济表》明确地暗示了实物层面的商品和服务的反向流动，从而成为经济循环流向图的先驱。它还是国民收入分析的思想源泉，为分析一个经济体的统计工作奠定了基础。

（3）推崇自由贸易。

魁奈认为虽然商业是不生产的，但商业自由却是符合自然秩序要求的，因此他主张自由竞争和自由贸易政策。也因此，魁奈反对重商主义保护关税的政策，提出发展自由贸易的具体措施和主张，要求在国内取消各州之间和各州的地区之间商品流通的限制，允许工业品自由进出口，等等。自由贸易会导致外国廉价的工业品的输入，从而导致国内市场上工业品价格的降低。魁奈尤其重视谷物输出自由，认为英国开展谷物自由贸易之所以能使其从小麦匮乏国蜕变为小麦输出国，是因为自由贸易会使国内的农产品价格提高到和国外市场一致的水平，从而促使耕种大大增加。魁奈还认为不但商业上要自由，生产上也要自由，并将自由和垄断加以对立。

（4）整顿税收。

因为只有农业能生产出"纯产品"，所有的赋税都由此来支付，所以魁奈主张废除其他赋税，只对土地的收入即纯产品征税。《经济表》已经很清晰地表明了应该对哪一个阶级征税：不是生产阶级，它是财富增长的源泉；不是不生产阶级，它只是刚好收支平衡。那么由土地所有者承担一切赋税就是唯一无害的了。这种单一税可以简化赋税的征收机构，节省征税费用，从而可以减轻土地所有者的负担，使土地私有制得以保持。

（5）维护私有制。

魁奈强调私有制是符合"自然秩序"的，私有制的安全是社会经济秩序的基础。国家政权的职能是保护私有制，而不是干预经济生活。此外，他鼓励增加生产性开支和限制奢侈支出，提高一般民众的消费水平。

魁奈的经济政策主张鲜明地体现了法国当时发展资本主义的时代要求，其政策主张的核心是限制或消除重商主义措施的有害后果，鼓励和大力支持新兴农业资本主义的发展，减少封建国家对经济生活的干预，提倡生产（主要是耕作）和贸易领域的自由竞争。

3. 后世评价

卡尔·马克思（Karl Marx，1818—1883 年）对《经济表》给予了很高的评价，认为这个尝试是在 18 世纪 30—60 年代政治经济学的幼年时期作出的，这是一个极有天才的思想，且毫无疑问是政治经济学至今所提出的一切思想中最有天才的思想。米拉波将它誉为人类继文字和货币之后的第三大发明，认为其在经济学说史上所占的地位不亚于血液循环的发现在生物学史上所占的地位（这可能有些言过其实，毕竟后来杰文斯将坎蒂隆关于财富循环的分析置于了这样的优先等级）。在今天看来，《经济表》在形式上的缺陷是明显的，它简单地假定不生产阶级占有固定资本但不能提供资本的重置，并假定竞争使得该部门的工资总额与其产出价值刚好相等，但是不曾提供任何对竞争原因的说明。另外，魁奈也没有寻求地租不为零的答案。在说明制造业是不生产的或证明农业必然产生"纯产品"上，魁奈都是不成功的。

（二）继承者：杜尔哥

1. 人物生平

安·罗伯特·雅克·杜尔哥（Anne Robert Jacques Turgot，1727—1781年）出身于诺曼底的一个贵族世家，其家族连续几代为法国培养了有才能的政府官员。杜尔哥是这个家庭的幼子，受到了教会教育。在获得神学学位后，他决定进入司法行政部门。杜尔哥在法国政府的职位不断升高，到1774年成为法国的财政部长。他与魁奈交往颇多，并同意重农学派的理论观点，最重要的著作是《关于财富的形成和分配的考察》。杜尔哥不仅是思想家，还是行动者

安·罗伯特·雅克·杜尔哥

兼实践家。在担任财政部长期间，他针对各种经济流弊展开了大刀阔斧的改革：实行国内自由贸易，取消行会特权；结束农民的强制性无偿劳动，对土地所有者征收地租税；削减政府开支，提高政府信用；提倡择业自由、宗教自由、全民教育；等等。但是，这些改革严重触犯了神职人员、贵族等各类人乃至皇室的利益。因此，任职不到两年，杜尔哥被迫下台，改革也立刻被取消。

2. 对大师思想的发展

（1）阶级结构理论。

杜尔哥把魁奈的三个阶级进一步划分为五个阶级，即把生产阶级和不生产阶级进一步分别划分为两个对立的阶级：生产阶级被划分为农业工人和农业资本家，不生产阶级被划分为工业工人和工业资本家。这样就比较真实地反映了资本主义的阶级关系。但他没能把工业、农业两大部门中的资本家和工人分别合并为资本家阶级和工人阶级，这说明他还没有跳出魁奈按人们对纯产品的不同作用和所在生产部门划分阶级的局限。亚当·斯密做到了这一点，杜尔哥的划分充当了从魁奈到斯密的过渡。

杜尔哥还对资本家阶级和工人阶级下了比较明确的定义：所谓资本家阶级就是企业家、制造业主、雇主阶层，他们拥有大量资本并依靠资本使别人从事劳动，通过垫支而赚取利润；所谓工人阶级就是只有一双手，除了靠出卖自己的劳动以外就一无所有的阶级，他们的垫支只是他们每日的劳动，他们得不到利润，只能挣取工资。这一解释指出了两者之间的根本区别在于，是占有资本还是一无所有。这一见解在经济学说史上尚无前例。他进一步指

出，生产者与生产资料的分离是阶级形成的根本原因。

（2）工资和资本理论。

杜尔哥认为雇主和劳动者之间进行的劳动买卖完全是自由的，工资的多少由双方的协议决定，由于劳动者的数量总是大大多于雇主的需求，因此劳动者内部为取得就业机会的竞争必然加剧，结果导致工资下降到最低界限。这被认为是关于后来"工资铁律"的最早表述。

在重农学派中，杜尔哥首次研究了"利润"这种收入，视其为一个独立的经济范畴。魁奈混同了工资和利润，认为工资是生产上的支出，不是收入；利润也是工资，是支出。杜尔哥则把两者区分开来，认为企业家有获得利润的可能性。他认为既然出租土地可以取得地租，那么借出货币就可以得到利息，因而投资开办企业就应该得到利润，从而说明了利润的合理性。

杜尔哥还探讨了资本本身，详细描述了资本运用的各个方面。他认为资本有五种用途，即购买土地、租地经营农业、投入工业、经营商业、放债取息。同一资本投入不同的部门，得到的收入不同，分别得到地租、利润、利息，而且由于风险不同，三种收入的数量也不等，地租最少，利息需要承担一定风险而为次，利润收入最多。农业、工业和商业资本家都可以通过垫付资本得到收入。这一理论比魁奈只把资本局限在农业部门的理论大有进步。然而，已经如此接近于资本是储存起来的劳动这一核心要义，这个学派却在最后关头与之擦肩而过，把资本归结为土地的"礼物"。杜尔哥对资本的讨论最终以浓厚的重农学派思想终结。

（3）对纯产品学说的发展。

魁奈一方面把"纯产品"归结为农业剩余劳动的产物，另一方面又认为"纯产品"是"自然对土地的恩赐"。杜尔哥则认为"纯产品"是自然对农业劳动的赐予，是农业劳动利用了特殊的自然生产力的结果，而土地如果离开劳动，便不能生产任何东西。只是由于农民的劳动才使自然生产力得以发挥，形成了"纯产品"。他进一步指出，农业劳动者是"唯一的这样一种人，他的劳动生产出来的产品超过了他的劳动工资"。

从学术观点上看，杜尔哥仍然是重农学派，杜尔哥在经济理论上集中地研究了财富问题，着重考察了财富的形成和收入的分配。他对社会阶级的划分、对"纯产品"的深入分析，以及对各阶级的收入的论述，都是为了促进法国资本主义经济特别是农业经济的发展，增加新兴资产阶级和整个社会的财富。可以说，在杜尔哥这里重农学派学说得到了进一步的发展。

四、重农学派对后世的影响

重农学派前后仅仅存续了约 20 年，但在这 20 年中却引导着全世界的经济思想。重农学派在当时法国的宫廷中获得了极高的声誉，甚至在巴黎很多名流的社交场合中，人们谈论农业改革，并将穿着带有农家色彩的装束视为时尚。欧洲其他若干国家的统治阶级也对重农学派学说产生了浓厚的兴趣。重农学派认为当时法国经济萧条的原因在于社会法规违反了自然规律，他们强调只有人们认识自然秩序并按其准则办事，人类社会才能协调有序地发展。重农学派的自然秩序学说作为古典经济学的起源，第一次承认了人类社会存在着客观规律。重农学派对后世最大的贡献可能在于它启发了斯密和马克思两位伟大的思想家。

亚当·斯密提倡每个人追求自己的私利，在市场制度自发力量的作用下国家会逐渐繁荣。西方很多经济学家认为，斯密的经济学说受重农学派的影响很大。马克思在评价重农学派时，就肯定了亚当·斯密深受重农学派的影响。熊彼特也指出："《国富论》中所包括的分析思想、分析原则或分析方法，没有一个在 1776 年是全新的。"重农学派最早提出"自由竞争""自由贸易"和"限制政府干预"等思想，斯密在《国富论》中提到的很多分析原则和方法，在一定程度上都渗透着重农学派的传统观念。

马克思曾高度赞扬重农学派的理论贡献，对魁奈的《经济表》作出过一个极高的评价，指出它是政治经济学所提出的一切思想中最有天才的思想。在政治经济学历史上，重农学派最早将剩余价值起源从流通领域转到直接生产领域，认为社会财富由农业生产部门创造。马克思受到重农学派"纯产品学说"的启发，认识到剩余价值不可能是在纯粹的流通领域内产生的，而只能是在资本的生产过程中产生的。通过分析资本主义生产过程，马克思提出了著名的"剩余价值学说"。不过，重农学派用农业资本主义经营来概括资本主义生产，混淆了使用价值和价值的概念，并错误地认为剩余价值是由自然即土地提供的。马克思挖掘到剩余价值的一般形式，即剩余价值本身，将其归结为剩余劳动时间所创造的价值，在继承重农学派思想的同时作出了更正和发展。

但由于时代背景的限制，重农学派没有意识到，他们的征税主张与他们依靠的对象的利益是相冲突的。他们思想的狭隘之处在于，未能建立一个与封建社会对立的新资本主义制度，而企图对旧制度改良、巩固现存的制度。

重农学派最为致命的一点在于，其分析建立在一个曲解的生产力概念之上，这种谬误随着工业革命的推进与法国工商业的发展而越发偏离实际，从而注定了其宿命。

第五节　古典经济学的先驱

从 17 世纪中叶到 1776 年这 100 多年中，重商主义虽然占据思想主流，但英国古典经济学也经历了从萌芽到成型的过程，其中出现了许多杰出的经济学家。这些古典学派的先驱者包括威廉·配第（William Petty，1623—1687 年）、理查德·坎蒂隆（Richard Cantilon，1680—1734 年）、约翰·洛克（John Locke，1632—1704 年）、达德利·诺思（Dudley North，1641—1691 年）、伯纳德·曼德维尔（Bernard Mandeville，1670—1733 年）、约瑟夫·马西（Joseph Massie，? —1784 年）、大卫·休谟（David Hume，1711—1776 年）和詹姆斯·斯图亚特（James Steuart，1712—1780 年）等。他们主张自由放任主义，抨击对经济严格控制的重商主义，提倡规律引导经济体系以及人们的各种活动。其中，配第、坎蒂隆、曼德维尔和休谟是古典学派先驱者中杰出的代表。

一、配第

在经济思想史中，威廉·配第的学派属性是极具争议的，从其著作《政治算术》和《赋税论》中可以看出，配第的思想保留有浓厚的重商主义色彩，可以称得上是一位地地道道的重商主义者；然而，他最早提出劳动价值论，将政治经济学的研究由流通领域引入生产领域，这一点又极具古典学派的特点。姑且不论其门派属性，配第在劳动分工、分配、资本与生产以及劳动价值等领域的研究可称得上是"古典经济学的先驱"。

威廉·配第

（一）人物生平

威廉·配第是英国经济学家、科学家、哲学家，重商主义的典型代表兼古典经济学创始人。他生于英国汉普郡一个毛纺织手工业者家庭，少年时代的配第家境比较贫苦，但他天资聪颖，16 岁之前就掌握了拉丁语、希腊语、法语等，并且精通数学、天文学和航海知识。1644—1645 年他在荷兰莱顿大学攻读医学，后又到法国、英国行医和研究，而后获得牛津大学医学博士学位，成为医生并兼任皇家医学院教授。1658 年他被选为英国议会议员，斯图亚特王朝复辟时期他投靠国王查理二世（1630—1685 年），被封为男爵，并被任命为爱尔兰土地测量总监。身为爵士的配第于 1662 年当选为英国皇家学会会员。

配第敢于冒险、善于投机，晚年成为拥有 10.9 万公顷土地的大地主，还先后创办了渔场、冶铁和铝矿企业，获得了极大的财富。威廉·配第从事经济学研究是在 1640 年英国资产阶级革命以后。这时英国资本主义经济发展极为迅速，工场手工业日趋兴盛，产业资本逐渐代替商业资本在社会经济中占据主要地位。所以，配第在劳动分工、资本与生产、劳动价值领域的观点，深受资产阶级革命的影响。马克思对他的经济思想给予了极高的评价，称他为"现代政治经济学的创始者"最有天才的最有创见的研究家。

（二）主要观点

配第一生著述颇丰，涉及内容广泛，他的经济思想分散于各书之中，没有形成统一的、完整的理论体系。作为一位提出许多新观点的重商主义者，配第的理论主要体现在国际贸易理论方面。配第极力主张自由的国际贸易，一方面，国际贸易是一国财富的来源；另一方面，关税可以保护国内相关产品的生产和满足对相关原材料的需求。作为古典学派的先驱者，配第的古典学派特点主要体现在其对劳动分工、劳动价值理论以及分配等方面的零碎研究中，而这些零碎的研究却为亚当·斯密等古典学派经济学家提供了思想来源。

1. **劳动分工**

劳动分工是威廉·配第在其劳动价值理论中提出的一个案例，虽然并没有被发展成为系统的思想或理论，但是他已经意识到劳动分工与生产效率之间的关系。在阐述商品的价值量与劳动生产率之间存在着反比关系时，他意识到劳动分工能促进劳动生产率的提高："如果一个人梳毛、另一个人纺纱、再一个人织布，这样生产出来的布料，一定比上述操作都由一双手笨拙地工作时所生产出来的布料便宜。"后来这一点由亚当·斯密进一步发展，形成了系统的分工体系思想，他将财富的来源归结为劳动生产率的提高，而分工则是提高劳动生产率的有效手段,从而有利于增加财富。

2. 劳动价值理论

配第的劳动价值理论缘起于他在生产方面的研究兴趣和对决定价格的价值理论的探索。配第在政治经济学上的最重要贡献,就是提出了劳动决定商品价值的基本命题,从而奠定了劳动价值理论的基础。配第的劳动价值理论除了定义"三个价格"以外,最重要的是阐述了商品的价值量与劳动生产率的关系。

配第分析了商品价值量同劳动生产率之间的关系,他说:"如果发现了新的更丰富的银矿,因而获得 2 盎司白银和以前获得 1 盎司白银同样容易,那么,在其他条件相等的情况下,现在谷物 1 蒲式耳售价 10 先令,和以前 1 蒲式耳售价 5 先令,同样低廉。"[1] 他明确地指出了商品价值量同劳动时间呈正比,同劳动生产率成反比的事实。

3. 分配理论

在其所提出的劳动价值理论的基础上,配第探讨了资本主义的分配关系,初步研究了工资、地租和利息。

(1) 工资理论。

配第认为,工人的工资是劳动者为了生存所必需的,工资就是维持工人生活所必需的生活资料的价值。配第反对提高工资,他认为这会使资本主义社会受损失。他已意识到资本家占有了工人创造的剩余价值,并把工人的劳动时间区分为必要劳动时间和剩余劳动时间。但他并未揭示这一现象,这一点后来被古典学派挑战者卡尔·马克思发挥到极致。

(2) 地租理论。

地租理论既是配第研究的中心问题,也是配第政策建议部分的基础。配第认为,地租是收获的农产品扣除生产费用后的剩余。为了精确起见,他用谷物和货币中所包括的劳动比较量来确定谷物地租的价值。他说,谷物地租值多少英国货币,"就看另一个在同一时间内专门从事货币生产与铸造的人,除去自己的费用之外还能剩下多少货币"。[2] 配第还首次分析了级差地租。他指出,因土地距离市场的远近不同、土地的丰度不同,会产生不同数量的地租。马克思曾高度赞扬配第的级差地租理论,认为其比斯密更好地阐明了级

---

① 威廉·配第. 政治算术 [M]. 陈冬野, 译. 北京:商务印书馆, 1978:24.

② 威廉·配第. 配第经济著作选集 [M]. 陈冬野, 马清槐, 周锦如, 译. 北京:商务印书馆, 1981:42.

差地租理论。

（3）利息理论。

配第认为利息是货币的租金，是对其所有者使用不便的报酬。货币所有者可以用货币购买土地并取得地租，如同出借货币也应取得租金。与地租一样，利息是合法的正当收入。配第反对用法律限制利息率，主张经济自由。他提出，利息量在安全没有问题的情况下，至少应该等于借到的货币所能购买的土地产生的地租；他把地租高低看作利息高低的基础，同时还指出利息水平由货币的供求决定。当货币供不应求时，利息就高；当货币供过于求时，利息就下降，两者成反比。

另外，配第在资本和生产、货币、赋税等方面也有深入的研究，在资本和生产理论中，他论述了资本的重要性；在货币理论中，他意识到了货币作为一般等价物的作用，并且认识到了货币的职能，尤其是价值尺度和流通手段职能；在赋税理论中，他对税收的原则和重要性做了界定，并提出关税、什一税、人头税等观点。虽然，配第的理论观点非常零碎、不系统，但是他初步介入了分工和生产领域，他的一些新思想影响了后来的古典学派经济学家，尤其是亚当·斯密和卡尔·马克思，他们在配第的基础上，对配第的思想进行了扩充和改进。

二、曼德维尔

曼德维尔是一位充满争议的经济思想家，他本来只是一个名不见经传的医生，却因其一部著作《蜜蜂的寓言：私人的恶德，公众的利益》（以下简称《蜜蜂的寓言》）成为千夫所指、众矢之的，之后又知名度大增。在此书中，他认为人生来就是一种自私、难以驾驭的动物，而正是人的这个恶德促进了社会的进步与繁荣。同样是这部著作，因为凯恩斯主义的兴起，在20世纪初又被经济学界重视起来，原先对曼德维尔思想及观点的看法在逐渐修正，好评开始降临于曼德维尔身上。

伯纳德·曼德维尔

（一）人物生平

伯纳德·曼德维尔（Bernard Mandeville）1670年出生于荷兰鹿特丹的一个世家，1685年进入莱顿大学，主修医学和哲学，1691年获医学博士学位。

之后，曼德维尔开始了他的行医之旅，专治"歇斯底里"病。1696 年，旅居英国，在伦敦作为一名神经和肠胃病及精神病专家而行医，并将注意力转向社会经济问题。1705 年他写了一部名为《抱怨的蜂巢，或骗子变作老实人》的讽刺寓言诗，以拟人手法把人类社会比喻成一个蜂巢群，叙述其盛衰史迹，并公然向宗教和道德哲学的传统观点提出挑战。这本薄薄的册子当然无法说清他的社会哲学思想，并且招致了人们对他的写作意图的误解和对他本人的人身攻击。这个结果迫使曼德维尔决定以雄辩的形式阐述他在寓言诗中的基本思想。他在 1714 年第二版序言中写道："小册子的第一版出版之后，我便遇到了一些人，他们既非存心，也非无知，却误解了那本书的意图（倘若能说他有什么意图的话），以为其目的在于嘲讽美德与道德，通篇皆是为了鼓吹恶德。这种误解使我下定决心：每当那本书再版时，我都想方设法让读者知道我写这首诗的真正目的。"①

1714 年他在原书之外又增添了一篇注释和一篇解释他道德观的论文，将书更名为《蜜蜂的寓言》再版。1723 年和 1728 年该书再版时，曼德维尔又增加了阐述自己社会观的 1 篇论文和 6 篇对话。《蜜蜂的寓言》的出版立即引起了如潮恶评，他也因此书而在历史上声名狼藉。尽管《蜜蜂的寓言》受到了广泛的质疑和批判，但曼德维尔在该书中阐述的关于个人的经济行为动机以及个人的逐利行为与社会利益之间关系的思想，对古典经济学理论体系的构建产生了深刻的影响。并且，越是后世的经济学家，对曼德维尔的评价就越高。

（二）《蜜蜂的寓言》

该书分为四个部分。第一部分是诗歌——《抱怨的蜂巢，或骗子变作老实人》；第二部分是评论——美德之起源；第三部分是社会本质之探究；第四部分为对话。这四个部分是作者在不同时间的著述，后汇集在一起将其命名为《蜜蜂的寓言》。此书一出，曼德维尔就成为众矢之的，被人们辱骂，被认为是厚颜无耻之徒。凯恩斯曾说道："该书在人文科学史上，以声名狼藉著称，1723 年，英国米德尔塞克斯州之大陪审官曾宣判该书为败类。"② 之所以会这样，是因为曼德维尔提出了自己独到的见解——著名的"曼德维尔悖论"：私人恶德即公众利益。在曼德维尔看来，人生来就是一种自私自利的难

---

① 伯纳德·曼德维尔. 蜜蜂的寓言：私人的恶德，公众的利益 [M]. 肖聿，译. 北京：中国社会科学出版社，2002：1-2.

② 凯恩斯. 就业利息和货币通论 [M]. 徐毓枬，译. 北京：商务印书馆，1997：309.

以驾驭的动物，每个人都是自私的卑鄙小人，人类行为的动机也都发端于利己心。在该书的第一部分诗歌中，作者做了一个比喻，将社会比作大蜂巢，生活在这个蜂巢的蜜蜂是商人、律师、牧师、法官、医生等。这些蜜蜂都在近乎疯狂地追逐着自身的利益，此时虚荣、欺诈、嫉妒、伪善、好色、享乐等恶德在这些蜜蜂身上表露无遗。尽管如此，令人惊讶的是当蜜蜂疯狂追逐自己利益的时候，整个蜂巢竟呈现出一派繁荣的景象。

通过比喻，曼德维尔认为，人类和蜜蜂一样，为了自己的私欲每天都忙忙碌碌，但正是每个人的私欲和贪婪才构建了一个繁荣的社会，也促进了社会的进步和发展。作者用一反一正的论述表明了他的"悖论"。富人的私欲、虚荣和奢侈使成千上万的穷人有了工作，从而能填饱肚子生存下去，"众多蜜蜂当中的那些最劣者对公众的共同福祉贡献良多。"① 而当富人某天幡然醒悟要去掉自己的邪恶、改变自己奢华的生活习惯时，"高傲的克洛亚为了过得豪华，曾经迫使她丈夫抢劫国家。而现在她卖掉了自己的家具……她正以干活挣钱为谋生之路，一年到头都穿着耐磨的衣服"。② 由此带来一系列连锁反应。富人的节俭预示着奢侈品消费减少，从而引起商品减少，生产规模缩小，失业人口增多，最终导致社会贫困。因此，曼德维尔认为，如果没有人的私欲之心和由此而产生的种种社会行为，想要建成一个繁荣的社会，毫无疑问只能是一个空想而已。正是这个悖论为曼德维尔招来恶骂一片，在道德伦理界声名狼藉。他在《蜜蜂的寓言》中的言论将其推向社会舆论和道德评判的风口浪尖。曼德维尔在那个绅士淑女的时代成为众矢之的，被称为"品行极坏的人"，其本人曾遭到多次人身攻击。尽管如此，此书却有意外的收获，那就是一而再、再而三的出版发行——初版发行于 1705 年，在 1714 年、1723 年、1728 年又三次改版发行。

（三）主要思想

虽然《蜜蜂的寓言》一书内容在当时社会引起了很大非议，但其中所蕴含的曼德维尔的经济思想却是不容忽视的，而且其意义也是非常重大的。具体如下。

1. 人的自利行为促进社会经济繁荣

曼德维尔认为，在蜜蜂的社会里，每个人都是自私的、无耻下流的卑鄙

---

① 伯纳德·曼德维尔. 蜜蜂的寓言：私人的恶德，公众的利益 [M]. 肖聿，译. 北京：中国社会科学出版社，2002：18.
② 伯纳德·曼德维尔. 蜜蜂的寓言：私人的恶德，公众的利益 [M]. 肖聿，译. 北京：中国社会科学出版社，2002：26.

小人，具有自利的本性。在这种自利基础上，为了满足个人私欲，每个人都不遗余力地拼命挣钱。看似与社会经济繁荣无关的个人行为，却能收获意想不到的客观效果。曼德维尔认为，个人对自身利益和幸福的追求是导致社会繁荣的真实原因。人类的恶德是各行各业和一切贸易的坚实基础。因为社会存有分工，且是非常精细的分工，所以每个人在追逐自身私欲的同时不可避免地与他人接触，不可避免地融入社会中，从而在为自己谋利的同时也在为大众、为社会服务。曼德维尔认为，因为富人对金钱的贪婪和奢侈挥霍才增加了对商品的大量需求，刺激了生产。如果一国的大多数人都能挥霍，那么该国产品的数量就能超过该国人口的实际所需，这样就会有大量的廉价产品；反之，若一国的大多数人都十分节俭，那么其生活必需品就必定减少，物价也就随之昂贵。所以节俭和朴素简约的生活会导致社会经济生产下降，"手工业者——不再有人订货；艺术家、木工、雕石工——全都没有工作而身无分文"。① 经济衰退，社会一片萧条。因此人的私欲、恶德是促进社会经济发展的原因。没有人的恶德，社会就不会前进，经济就不会发展，更不会出现繁荣。虽然曼德维尔强调个人追求自身利益最终会带来社会的公共利益，但是他认为，个人追求自身利益造成社会繁荣是有前提条件的，那就是政府要发挥其调节作用。

2. **提倡消费**

在荷兰出生的曼德维尔，1696 年旅居英国，此时的英国正处于清教徒时代，提倡勤俭节约的俭朴生活，主张艰苦创业。但曼德维尔的观点却正好与此相反，主张消费，而且是奢侈的消费。这与提倡艰苦创业的清教教规背道而驰。如此矛盾的两者在曼德维尔生活的时代出现，只能说明他的思想过于超前了。因为等人们意识到消费能促进需求的无穷魅力时，已经是 20 世纪 30 年代大萧条之后，此时距离曼德维尔生活的时代已过去了两个世纪。曼德维尔的消费观点成为 20 世纪经济学家为摆脱危机寻求出路的最早和最佳的理论基础，被奉为信条，顶礼膜拜。

3. **分工有利于技术进步**

曼德维尔看到了社会分工的存在，并肯定了分工的作用即分工比不分工更有利于技术进步。"倘若一个人专门只做弓箭，另一个人专门提供食物，第三个人专门建造草舍，第四个人专做衣服，第五个人则专事制作器皿，那么，

---

① 伯纳德·曼德维尔. 蜜蜂的寓言：私人的恶德，公众的利益 [M]. 肖聿，译. 北京：中国社会科学出版社，2002：9.

不仅他们会变得彼此有用，而且在同样长的年代里，他们从事的那些行业和手艺本身的改进，也会比没有专人从事它们所取得的更大。"① 这种观点也影响了亚当·斯密对社会分工的看法。面对分工，政府不能袖手旁观，而是应该采取积极态度来促进分工，创造不同类型的行业如制造业、技术业和手工艺业等；还要奖励农业、渔业以及其他各种分支行业。正因为社会存有分工，所以人们在满足自己的私欲时看似忙忙碌碌风风火火，整个社会、市场却井然有序，这只后来被称为"看不见的手"在曼德维尔这里已经若隐若现，呼之欲出。

（四）对后世的影响

关于人性自私论早已有之，但把这种论点推向极致且没有给任何其他动机留下一点余地，曼德维尔是第一人。尽管他的观点看似"悖论"，但却深深影响了后人。不仅是普通人，也影响了像亚当·斯密、大卫·休谟、哈耶克等思想大师。例如，亚当·斯密的经济思想中闪烁着曼德维尔的影子，两者的经济思想有许多相似、相通甚至是一脉相承之处。

1. 关于社会分工的理论

《国富论》第一编第一章就是"论分工"，亚当·斯密举了针制造业的分工："针制造业，是一种极微小的制造业……分工已经使针的制造，成为一种特殊的职业……计抽线者一人，直者一人，截者一人，磋锋者一人，钻鼻者又一人。"②

2. 引导个人追求财富的动因理论

曼德维尔认为，个人的自利行为不仅能促进社会经济的繁荣，而且能使整个社会井然有序。这只"看不见的手"的观点在《蜜蜂的寓言》中犹抱琵琶半遮面，后经亚当·斯密的发展和剖析，《国富论》第一次对个人谋求自身利益的动机和行为，如何导致整个社会财富增长的社会经济机制，进行了经济学的阐释和证明。"他们通例没有促进社会利益的心思。他们亦不知道他们自己曾怎样促进社会利益……他们所以会如此指导产业，使其生产物价值达到最大程度，亦只是为了他们自己的利益……他们是受到一只看不见的手的指导，促进了他们全不放在心上的目的……他们各自追求各自的利益，往往

---

① 伯纳德·曼德维尔. 蜜蜂的寓言：私人的恶德，公众的利益 [M]. 肖聿，译. 北京：中国社会科学出版社，2002：462.

② 亚当·斯密. 国富论：上 [M]. 郭大力，王亚南，译. 北京：商务印书馆，1983：22.

更能有效地促进社会利益。"①

不仅曼德维尔的经济思想对后来产生了重大影响，他对美德、恶德等这些有关伦理情操与品质的论断也深刻地影响了后人。亚当·斯密在《道德情操论》中提到了曼德维尔和他的《蜜蜂的寓言》："曼德维尔博士的那本书（《蜜蜂的寓言》）把每一种激情都描绘成是完全邪恶的东西……把每一件事情都看成是虚荣心，它或者与他人的情感应当是什么样有关。正是通过这种诡辩的方法，他得出了他所钟爱的那个结论：私恶即公益。"② 不管亚当·斯密在该书中的观点是与曼德维尔相符还是相左，有一点是肯定的，那就是他看到了曼德维尔的《蜜蜂的寓言》，这就不可避免地在他自己的见解中寻到曼德维尔的痕迹。

三、坎蒂隆

与配第一样，理查德·坎蒂隆（Richard Cantilon）也具有双重学派属性，但与配第不同的是，他不存在学派争议，因为他是公认的重农学派和古典学派的先驱。作为重农学派先驱，他认为土地耕种是致富的源泉，农业年产品决定一国人口的规模和变化等；作为古典学派先驱，他又与后世马尔萨斯的观点类似，推断如果人们的生存环境不存在限制，那么人口将会像谷仓的老鼠一样繁殖众多。另外他还强调了土地与劳动力的作用，强调价格围绕价值上下波动，并发展了价值理论。

理查德·坎蒂隆

（一）人物生平

理查德·坎蒂隆是 17 世纪末 18 世纪初资产阶级古典经济学产生时期的经济学家，人们对他知之甚少，只知道他出身于爱尔兰的一个贵族家庭，是一位活跃于巴黎的英属爱尔兰的银行家，连出生年月都不能确定，一般认为是出生于 1680 年至 1690 年。他起初在伦敦经商，1716 年移居法国，在巴黎从事银行业和贸易业务。由于他精通金融业务，又十分勤勉，所经营的业务在很短的时间里发展得很快。坎蒂隆还是一个成功的投机商，他曾预见"约

---

① 亚当·斯密. 国富论：下 [M]. 郭大力，王亚南，译. 北京：商务印书馆，1983：4.
② 亚当·斯密. 道德情操论 [M]. 余涌，译. 北京：中国社会科学出版社，2003：352-353.

翰·劳体系"的破产，但仍大量购买其股票，并及时将股票出售，获得了巨额的利润。此后，他放弃了在他看来比较危险的金融业务，与人合办了一家普通的贸易公司。据估计，他的财富有 2000 万里弗尔。频繁的交易让他经常陷入法律纠纷之中。为了彻底摆脱麻烦，他携巨额财富回到英国居住。1734年，他的住所被烧，他亦死于这场大火。后来调查结果显示，是他的厨子谋财害命所为。由于业务上的需要，他曾游历过欧洲大陆的许多国家，如荷兰、意大利等。这段时间，他一直致力于其唯一的著作《商业性质概论》的写作，但是这本书直到 1755 年才在法国出版。

坎蒂隆虽然出生于爱尔兰，又是英国公民，但是他的大部分时间是在法国度过的，他的经济研究也大都以法国社会为对象，更重要的是，他的经济思想不仅预见了法国重农学派的核心理念，而且对法国古典经济学产生了重大影响。因此，正是在这个意义上，我们把他同时归于重农学派和古典学派的先驱人物。他之所以受到经济学家的重视，是因为他这本唯一著作《商业性质概论》的手稿被传到老米拉波手中长达 16 年之久，并通过他对魁奈产生了重要的影响。斯密在《国富论》中也曾引用坎蒂隆的观点。然而，这部书依然没有得到足够重视并被遗忘了很久，直到 1881 年英国经济学家杰文斯发现和阅读了它，给予了高度评价，并以原名重新出版，坎蒂隆才重新回到经济学家的视野中。

（二）主要观点

坎蒂隆全部的经济思想都体现在《商业性质概论》一书中，涉及了各个方面，除了肯定农业耕种、重视农业产品等重农学派观点，他在商业、土地、国际贸易、货币与价值等领域的研究使他成为古典学派的先驱人物。关于商业，坎蒂隆提到了商人与竞争，强调商人这个角色在经济生活中的重要作用，因为商人总是能够以固定的成本预期换回不确定的收益，并且，竞争会使企业家的服务价值降低到正常利润的水平；关于土地，他强调土地与劳动力的作用，强调供给与需求；关于国际贸易，坎蒂隆指出出口盈余对商业是有益的，他强调的是基于国内商品的生产并销往国外，所以，坎蒂隆关于国际贸易的观点带有浓重的古典主义色彩；关于货币与价值，他发展了价值与价格理论，并提出了商品价格围绕其内在价值上下波动这一开创性观点，他还认为一国的出口盈余会带来货币量的增加，这不仅会促使商业繁荣，还会导致物价和消费的上升，最终会缩小出口盈余；另外，坎蒂隆还对国家的人口、资源生产力、矿产开采等方面有所研究。纵观其理论体系，最重要的、对古典学派影响最大的莫过于价值、货币和分配理论。

1. 价值理论

坎蒂隆在讨论财富时涉及了价值问题，他继承了配第关于土地和劳动共同创造财富的观点，同时又明确采用了布阿吉尔贝尔关于财富就是使用价值的观点。坎蒂隆在关于财富的定义上把研究目光从流通领域转到了生产领域。在此基础上，坎蒂隆讨论了商品的价值，他提出"内在价值"和"市场价格"两个概念。"内在价值"即生产商品所耗费的土地和劳动的数量，而"市场价格"则是市场上商品的实际价格。在价值探讨上，他力图在"市场价格"背后找出商品的"内在价值"。坎蒂隆还对市场和市场价格进行了详尽的考察，以消费品市场为代表，他认为市场的主体是买者和卖者，客体是商品与货币，交换在买卖者之间完成。最重要的是，坎蒂隆认为，商品的内在价值和市场价格是不相等的，市场上供求关系的变动会使价格高于或低于商品的内在价值，但市场价格总是要围绕内在价值变动。他清楚地看到并指出，商品的供给和需求比例，或者说商品的生产和居民的消费之间的比例，是在自发调节的过程中达到的。

2. 货币理论

坎蒂隆进而定义货币并研究货币的作用，他把货币看作商品交换过程中的一种尺度。坎蒂隆指出，在交换过程中，人们需要寻找一种共同尺度，以衡量他们所希望交换的商品的比例和价值，这种共同尺度就是货币。他还确信只有黄金和白银具有体积小、易于运输、可分割、便于保管等特性，从而出色地论证了金银成为货币的必然性。坎蒂隆把货币看成同其他商品一样具有内在价值（这里的内在价值由劳动和土地共同衡量）。坎蒂隆还是早期货币数量论的完整表达者之一。他认为，"一国中货币的充裕与稀缺永远会提高或降低交易之中的一切东西的价格。一国流通中的货币量的增加可以由下述原因引起：在该国发现的贵金属矿藏的开发，外国提供的补贴，外国个人和家庭的移居，外国使节和旅游者的驻留，最重要的是经常性的年度贸易顺差"。① 这些原因造成的货币量增加，都会引起商品价格的上涨。不过他也指出，流通货币量增加与物价水平上涨间并不存在严格的比例关系。

3. 分配理论

坎蒂隆继承了配第关于工资应等于最低生活资料价值的观点，并做了具体的说明。他认为，一个最不熟练的普通劳动者的劳动价值，至少应等于庄

---

① 理查德·坎蒂隆. 商业性质概论 [M]. 余永定，等译. 北京：商务印书馆，1986：17-18.

园主用于给他提供食物和生活必需品的土地数量加上为把一个孩子抚养到能够劳动的年龄所需的土地数量的两倍。手工业者的劳动收入在价值上也是由土地产品的数量决定的，即等于他们所消费的土地产品的两倍。他也指出，手工业者的收入通常高于农业劳动者的收入。

坎蒂隆已经认识到利润是利息的基础，他提出，货币所有者把钱借给借钱的人，是因为他预测借钱的人将有一笔较高的利润，这一利润必然同借款者的需要和放款者的担心与贪欲成比例，他认为这就是利息的来源。不过，坎蒂隆反对国家人为地规定利息率。他指出，如果君主希望通过法律来调节利息率，这一调节必须以最高等级或大致相当于此的现行市场利息率为基础，否则，法律就不会有效力。

四、休谟

大卫·休谟（David Hume，1711—1776 年）是苏格兰著名的哲学家、经济学家和历史学家，被视为苏格兰启蒙运动以及西方哲学史中最重要的人物之一。休谟与斯密关系亲密，其理论，尤其是人性论对斯密经济思想的形成有重要影响。

大卫·休谟

（一）人物生平

1711 年休谟出生于苏格兰爱丁堡，父亲是一名律师，母亲出自名门望族，家境比较富裕。少年时的休谟勤勉、好学，家人以为他适合学习法律，于是 12 岁的休谟就进入了爱丁堡大学（当时正常的入学年龄是 14 岁）。休谟 15 岁时，在没获得学位的情况下离开了爱丁堡大学，原因是他接触了西塞罗和维吉尔等人的哲学著作，开始痴迷哲学，对其他东西包括法律产生了厌烦情绪，在他的极力争取下，家人终于同意他去学习自己喜欢的学问。休谟非常开心，并曾在一封信中透露自己的欣喜之情："我生活得像一位君王那样自由自在。" 18 岁时，休谟的哲学研究取得了一些突破，这使他下定决心抛弃其他所有快乐和事业，完全奉献在这个领域上。

1734 年，休谟来到了法国，开始研究哲学，并从事著述活动。1737 年，仅仅 26 岁的休谟就完成了他在哲学上的代表作《人性论》一书。虽然现代学者视《人性论》为休谟一生中最重要的著作，也是哲学史上最杰出的著作之一，但或许因为休谟多疑的性格和非正统的思想，这部作品在当时并未得到大众的重视，就连家乡的爱丁堡大学也因为前述原因而两次拒绝聘其为哲学教授，古典学派构建者亚当·斯密也曾因为寝室放有休谟的《人性论》而险些被牛津大学开除，撰写《人性论》的艰辛过程曾使年轻的休谟近乎精神错乱。

1745 年作为一名家庭教师的休谟开始了《英格兰历史》一书的编写，这本书写了 15 年才得以完成，而他作为历史学家的声望也是源于这本书。休谟在 40 岁的时候结识了亚当·斯密，但两人见面不多，主要通过频繁的书信往来。休谟把斯密当作自己最重要的朋友，他曾在自己的遗嘱中指定斯密作为自己遗稿的管理人。1776 年，休谟逝于家乡爱丁堡。

虽然现代学者对休谟著作的研究聚焦于其历史与哲学思想方面，但是休谟在经济学领域同样具有很大的影响力。他没有出版过经济学专著，但发表了许多经济学论文，包括《论商业》《论货币》《论利息》《论贸易平衡》等，这些论著被收集在 1752 年出版的《政治论丛》中。1955 年，后人将其经济方面的著述编为《经济学文集》。休谟的经济理论事实上是以其《人性论》为基础的，他认为在一定程度上一切科学都是研究人的科学，各门科学都只研究人性的某一部分，经济理论也不例外。

（二）主要观点

以《人性论》为基础，休谟认为人们的欲望是一切经济活动的出发点和动机，因为自私和贪欲是人的自然本性。休谟的这种观点是他经济理论的基础，也是 18 世纪经济学界研究的焦点。

1. 货币数量论

休谟的经济论文涉及诸多方面，但是贯穿这些论文始终的是货币数量论，这也是出于反对重商主义的时代需要。休谟认为："一切东西的价格取决于商品与货币之间的比例，任何一方的重大变化都能引起同样的结果——价格的起伏……商品增加，价钱就便宜；货币增加，商品就涨价。反之，商品减少或货币减少也都具有相反的倾向。"[1] 他认为商品价格上升或下降的原因在于商品或货币绝对数量的变动。实际上，休谟货币数量论的主要着眼点在于货币数量的变动对商品价格的影响，或者说货币数量对商品价格的决定作用。他强调："严格地说，货币并不是一个商业方面的问题，而只是人们约定用于便利商品交换的一种工具……如果单就一个国家自身来考察，那么货币量的

---

① 休谟. 休谟经济论文选 [M]. 陈玮，译. 北京：商务印书馆，1984：32.

多寡无关紧要，因为商品的价格总是与货币的数量成比例的。"[1]

在货币数量论中，休谟还提出了"价格—铸币流动机制"。其主要观点可以概括为以下几点：①货币是贸易机器上使齿轮转动更平滑的润滑油。②金银作为货币是依靠某项社会职能才取得的一种虚构价值。具体而言，就是在货币流通过程中被当作商品代表而取得了一种虚构的价值。③商品价格是在流通过程中用商品除货币数量所得，商品增加，价格就便宜；货币增加，商品就涨价。商品价格随着货币数量的增加而逐渐升高，而不是立即上涨。反之，商品或货币减少也都具有相反的倾向。

虽然在现在看来，休谟的货币数量论中有一些内容是不科学的，比如他认为货币数量对商品价格的影响是绝对的，但是这一理论在一定程度上揭示了货币数量与商品价格的关系，并且在当时的实践上具有反对重商主义的进步意义。重要的是，休谟的货币数量论影响了后期古典学派的经济学家，给他们的理论提供了借鉴。

2. 贸易论

休谟还揭示了货币数量与对外贸易的关系，他认为，一国货币数量的多少，与一国财富的多少无关，但流通中货币数量的多少会影响商品价格，从而影响对外贸易。货币数量与对外贸易有重要关系：货币数量少，商品价格低，竞争力强，有利于出口，对外贸易就能出超，反过来又使输入货币增多；反之亦然。所以在对外贸易中，不需要政府的干预。因此休谟主张发展自由贸易。他认为，通过国际贸易和自由竞争，各国的经济利益可以协调发展。在《论贸易平衡》一文中，他说："一般地说，任何一个国家的商业发展和财富增长，非但无损于，而且有助于所有邻国的商业发展和财富增长。"[2]

3. 利润论

休谟在经济学领域还有其他贡献。他论述了利息与利润之间的关系，认为利息率的高低在利润的限度内取决于借贷货币的供求状况，所以利息与利润有联系。但他认为没有必要去确定二者之间谁是原因谁是结果。他说："在可以得到高利息的地方，没有人会以低利润为满足，而在可以得到高利润的地方，也没有人会以低利息而满足。"[3] 因此他认为利润和利息都是从不断扩展的商业中产生的，并且彼此促进。休谟较为清楚地看到了利息和利润之间

---

① 休谟. 休谟经济论文选 [M]. 陈玮, 译. 北京：商务印书馆, 1984：33.
② 休谟. 休谟经济论文选 [M]. 陈玮, 译. 北京：商务印书馆, 1984：82.
③ 休谟. 休谟经济论文选 [M]. 陈玮, 译. 北京：商务印书馆, 1984：55.

相互影响的关系。

4. 赋税论

在赋税问题上，休谟完全站在了土地所有者和富人的一边，支持间接税制度。他认为这种间接税制度可以促使人们养成节俭、勤劳的习惯，并使穷人的生产积极性得到提高。在当时的背景下，休谟作为寡头统治的拥护者和新兴资产阶级的维护者，他维护这种赋税制度也的确是理所应当的。

作为古典学派先驱者，虽然休谟的影响力比不上他在哲学上的贡献，但他在政治经济学领域仍是一位值得尊重的人物。他的货币数量论深刻地影响了马克思，后者在其著作《政治经济学批判》中，对休谟的货币数量论做了高度评价，恩格斯也肯定了休谟在政治经济学中的地位；休谟的人性论、货币数量论、贸易平衡论等理论直接影响了古典学派构建者亚当·斯密，《道德情操论》和《国富论》中都有休谟的影子。布坎南在整理出版斯密在格拉斯哥大学的讲稿时，发现这些讲稿大量引用了休谟的经济理论。

第六节　中美贸易关系演化与美国新重商主义[①]

20 世纪 70 年代末至 21 世纪中国向世界贸易大国迈进中，中美战略性贸易关系经历了四个演化阶段。特朗普执政时期，在美方"新重商主义"的影响下，中美贸易关系进入了极具挑战性的新阶段。回顾美国对外贸易政策的演化历史，美国"重商主义"政策理念具有 200 多年的发展渊源。客观而言，特朗普政府的"新重商主义"深刻反映了美国自身的国家利益特征与历史继承性。

一、中美贸易关系演化历程

"二战"结束后，受全球地缘政治格局和两国经济外交战略的影响，中美之间的贸易联系始终处于战略性严格管制状态。1972—1973 年在尼克松总统执政期间试图重新恢复中美贸易关系，但由于中美政治与经济关系尚未全面正常化，中美之间的贸易额一直徘徊在低位水平。自 20 世纪 70 年代后期中

---

① 龙晓柏. 中美贸易关系演化回溯与展望：兼议特朗普政府的新重商主义 [J]. 江西社会科学，2019，39（9）：82-93.

美之间结束严格战略性贸易管制政策后，至 21 世纪中国向世界贸易大国迈进以来的时期，中美战略性贸易合作关系经历了四个阶段（见表 2-1）。

表 2-1　1980 年以来美国两大党派对华贸易战略主张

历任美国总统及执政时间	党派	对华贸易战略及主张
罗纳德·里根 （1981—1989 年）	共和党	对华贸易采取逐步放松管制的战略；按"杰克逊—瓦尼克修正案"年度审议
乔治·赫伯特·沃克·布什 （1989—1993 年）	共和党	受政治波动的影响大，美国针对中国的战略性报复措施时有爆发
比尔·克林顿 （1993—2001 年）	民主党	将"最惠国待遇"的提法改为"正常贸易关系"；实现对华永久性正常贸易关系
乔治·沃克·布什 （2001—2009 年）	共和党	小布什贸易政策呈现一定的单边主义倾向；关注中美贸易失衡问题
奥巴马 （2009—2017 年）	民主党	TPP；开展中美战略与经济对话，推动中美双边投资协定（BIT）谈判
唐纳德·特朗普 （2017—2021 年）	共和党	美国优先战略；典型的"新重商主义"政策
约瑟夫·拜登 （2021—）	民主党	延续"新重商主义"政策，继续"脱钩"战略

（一）贸易"小国"与贸易"大国"的战略性合作框架搭建期（1979—1988 年）

改革开放初期，1978 年中国对外贸易总额只有 206 亿美元，而美国当时已经是全球最大的贸易国，其对外贸易总额达到 3992 亿美元。在这个阶段，美国属于世界贸易大国，具有全球贸易话语权，而中国在世界贸易领域话语权弱，属于贸易小国。

随着 1979 年 1 月中美正式建交，第一份《中美贸易关系协定》正式签署，这标志中美贸易合作政策开始启动。根据这一协定，中美双方在关税、手续税费用方面相互给予最惠国待遇（Most Favored Nation，MFN），向对方的商号、公司等贸易实体提供最惠国待遇，相互对等地保护专利、商标和版权，允许建立在本国领土内的对方的金融机构，根据最惠国待遇的原则开展业务，协商解决双边贸易问题等。

里根执政时期（1981—1989 年），主推供给经济学，包括降低所得税、增加政府赤字和国债等政策内容。在里根两届任期内美国从世界最大的债权国转变为世界最大的债务国。随着当时美国"新太平洋共同体"经济战略概念的形成，里根政府对华贸易采取了逐步放松管制的战略，如1983年里根政府决定将中国从出口管制条例中的 P 类国家调整到与一些友好国家相同的 V 类，允许美国对华出口的产品和技术是对苏联出口的两倍。在这演化期间，美国作为世界贸易大国，始终不放弃对华采取苛刻的歧视性贸易审查措施，如在最惠国待遇方面，自1980年以来美国虽然每年都给予中国最惠国待遇，却单方面按照其《1974年贸易法》中的有关条款，即按"杰克逊-瓦尼克（Jackson-Vanik）修正案"对中国、苏联等非市场经济国家的最惠国待遇的贸易地位进行年度审议。

（二）"中心—外围"贸易特征格局的波动期（1989—2000年）

1989—2000年是中美贸易政策关系演化的第二战略阶段，具有明显的"中心—外围"贸易特征格局，即美国作为贸易中心国，在产业技术上是创新领先国，主要生产和出口高技术工业制成品，到1999年高技能和技术密集型产品占美国对华出口产品的比重超过了55%，在中美两国贸易战略格局中处于强势国地位；而中国作为贸易外围国，产业技术上属于模仿与吸收引进国，主要生产和出口初级品，劳动和资源密集型产品在中国对美出口产品结构比重中始终保持第一位，在两国贸易战略格局体系中处于劣势国地位。

这期间经历了乔治·布什执政时期和克林顿政府公平贸易时期。乔治·布什执政时期（1989—1993年），中美贸易受政治关系波动的影响大，美对华贸易政策具有一定的保护主义特征，两国贸易关系呈现停滞不前的迹象，尤其美国针对中国的战略性报复措施时有爆发。克林顿执政期间（1993—2001年），美国作为"中心—外围"的强势贸易大国，对华贸易政策有所缓和，其重点是与中国进行基本贸易协议谈判，在提出两国建设性战略伙伴关系框架下尝试促进中国战略融入一个以规则为基础的世界贸易制度（WTO）之中。1999年中美两国政府签署了关于中国加入 WTO 的双边协议。

在最惠国待遇方面，美国对中国等非市场经济国家在20世纪90年代以前主要是审查移民政策，此后则转为对中国的人权、环保以及军火控制状况进行审查。1998年，克林顿总统签署了一项改革法案，将"最惠国待遇"的提法改为"正常贸易关系"（Normal Trade Relations，NTR）。2000年克林顿向美国国会递交一项立法建议，要求在中国加入 WTO 后，美国将终止按《1974年贸易法》中的"杰克逊-瓦尼克修正案"对中国的贸易地位进行年度审议，实现对华永久性正常贸易关系。

（三）"中心—外围"贸易特征格局的转型期：基于 WTO 贸易框架（2001—2008 年）

2001—2008 年是中美贸易演化关系的第三阶段，"中心—外围"贸易特征格局处于深度转型过程。即随着中美经贸关系向广度和深度发展，中美贸易实力关系逐渐向相对均衡化格局衍变，中国对美出口除了传统劳动密集型产品外，中高等资本密集型与技术密集型产品开始增长，中国作为"中心—外围"的贸易劣势国地位有所改变，但受一些非经济因素的干扰，中美经贸冲突和摩擦也不断出现。

"9·11"事件后，美国急需在其倡导的全球反恐联盟中广泛寻求盟友，为此美国对华贸易政策有了极大的转变。2001 年 12 月，中国完成与美国等世贸组织主要成员方的谈判工作，正式加入世贸组织，中美经贸关系发展有了更为广阔的合作平台。伴随着 2001 年以来全球经济萧条和美国出现的巨额双赤字，乔治·沃克·布什（2001—2009 年）政府实施战略性对外贸易政策，其间中国处于加入 WTO 的过渡期，美国对华贸易政策主要倾向是督促中国按市场准入义务融入全球贸易体系。随着中国加入世界贸易组织（WTO）过渡期的完成，自 2006 年开始，布什政府认为中国已经逐渐成为新兴的世界贸易大国，除必须完全兑现"入世"承诺外，还应为全球性贸易增长与结构失衡治理问题发挥应有作用。2007—2008 年美对华贸易政策时有波动，对话与施压双管齐下，在贸易微观策略上利用产品安全问题对中国出口美国的产品设置大量技术性贸易壁垒，甚至突出美中"贸易赤字"问题，指责中国是造成美中"贸易赤字"的主要责任方。

（四）两个世界性贸易大国"双向博弈"战略合作时期（2009—2016 年）

2009 年以后是中美贸易演化关系的第四阶段，中国已经明显地上升为全球贸易大国的地位，其间经历了全球金融危机和新一轮工业革命。2009 年 1 月奥巴马上台执政，不同于小布什的遏制主义政策，奥巴马主导的美国政府在经贸政策上更强调与中国进行战略协作与沟通。奥巴马强调跨太平洋大国间合作的重要性，主张通过国际合作与中国全面接触，并对华慎用贸易博弈战术及具有单边主义特征的贸易保护措施。奥巴马政府认为，中国作为 WTO "新成员"的过渡期限结束后，必须既兑现"入世"承诺，也应超越这些承诺，为解决金融危机出现的全球贸易失衡问题发挥应有作用，以确保全球贸易体系持续健康发展。奥巴马政府在 2010 年和 2013 年分别启动《跨太平洋伙伴关系协定》（TPP）谈判和《跨大西洋贸易与投资伙伴关系协定》（TTIP）谈判，即美国推行所谓的"两洋战略"，尤其 TPP 试图把中国排除在亚太自由贸易圈之外，以达到美国强势重返亚太的目的。

二、美国"重商主义"的历史发展脉络

特朗普和拜登执政以来，其对华贸易政策呈现浓郁的"新重商主义"特征。回顾美国对外贸易政策的演化历史，美"重商主义"政策理念具有 200 多年发展渊源。客观而言，美国政府的"新重商主义"深刻反映了美国自身的国家利益特征与历史继承性。

（一）美国重商主义理论的发展

美国重商主义具有悠久的历史，最早是由美国政治家汉密尔顿提出，其关税保护论详见其提交美国国会的《美国制造业报告》（Report on Manufactures，1791 年）。汉密尔顿认为美国当时的工业属于"幼稚工业"，不具备与欧洲经济强国竞争的能力，强调政府应通过对外国商品征收高关税的措施来保护美国国内产品和市场。1816 年美国正式通过了第一个保护关税法案，制造业产品的平均税率骤升至 25%。1861 年在共和党推动下通过了《莫里尔关税法》（Morrill Tariff），将平均关税调高到 37.5%。南北战争后，美国走上了高关税的贸易保护之路，1890 年《麦金莱关税法》将整体关税进一步提高到 49.5%。

1929—1933 年的经济大危机促使凯恩斯推崇重商主义。他认为重商主义保护贸易的政策确实能够保证美国经济繁荣，扩大就业。凯恩斯的超保护贸易理论强调国家对经济的干预，不仅要保护幼稚工业，还要保护垄断行业的利益。通过对垄断行业或国内衰落的大企业的保护，使其重新焕发竞争魅力，参与世界市场竞争。凯恩斯主义认为，贸易逆差有害，而贸易顺差可为一国带来黄金，也可扩大支付手段，压低利息率，刺激物价上涨，扩大投资，这有利于美国国内危机的缓和与提升就业率。

（二）具有浓郁"重商主义"特征的两大关税法案

1. 福德尼-迈坎伯关税法案（Fordney-McCumber Tariff Act）

由于担心欧洲生产商可能比美国制造商更有市场竞争力，1921 年共和党沃伦·哈丁总统向国会提出紧急关税立法，1922 年国会完成了全面的关税修订，即《福德尼-迈坎伯关税法》。该法体现了美国回到一战前的贸易保护主义状态。

这项法案也许是哈丁政府试图使美国成为世界上"无条件最惠国"的有效举措，即不仅寻求降低外国出口商的利润，也寻求对其他试图限制美国出

口的国家进行报复。福特尼-迈坎伯关税对美国经济的影响没有达到预期。事实上，福德尼-迈坎伯高"保护性"关税对美国国内经济的保护效果相当有限，尤其是保护关税措施未能解决 20 世纪 20 年代美国农业的萧条问题，高关税政策反而引来了欧洲和拉丁美洲国家的关税报复。

2. 斯姆特-霍利关税法案 (Smoot-Hawley Tariff Act)

该法案是共和党赫伯特·胡佛执政后，致力于解决"一战"后美国进口量持续增加的影响以及困扰美国经济的生产能力过剩问题的一次尝试，由美国参议员里德·斯姆特和美国众议员威利斯·霍利发起，于 1930 年 6 月经签署成为法律。由于众多特殊产业利益集团的游说影响，法案将所有经济部门的 2000 多种进口商品关税提升到历史最高水平，远高于 1922 年《福德尼-迈坎伯关税法》的税率水平，是美国历史上最具保护主义色彩的关税法案，其成为 20 世纪 30 年代美国"以邻为壑"政策的象征。

当时有超千名经济学家签署了一项请愿书抵制该法案。在该法案通过之后，许多国家对美国采取了报复性关税措施。在该项法案成为法律前的很早时候，贸易抵制活动就已经展开。1930 年加拿大率先对 16 种美国产品征收新关税，随后英联邦、法国、德国等也纷纷提高了针对美国产品的税率。

(三) 新贸易保护主义

新贸易保护主义是 20 世纪 80 年代初才兴起的，美国新贸易保护主义理论依据、政策手段、目标对象和实施效果与传统的贸易保护主义有着显著的区别，其特点有以下几点。

第一，利用 WTO 规则，实行贸易保护。总体来看，由于现行多边贸易体制并非无懈可击，WTO 允许成员方利用其有关协议保护本国的利益，反击遭到不公平待遇。这就为美国以"公平贸易"为由实行贸易保护留下了空间。

第二，保护手段更趋多样化。首先，"两反一保"（反倾销、反补贴、保障措施）等传统保护手段仍被频繁应用。其次，技术壁垒、绿色壁垒、知识产权保护、劳工标准等贸易壁垒措施多样，应用范围更加广泛。美国利用自身在环保和科技方面的优势，制定更高的环保、技术、商品和劳工标准，以削弱发展中国家凭借低廉的劳动力成本而获得的出口竞争力。

第三，制定实施战略性贸易措施。克鲁格曼（Krugman P. R.）等提出的战略贸易理论强调了国际贸易中的国家利益，政府通过确立战略性产业（主要是高技术产业），并对这些产业实行适当的保护和促进。随着国际竞争的加剧，特别是全球经济大国在高技术领域的较量不断升级，战略性贸易措施

（如生产补贴、进口准入管制等）成为美国当代重商主义的核心政策工具。

三、全球经贸新形势下我国的应对思路

（一）坚决抵制"新重商主义"思维，按照互利共赢原则深化大国间贸易合作机制

第一，强化中美贸易战略关系的互利共赢性，坚决抵制美方"新重商主义"思维，扩大两国"共同贸易利益清单"，共同探索具有广泛包容性的大国开放合作战略之路。战略合作才是中美共同实现贸易创造效应最大化的支撑途径。

第二，科学规制中美贸易政府合作的机制框架。需强化中美首脑会晤、中美战略与经济对话年度会议机制、中美商贸联合委员会等政府合作平台，促进中美贸易合作战略协调机制的稳固形成，妥善管控双方贸易分歧。

第三，考虑美国贸易政策的制定机制及取向选择受政党制度（民主党和共和党）、公众（选民）、宪政体制（国会、联邦政府）以及大企业利益集团的共同作用影响，尤其当前美国两党在对华贸易政策上呈现明显的政治分野，中国应特别重视与美国国会参众两院以及省州层面的交流与合作。

（二）恪守 WTO 基本宗旨，基于公正合理原则协调中美贸易关税政策关系

第一，WTO 倡导国际贸易的公平公正性，中美均是 WTO 成员方，中美可通过 WTO 准则框架战略协调中美贸易关税政策关系。同时，中美可在推动 WTO 改革上发挥大国间的合作作用，为中美战略性贸易合作磋商创造有利的契机和平台基础。

第二，2017 年正式生效的 WTO《贸易便利化协定》为全球反对贸易保护主义、经济全球化提供了强有力的后盾。美方实施贸易单边主义政策不能违背 WTO 规则，中美应在遵循 WTO 准则基础上尽量实施合作共赢型战略性贸易政策。

第三，我国应坚定灵活对美运用贸易税的国家策略和定力。在中美贸易摩擦加剧期间，我国可在 WTO 政策允许空间内进一步主动探索赋征进口关税应对来自美国政府单边歧视性贸易税的风险，特别是我国在向美出口敏感性原材料、特殊产业资源等领域可深度挖掘具操作性的出口贸易管制措施。

（三）基于全球多边机制共同制衡"新重商主义"

美国政府的"新重商主义"已经在许多领域恫吓全球主要经济体，不仅中印等发展中经济体都被要求优先满足美国的单边主义利益，而且 G7 主要成

员国几乎都曾遭遇美国的各种关税威胁。制衡单边主义的基本途径应是积极倡导多边主义，中国可联合东盟、金砖国家、欧盟等共同推动"坚持全球化合作，反对新重商主义"纳入全球性多边协调机制战略框架，与各方一道，积极引导构建有助于体现自由公正宗旨的全球化经贸体系。维护自由贸易原则，牵制美国单边主义，促成全球结成更为巩固的"命运共同体"，对全球经贸合作而言意义重大。

（四）构建美对华"新重商主义"政策激化的预警机制

我国需密切关注美国政府"新重商主义"对华贸易保护政策激化的新动向。加强有关美对华贸易关税壁垒的研究，密切跟踪，及时发布。同时，进一步完善对美贸易的信息服务体系，建立关税清单、"双反"、TBT以及"301""337"调查信息中心和大数据库，并及时反馈给有关部门和企业。

阅读材料

1. 张步先，苏全有. 晚清重商主义与西欧重商主义 [J]. 河南师范大学学报：哲学社会科学版，1997（1）：10-13.

2. 谈敏. 重农学派经济学说的中国渊源 [J]. 经济研究，1990（6）：66-76.

问题与讨论

1. 中国先秦诸子的"利""欲"等经济思想与古希腊先贤的经济思想有何异同？

2. 同为人类历史上的大航海，为什么郑和下西洋没有改变中国经济结构，而哥伦布航海却带来了欧洲经济新时代？

3. 中国古代的"无为而治"与重农学派主张的自然秩序有何异同？

4. 为什么《蜜蜂的寓言》被人称为"一本邪恶的书"？

5. 试述休谟的哲学和经济思想对斯密的影响。

参考文献

[1] 王志伟. 西方经济思想史 [M]. 3版. 沈阳：东北财经大学出版社，2021.

[2] 张旭昆. 经济思想史 [M]. 北京：中国人民大学出版社，2017.

[3] 顾海良，颜鹏飞. 经济思想史评论：第7辑 [M]. 北京：中国经济出版社，2015.

[4] 赖建诚. 经济思想史的趣味 [M]. 杭州：浙江大学出版社，2016.

[5] 魏丽莉. 经济思想史 [M]. 北京：机械工业出版社，2019.

[6] 阿列桑德洛·荣卡格利亚. 西方经济思想史 [M]. 刘晓丹，等译. 上海：上海社会科学院出版社，2009.

[7] 海因茨·D.库尔茨. 经济思想简史 [M]. 李酣，译. 北京：中国社会科学出版社，2016.

[8] 赵春玲. 中华优秀传统经济思想与中国特色社会主义政治经济学的建设 [J]. 当代经济研究，2022（10）：43-50.

[9] 逄锦聚. 习近平经济思想对马克思主义政治经济学的原创性贡献 [J]. 马克思主义理论学科研究，2022，8（10）：4-16.

[10] 聂锦芳. "政治算术"范式与资本社会的"内部联系"：重新理解威廉·配第的经济思想及其对马克思的影响 [J]. 马克思主义理论学科研究，2022，8（7）：62-73.

第三章

古典经济学

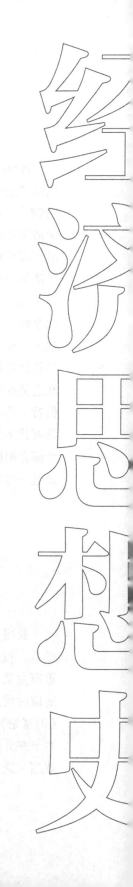

古典经济学一般是指 1776 年亚当·斯密发表《国富论》到 19 世纪 70 年代的"边际革命"这一个世纪内占据主流地位的经济学说。它之所以被称为"古典",不仅是因为经济学在这一时期有较大的发展,奠定了其在社会科学中的重要地位和作用;更是因为在这一时期出现了许多经济学大师,他们的思想观点和政策主张对现代经济学仍然具有十分重要的影响。1776 年以前的经济学一直是一门观点分散、未成体系的学科,而到了亚当·斯密时代,亚当·斯密集当时一切经济科学知识之大成,将经济学建成了一门独立、系统的学科。大卫·李嘉图是继亚当·斯密后推动古典经济学发展的最主要舵手,他继承和发扬了斯密的观点,将古典经济学推向顶峰。围绕斯密和李嘉图的价值理论和分配理论,经济学家展开激烈争论,在争论过程中古典经济学的演进呈现出与劳动价值论渐行渐远的态势。其中杰里米·边沁、托马斯·罗伯特·马尔萨斯、让·巴蒂斯特·萨伊、纳索·威廉·西尼尔等人的研究最具有代表性。而后,约翰·斯图亚特·穆勒完成了古典经济学的综合,而这个综合则标志着古典经济学的终结。这些经济学家大多是英国人,因此英国是这一时期最发达和最典型的资本主义国家。

第一节　古典经济学的奠基人:亚当·斯密

亚当·斯密在创立自己的经济理论体系时,汲取了前人所建立的知识成就,包括他的老师弗兰西斯·哈奇森、重农学派的好友魁奈和杜尔哥等、重商主义者配第以及古典学派先驱休谟,把分散的经济思想观点,综合成适应时代发展要求的经济理论体系。其毕生理论集中于《道德情操论》和《国富论》两本巨著中,其中《国富论》被称为西方经济学界的"圣经"。本节在介绍亚当·斯密的生平细节之后,着重介绍其理论体系,最后介绍亚当·斯密关于中国的论述。

一、人物生平

亚当·斯密（Adam Smith，1723—1790 年）作
为系统讨论经济现象与原理的集大成者，被誉为"经
济学之父"。1723 年 6 月 5 日，斯密出生于苏格兰法夫
郡的柯卡尔迪（Kirkcaldy）。他的父亲是律师，也是苏
格兰的军法官和柯卡尔迪的海关监督，但在斯密出生
前的几个月就去世了。斯密的母亲玛格丽特是法夫郡
的斯特拉森德利大地主约翰·道格拉斯的女儿。玛格
丽特经常教导和鼓励斯密，其母亲的影响极大，在长
达 60 年的岁月中，斯密一直与母亲生活在一起，直至

亚当·斯密

母亲去世。斯密对母亲孝顺侍奉，终身未娶。

幼年的斯密聪明好学，14 岁就进入格拉斯哥大学，主修拉丁语、希腊语、
数学和道德哲学。在格拉斯哥学习期间，哲学教授弗兰西斯·哈奇森的自由
主义精神给予斯密启发。17 岁时，斯密获得了奖学金，并进入牛津大学学习，
23 岁毕业后离开牛津大学回到苏格兰，并于 1748 年和 1751 年先后在爱丁堡
大学和格拉斯哥大学任教。在格拉斯哥大学任职期间，斯密公开发表经济自
由主义的主张，形成了自己的经济学观点。

斯密于 1759 年出版了他的成名作《道德情操论》。这本书不仅反映了他
早期的思想，还对其之后的经济学研究提供了帮助。1761 年，他以学者的身
份访问伦敦，随后被当时的英国财政部长查尔斯·汤森德聘请为其子布克莱
希公爵的私人教师。1764 年，斯密辞去了格拉斯哥教授之职，随布克莱希公
爵在欧洲大陆游学。在巴黎，斯密结识了法国启蒙学派的著名学者伏尔泰、
重农学派的创始人魁奈、重农学派的著名代表人物杜尔哥等人，在与他们的
接触交往中，斯密受益匪浅，这一时期对他的思想发展和理论创造产生了深
刻的影响，也促成了他主要论点的形成，斯密的"看不见的手"和有关生产
的理论都是受重农学派的自然秩序理论与纯产品理论的影响。

1767 年斯密被选为英国皇家学会的会员，同年斯密回到家乡，开始着手
《国富论》的写作。1776 年，斯密的代表作《国富论》一书出版，确立了他
在古典政治经济学方面取得的成就。1778 年，斯密被任命为海关监督官，举
家迁居爱丁堡。这期间，斯密应邀参与英国对外贸易和其他经济政策的制定。
1784 年，斯密的母亲不幸病逝，丧失亲人的悲恸令斯密的健康崩溃。两年后，

身患重病的斯密来到伦敦接受治疗。此后，他的身体每况愈下。当他感到自己即将离开人世的时候，就把所有未完成的稿件付之一炬，因为他认为只有《道德情操论》和《国富论》这两本著作能够留给后世阅读。1790 年 7 月 17 日，他因病医治无效离开了人世，享年 67 岁。

事实上，斯密的成功有着非常重要的客观因素：斯密所处时代的知识环境和学术氛围。斯密所处的时代是苏格兰启蒙运动和欧洲思想启蒙运动时代，科技革命、思想革命使得科学观念深入当时社会的各个角落，秩序和规律塑造了自然界，人们用理性的推理来解释各种现象，通过科学分析不仅能找到自然发展规律，还能发现人类社会的规律。斯密对经济秩序和经济规律的探寻与客观因素密不可分。

二、理论体系

亚当·斯密的基本主张可简化成下列三点：①人的基本经济动机是自利的。②他假设有一种自然法则存在（犹如宇宙间有自然的规律），这自然法则会使得每个人在追求自利的同时，也会达到社会的最高共同利益（"看不见的手"定理）。③要达到这个境界，最简单也最有效的方法，是自由放任不干涉，政府的功能也只限于司法行政、保卫国家、公共建设、公共制度的维护。想要深入了解亚当·斯密的理论体系就要从《道德情操论》和《国富论》入手，两者是斯密对社会与经济见解的一体两面。

《道德情操论》比《国富论》（1776 年）早 17 年出版，在斯密生前出过六版，最后一版是他去世那年（1790 年）修订的。换句话说，《道德情操论》奠定了《国富论》的基调，但《国富论》反过来也修正了《道德情操论》。18 世纪时"道德"的意思和我们今日的概念不同，它不是"品德高尚"的意思，而是"社会哲学"。《道德情操论》的主要论点，简要地说就是大部分的人对同一件事（如车祸）会有共同的反应，会感同身受，这种同理心[①]（Sympathy）是社会互助合作的善良面。但社会的成员之间也会斗争，凡事优先考虑自身利益，甚至会伤害他人，所以社会和人性一样都有黑暗和竞争的一面。在《道德情操论》里，斯密强调同理心的"有情面"，但在《国富论》中，强调自利与竞争的"无情面"。表面上来看这是明显的矛盾，其实对斯密来说，《道德情操论》所论述的是社会层面，是互助利他的，而《国富论》所分析的是经济与市场层面，是竞争利己的。

———————

① 也有著作译为同情心和同感心。

《国富论》的全名是《国民财富的性质和原因的研究》，它的发表标志着古典经济学的正式诞生。该著作一共有五篇，阐释的经济理论主要包括分工、交换、货币、价值与价格、资本积累、收入分配等众多领域。在展开经济研究前，必须了解斯密提出的两个假设：一是利己主义；二是经济人假设。

（一）分工和交换

斯密认为分工是国富的关键。他举出关于制针厂流程分工的例子："如果由同一个制针工人负责全部过程，那么平均每人每天作出 20 支。如果制针厂让每个人只负责某个流程，例如有人专责升炉火，另一个人专拉钢丝，另一个人专门磨尖，还有人专事打孔，把生产流程拆成 18 个阶段，把每个人的工作切分清楚，各司其职，让每个人专业化、灵巧化。结果相当惊人：平均每人每日竟然可生产 4800 支。"① 可以看到，即便不提高雇用人数，也不支付高薪，只要通过分工与流程合理化，生产率就可以指数性地增长。由于分工增加了生产效率，效率增加后就有人肯投资，就可雇用更多人、购买更多机械设备以扩大生产，增加产能与产出后 GNP 也就增加了。这就是《国富论》中关于财富起因的探讨。斯密认为劳动分工程度受到市场范围的限制。以制针厂为例，分工后每人每天制造 4800 支，需要分工是因为针的市场很广。如果市场需求只有 20 支，那就不能鼓励人们分工。

斯密指出分工产生的原因是交换。这是因为分工源于人类的"交换倾向"，斯密认为，交换倾向是人类普遍都有的倾向。"分工一经完全确立，一个人自己劳动的生产物便只能满足自己欲望的极小部分。他的大部分欲望，须用自己消费不了的剩余劳动生产物交换自己所需要的别人劳动生产物的剩余部分来满足。于是，一切人都要依赖交换而生活。"斯密强调交换的互利性。通过分工与交换，交易双方都获得了生活水平的提高，是互惠互利的，并非只有卖家获利。斯密在论述交换时，还对交换工具和交换原则进行了阐释，即货币理论和价值与价格理论。

（二）货币理论

在分工确立之后，社会中的每个人就会通过交换来维持生活，最初的物物交换往往发生困难，因为一个人拥有的商品不一定是另一个人需要的。为了避免这种不方便，人们就选用某种商品作为交换的等价物，作为商品交换

---

① 亚当·斯密. 国民财富的性质和原因的研究：上卷 [M]. 郭大力，王亚南，译. 北京：商务印书馆，2008：6.

的工具，货币最终诞生。斯密力图对货币的职能做较全面的研究，他注重价值尺度和流通手段的职能。他指出，"货币是交易的媒介，又是价值的尺度"。①且金属由于自身的特殊性质，成为主要的货币材料。斯密也注意到了纸币，他认为用纸币来代替金属货币流通，会更节省和方便。但纸币的发行量必须符合流通中所需要的金属货币量，如果超过这个界限，过剩的数额将全部回到银行要求兑现，严重时造成挤兑，从而使社会混乱。

斯密对货币的职能及流通规律都做了较正确的分析。然而，他未能对金属货币和纸币作出本质的区别。

（三）价值与价格

斯密的价值和价格理论其实研究了三个问题，一是区分使用价值和交换价值；二是界定交换价值的真实尺度和商品的真实价值；三是研究自然价格和市场价格。

斯密用"钻石与水"的例子明确区分了使用价值和交换价值的概念。水的使用价值很高，但几乎没有交换价值；相反，钻石使用价值很低，但交换价值却很高。斯密认为，使用价值是指物品的效用，交换价值是指人们由于占有某物而取得的对其他货物的购买能力。他认为，一些使用价值很大的东西，往往只有很小的交换价值，甚至没有价值；而一些交换价值很大的东西，常常只有很小的使用价值。

关于交换价值的真实尺度和商品的真实价值，斯密认为，"对于任何商品的占有者来说，当他不打算自己使用或消费，只想用来交换其他有用的物品时，它的价值就等于能够用来购买或支配的劳动数量，所以劳动是衡量一切商品交换价值的真实尺度"。②照此分析，捕杀一头鹿所费的力气是捕杀一只羊的两倍，那么一头鹿换两只羊是理所应当的。但斯密认为，商品的真实价值通常不是完全按照劳动投入量来度量的。由于不同种类的劳动困难程度和技巧程度不同，是无法互相比较的，如果在捕杀过程中，有猎犬（资本）参与，那么猎犬（资本）也要有回报。可以看出，斯密一方面认为劳动是衡量商品交换价值的真实尺度；另一方面也承认不同种类的劳动量无法互相比较，肯定了资本对价值的作用。这使得斯密的价值理论显得扑朔迷离，甚至前后

① 亚当·斯密. 国民财富的性质和原因的研究：上卷 [M]. 郭大力，王亚南，译. 北京：商务印书馆，2008：20.
② 亚当·斯密. 国民财富的性质和原因的研究：上卷 [M]. 郭大力，王亚南，译. 北京：商务印书馆，2008：26.

矛盾。这是因为斯密没有明确区分劳动和劳动力的差别，但依然要肯定斯密的观点对劳动价值论的创立和发展是有积极意义的。

在讨论自然价格和市场价格时，斯密认为市场价格就是指商品出卖的实际价格。自然价格就是指按自然率支付工资、利润、地租的价格。而市场价格总是在供求关系中围绕自然价格上下波动，并且市场价格决定于商品数量和有效需求的比例。有效需求是指愿意支付商品自然价格的需求，这种需求使得商品的出售得以实现。斯密已经看到价格围绕价值上下波动是一种规律性现象，认识到该规律性现象对商品生产的调节作用。

斯密的价值和价格理论在他的理论体系中占有重要地位，他的资本积累中的收入分配理论也是建立在价值和价格理论基础上的。

（四）分配理论

斯密在论述商品价格时，提出将全部年产品的价格分配为工资、利润、地租，而这三部分构成三个阶级群体的收入，这三者也是唯一的原始收入来源，其他收入都是由这三种原始收入派生而来的。

关于工资理论。斯密从劳动决定价值的观点出发，认为工资是劳动的收入，在土地尚未私有、资本尚未积累的原始社会的状态下，这时劳动的全部生产物都属于劳动者，其数量由劳动生产率决定。斯密还指出，劳动者的工资受供求关系影响，围绕工人和雇佣者的合同中所规定的数字上下波动。当经济不断扩张，资本家扩大经营并雇佣更多的劳动力时，雇主之间为争夺劳动力互相竞争，会致使劳动者工资不断提升；反之，会导致劳动者工资下降，但工资下降总有一定的限度，不能下降到影响工人及其家属生活的维持。当劳动者独享全部生产物的原始状态到了土地私有、资本积累状态时就宣告终结了，劳动者要和资本家、地主共享劳动产品，工资只是其中一部分。斯密还论述了物资状况与劳动价格的关系，物价低廉的年份一般工资都较高。因为物价低廉，农业家与其以低廉市价出卖谷物，倒不如以谷物维持较多的佣工，以期得到较大的利润，因此对雇工的需求就增加了。而物价的低廉使得佣工往往离开主人，靠自己劳动生活，可以供给这种需求的人数减少了，所以劳动价格往往在物价低廉时上升；相反，在物质突然极为匮乏的年份里，物价昂贵而佣工和帮工的工资往往低落。

关于利润理论。在经济学说史上，斯密首次把利润作为一个独立的经济范畴来研究。他从劳动决定价值这一观点出发，提出利润是劳动创造的价值中扣除工资后的余额。"投资者会为了取得利益而把资本投放在劳动者的身上，向他们提供原材料和生活资料来促进其劳动。这时劳动者对原材料所增加的价值就分为两个部分，一部分支付给劳动者工资，另一部分给投资者，而给投资者的部分就是利润。所以，劳动者对原材料增加的价值，在这种情况下，就分为两个部分，其中一部分支付劳动者的工资，另一部分支付雇主的利润，来回报他垫付原材料和工资的全部资本。"① 斯密在这样说时，肯定了利润是工人劳动对原材料所增加的价值在扣除了工资以后的余额。这样，他实际上承认了劳动者的劳动一部分是必要劳动，是为补偿工资的；而另一部分是剩余劳动，是为资本家创造利润的。从这个意义上说，斯密已看到了利润是工人无偿劳动所创造的价值。因此，马克思认为正是斯密认识到了剩余价值的真正起源。②

关于地租理论。斯密认为，由于土地私有制，地租是从该土地上的劳动所得生产物中扣除的第一个项目，是农民在土地实际情况下所能支付的最高价格。地租是劳动生产物或其价值的一部分。在土地私有制出现以后，劳动生产物必须有一部分作为地租支付给土地所有者，由于地租是由工人剩余劳动创造出来的，因此地租是地主对工人剩余劳动价值的剥削。斯密批评了"地租是改良土地资本的合理利润或利息"的观点，他指出，地租不同于利润，它仅是使用此土地所支付的价格，即使是使用未经改良的土地，只要它已经被地主占有，就得支付地租，因此，斯密把地租看作一种垄断价格。斯密在论述地租时，已认识到地租是一个比工资、利润更为复杂的经济范畴。由于有些农产品经常供不应求，市场价格也就经常高于自然价格，但地租与工资和利润不同，"工资和利润的高低是价格高低的原因，而地租的高低，却是价格高低的结果"。③ 为此，斯密提出了一个"足够价格"的概念来说明地租。根据斯密的观点，包含工资和利润的商品价格是足够支付工人工资和资本家利润的价格，因而是可以在市场上出售的价格，称为"足够价格"。一般来说，市场价格至少要等于足够价格，在这时，商品价格中不包含地租。当市场价格高于足够价格时，市场价格与足够价格的差额就形成地租，这个差额的大小决定了地租的多少。所以，地租是超过足够价格的市场价格高低的结果。他也没有觉察到，他提出的足够价格是从自然价格出发的，但又是与

① 亚当·斯密. 国民财富的性质和原因的研究：下卷 [M]. 郭大力，王亚南，译. 北京：商务印书馆，1974：43.
② 马克思，恩格斯. 马克思恩格斯全集：第26卷 I [M]. 北京：人民出版社，1972：58.
③ 亚当·斯密. 国民财富的性质和原因的研究：上卷 [M]. 郭大力，王亚南，译. 北京：商务印书馆，1972：333.

自然价格概念相对立的。自然价格在斯密那里是按平均率计算的工资、利润、地租三者之和，而足够价格是不包含地租的工资与利润之和。斯密曾说，市场价格不能长期低于自然价格，而这里，斯密又说足够价格已是可以进入市场的价格了，这就使得两者相互矛盾。实际上，斯密的足够价格就是后来李嘉图抽象出来的"生产价格"或"费用价格"。

（五）生产性劳动和非生产性劳动

斯密对生产性劳动和非生产性劳动研究的目的是促进资本积累，发展资本生产和再生产。斯密将劳动划分为生产性劳动和非生产性劳动。他认为"有一种劳动，加在物上，能增加物的价值；另一种劳动，却不能够。前者因可生产价值，称为生产性劳动，后者称为非生产性劳动"。① 他以制造业工人和家仆为例，说明了是否增加价值是区别生产性劳动和非生产性劳动的关键。

资本用于生产性劳动和非生产性劳动的比例，决定了下一年的产品多寡。因为这两部分资本直接决定了二者的劳动者人数，从而也决定了资本和收入的比例。当维持非生产性劳动的人手愈多，用以维持生产性劳动的人手必愈少，从而次年生产物亦必愈少，反之亦然。除了土地上天然生产的物品，一切年产品都是生产性劳动的结果。因此，一国资本的增加或减少会使它的年产品也相应地增加或减少。斯密在此研究的基础上，还提出生产性劳动者的比例取决于利润和地租与偿还资本的产品之间的比例，而且，这比例在穷国和富国之间极不相同。斯密指出，要增加一国的产品必须增加其资本，如果产品增加了，我们可以肯定，资本也增加了。

关于社会再生产的问题，斯密只提出一些思想和分析。斯密将投资者的资产分别用于生产和消费两部分，消费作为直接消费使用的部分，其特点是不会提供收入或利润，它们只是被"攒起来"的消费品，因此不属于资本。只有用于生产的部分才称之为资本，而资本又分为固定资本和流动资本。固定资本包括各种生产工具和机器、可以用来赚取利润的建筑物等等。其特点是无需循环或易主，就可以提供收入或利润。流动资本包括金银货币、商人手中的食物、原材料存货、制成品存货。流动资本的特点是必须通过循环或易主，才能产生利润。其中食物、原材料、制成品在一个生产周期结束后，就会转化为固定资本或消费品积蓄。值得注意的是，在斯密的定义中，货币是流动资本的一部分，资本还包括其他非货币形式的、能用来产生收入或利润的物品。

① 亚当·斯密. 国民财富的性质和原因的研究：上卷［M］. 郭大力，王亚南，译. 北京：商务印书馆，2008：303.

而现代经济学中，资本一般仅指实物资本，而不包含货币或其他金融资产。

（六）其他理论

《国富论》并不只是研究经济理论，它更是探讨长期成长的政策著作。除了前面所阐述的经济理论，《国富论》在国际贸易、政府职责、赋税等方面均有所涉及。

在国际贸易领域，通过讨论殖民地问题，斯密反对限制经济自由主义的封建主义制度和重商主义政策，反对国家干预经济。斯密认为，国家最好的经济政策，就是废除一切特惠和限制制度，使经济自由放任。只有实现经济自由发展，才能使国民财富增长，他主张在不违反正义的法律条件下，应该让每个人的经济活动达到完全自由，以促进社会经济发展。斯密不仅主张国内经济自由放任，而且主张对外经济活动也实现经济自由。各国自由地进行贸易，可以扩大商品市场，使每个行业的分工日益完善，促进生产力的提高。

在论政府职责部分，他建议以"有限政府"的概念，替代两个多世纪以来的大有为政策。按照斯密"自由放任"的思想，统治者不必想着"为人民谋福祉"。因为人世间没有谁有足够胜任这个任务的智慧和知识。最能提升人民福祉的政策就是自由放任，让市场自由运作。国家只要履行三项职责：第一，维护国家安全，抵御外来侵犯；第二，维护社会治安；第三，维持社会需要的公共事业和公共设施的正常运行。国家执行这三项职能需要一定的费用，即国防、司法行政、公共工程支出等。斯密一再抨击重商主义制度及其衍生的复杂的国家管制制度。他反对政府对经济的干预，按照斯密的观点，社会垄断就是政府干预经济导致的，政府代表着浪费、腐败和无效。

在赋税方面，斯密提出了著名的税收四项原则。第一，每个人纳税的数额应该与他从政府公共服务中得到的好处成正比。从政府的公共服务中获得更多好处的人，理应向政府贡献更多的税收。第二，纳税数额应明确规定，不能由官员任意收取。纳税时间和支付数额都应对所有人透明公开。如果政府有随意收税的权力，就难免会存在贪污、压榨和腐败。第三，税收应该选择方便的时间，不给纳税人增加经济负担。比如房租税，应该在房租支付之后再征收。第四，征收的税刚好足够补贴公共开支即可，不可过多征税；不应该征收阻碍产业发展或资本积累的税种。

三、对亚当·斯密的评价

纵观斯密的理论，无论社会还是经济，斯密都是从人的本性出发来进行研究的。他在《国富论》中考察经济活动时，以"经济人"的假设指出人类"利己主义"的本性，继而对货币、价值、工资、利润、利息、地租等经济范畴进行研究。然而，他在《道德情操论》中考察道德方面时，却从人的同理心出发，提出了"利他主义"的伦理观。这样看似自相矛盾的理论，斯密对此却没有相关解释。《国富论》的创新论点并不多，但从整部书来看，它所处理的范畴、概念、写作方式，以及它的内涵精神，才是使它在经济学史上留存的重要因素。

斯密虽主张一切都由市场机能来运作，但他主张制定航海法让国货国运，外国船不准进入港口，这岂不违反了自由贸易的精神？其实斯密的目的是要英国经济强盛。他反对重商主义的干预政策，是因为在 18 世纪时这种手法对英国的害处高于益处。由此可知，自由经济主义不是超越时空的真理，政策与路线的优劣会随着时代条件而异。许多古典主义经济学家都被指责为资产阶级经济学家，比如认为《国富论》在今日仍受欢迎，大概率是因为美国式的资本主义主宰着世界经济，而斯密的自由主义正好是资本主义的"神主牌"。事实上，斯密主张的自由经济是从反对垄断的角度出发的，立足于对社会的关心，不允许资本家恣意妄为。如果跳脱现实世界的功利算计，纯就学术史的发展贡献来看，斯密当然是一座高耸的里程碑。

第二节　古典经济学的杰出代表：大卫·李嘉图

一、生平——神一样的李嘉图

李嘉图或许是有史以来最富裕的经济学家，也是英国古典经济学的完成者。大卫·李嘉图（David Ricardo，1772—1823 年）出生于犹太族资产阶级家庭，爷爷和父亲都是富有的证券交易所经纪人。祖上来自西班牙，后来移民到了荷兰。由于当时英国政府在荷兰发行了大量政府债券，所以李嘉图的父亲就到英国伦敦去接洽相关事务，随后向英国政府申请了落户。李嘉图的父亲在西班牙和葡萄牙的犹太人中具有很高的地位，还负责管理犹太教会的财产。

大卫·李嘉图

李嘉图出生于伦敦，在大约 12 岁时，被父亲送往荷兰的阿姆斯特丹，在犹太教的学校学习商业有关知识，毕业后继续在英国的公立学校读书。14 岁时，父亲就让他在英国的证券交易所工作。不到半年，李嘉图就熟悉了交易所里的金融事务。李嘉图的父亲非常虔诚地信仰犹太教，他要求他的子女也要信仰祖先的宗教。但李嘉图 21 岁时，爱上了一个贵格教①的女子，随后不顾反对和她结婚了。李嘉图结婚后，李嘉图的母亲坚决要求驱逐其出家门，在李嘉图的母亲的坚持下，全家为李嘉图举行了葬礼②，这样李嘉图就离开了这个家族。李嘉图离开犹太教会后，加入了一神教派③。后来，李嘉图的兄弟姐妹都跟随李嘉图脱离了犹太教，而李嘉图的母亲死后，李嘉图的父亲也跟李嘉图和解了。当然这是后话。

李嘉图与家庭决裂时，手里一共只有 800 英镑财产。李嘉图借助于在证券交易圈摸爬滚打的七年以及自身出色的能力，他的事业很快步入了正轨，通过投机和买卖政府债券，25 岁时便拥有 200 万英镑财产。后来，他的财富逐渐累积，以至于和洛希尔家族、摩根家族这样的金融巨头不相上下。1807年，李嘉图及其集团夺得了 2000 万公债的配销权④。他的一个得意之作是在滑铁卢战役前 4 天，成功地买进大量政府债券，结果英军打败拿破仑，公债价格迅速攀升，这次涨幅是英国公债历史上涨幅最大的一次，因此，李嘉图获得了极高的利润。到 1810 年前后，李嘉图已经是伦敦金融界的风云人物之一。他曾经跟自己的朋友写信说到，由于他的名声，一旦他买入，别人就会跟着买进，从而把价格推高，于是他就可以趁机高价卖出。

如果是这样一路下去，英国不过是多了个天才的证券经纪人而已。然而在 1799 年，李嘉图在陪夫人去巴黎看病时，看到了亚当·斯密的著作，这是李嘉图对经济学产生兴趣的开始。这时，李嘉图其实已经 27 周岁，结婚也已经 6 年了，所以说李嘉图早期的致富实在与经济学是毫无关系的，而李嘉图一生中所作出的成就也是在 27 周岁之后才开始研究的。此后，李嘉图开始研究经济问题，参加了当时关于黄金价格和谷物法的讨论。1809 年，李嘉图作为一个经济学家崭露头角。他发表了许多报纸文章和小册子，就货币和通货膨胀的问题进行评说。在政治经济学家和哲学家约翰·穆勒的父亲詹姆斯·

① 是基督新教的一个派别。
② 对于叛教的人，犹太人通过这种方式来宣布他们已经死亡。
③ 当时的进步团体，它主张宗教信仰自由，在法国大革命时期，这个教派被视为唯理主义和共和主义的中心。
④ 承办政府发行的公债然后进行零售，获利巨大利润的同时也有很大的风险。

穆勒的鼓励下，李嘉图踏进了伦敦知识分子的社交圈，穆勒认为李嘉图已经是当时优秀的经济思想家，还应该成为最优秀的经济学著作家，于是敦促李嘉图对小册子加以扩充和修改。李嘉图一开始并不情愿，因为他对自己的写作能力缺乏自信，在穆勒的鼓励和帮助下，1817 年，李嘉图的代表著作《政治经济学及赋税原理》写作完成并出版，这标志着英国古典经济学最终完成。正是穆勒的无私奉献推动了这一政治经济学历史上具有重大意义的著作问世。1818 年，李嘉图当选为格洛斯特郡郡长，后又当选为代表爱尔兰波塔林顿的下院议员，成为主张社会改革的激进派，开始为政治自由和贸易自由摇旗呐喊。

1819 年之后，李嘉图退出了证券交易所，购入大量地产，成为一个大土地占有者和食利者。他和普丽拉婚后孕育了三个儿子，五个女儿。李嘉图是 1823 年 9 月逝世的，年仅 51 岁。他死得很突然，仅仅因一只耳朵的感染就夺去了这位天才的生命。其实李嘉图在逝世的前三年就制定了遗嘱，他在遗嘱上明确地规定了他的财产的分配情况。李嘉图曾在 1820 年写信给穆勒时提到自己的身体状况，他表明自己已经完全丧失了一只耳朵的机能，牙齿也一个个脱落，致使目前几乎没有牙齿可用了。由此可见，李嘉图实际上在英年时，身体年龄就已经远远超过生理年龄了。李嘉图去世后，后人对他的功绩当然是给予了极高的评价，直至今日，诸多以李嘉图命名的原理仍留在经济学教科书中，而在中国流传甚广的马克思主义政治经济学，也直接脱胎于李嘉图的政治经济学。

二、李嘉图的经济理论

（一）劳动价值理论

李嘉图建立起了以劳动价值理论为基础，以分配理论为中心的理论体系。他继承了斯密理论中的科学因素，在斯密价值学说的基础上，对劳动价值学说做了透彻的表述和发挥，对价值学说的发展作出了重大的贡献。

1. 商品价值取决于生产它所耗费的必要劳动量，而不是每个生产者实际耗费的劳动量

他接受斯密关于使用价值与交换价值的区分，但却对两者的关系提出了不同的看法。他认为，交换价值必须以使用价值为前提，如果一件商品不能满足人们的欲望，那无论它怎样稀少，多耗费多少劳动，它都不能有交换价值。李嘉图还区分了个别劳动和必要劳动。他认为，决定商品价值的不是每个生产者实际耗费的劳动，而是必要劳动。所谓必要劳动，就是在最不利的

条件下必须耗费的劳动。也就是指，所需要的产量使人们不得不在这种条件下生产，不管是工业品、矿产品还是农产品，决定它们价值的，都是在最不利的条件下耗费的劳动。

2. 直接劳动与间接劳动共同决定商品的价值

李嘉图区分了直接劳动和间接劳动，他认为，决定商品价值的劳动有直接投在商品生产上的劳动和间接劳动（投在劳动器具、工具、工场和建筑物上的劳动）。直接劳动创造商品价值，间接劳动不能创造价值，只是把原有价值转移到产品中去。他还指出，耗费在生产资料中的劳动较多，则转移到产品中去的价值也较多；生产资料的使用时间较长久，则转移到新产品中去的价值也较少。

3. 劳动时间决定价值

在价值量的决定上，李嘉图注意到劳动的不同性质，区别了复杂劳动和简单劳动。他指出，掌握各种劳动技能所需要的时间是不相同的，所以在相同的时间内，复杂劳动创造的价值大于简单劳动创造的价值。同时在考察交换中商品量的关系时，他也注意到一种商品的价值会表现在另一种商品上；其交换比例同时受两种商品耗费劳动的影响，可见，他对价值和交换价值已做了某些区分。但是，他使用的术语还不清晰，以价值和交换价值为例，他实际上不了解两者的内在联系，没有把价值和交换价值明确区分开来。

（二）货币理论

1. 一般货币理论

李嘉图的一般货币理论是建立在他的劳动价值论基础上的。他把劳动时间决定价值量的原理应用到货币价值的决定上，他认为黄金和白银的价格的差异只是因为"获取一定量的黄金必须花费相当于获取白银十五倍的劳动量"。[①] 同时他认为，作为流通手段的金、银货币，可以用纸币来代替，这是用最廉价的媒介代替最昂贵的媒介。但是，不是纸币规定作为商品的金银的价值，而是黄金规定纸币的价值。他认为，商品价格就是商品价值的货币表现。撇开供求变化所引起的波动，商品价格变动是由商品价值和货币价值决定的。李嘉图得出了货币流通量一般规律的重要结论：在商品总量和商品价值不变或在流通中的商品总价值不变的情形下，一国流通所需要的货币量必然取决于货币的价值。但是上述对货币的研究只限于量的关系，不理解商品

---

① 大卫·李嘉图. 政治经济学及赋税原理 [M]. 郭大力，王亚南，译. 北京：商务印书馆，1983：301.

是怎样、为什么、通过什么成为货币的。所以，当他进一步研究货币流通量和货币价值时，走向了货币数量论。

2. 货币数量论

货币数量论是一种用流通中货币数量的变动来说明商品价格变动的理论。该理论认为，在流通中商品的价值已定的条件下，货币的价值取决于货币的数量，两者呈反比例变化；商品价格也取决于货币的数量，两者呈正比例的变化。关于处于流通中的货币数量和实际所需要的货币数量是否会一致，李嘉图认为，与其他商品在市场上经常出现的供求不一致一样，作为商品的黄金和白银供求也会不一致，也就是处于流通中的货币数量与实际流通所需要的货币数量会不一致。当黄金的数量超过流通所需的货币数量时，它的相对价值会低于其内在价值，即低于生产它所耗费的劳动量所决定的价值，这就会引起黄金的生产量减少，直到把它的相对价值提高到内在价值为止。在这里，李嘉图实际上提出了这样的命题：流通中的货币数量决定货币的相对价值。所以在商品价值总额不变的条件下，当流通中的货币量多于正常需要的水平，商品的价值就会以多量的货币来表现，即引起商品价格的上涨；反之，当流通中的货币量少于正常水平，商品的价值就以少量的货币来表现，即商品价格下跌。这样，商品价格的变动就取决于货币数量的多少。

（三）分配理论

分配理论是李嘉图经济理论体系的中心，他在《政治经济学及赋税原理》的序言中指出，社会产品如何分配为地租、利润和工资，是政治经济学的主要问题。李嘉图的分配理论主要分析工资、利润和地租的来源、数量决定因素以及它们之间的关系。

1. 工资理论

李嘉图和斯密一样，认为工资是工人出卖劳动的价格，把工资限定为雇佣工人出卖劳动的价格，而作为商品的劳动，具有自然价格和市场价格。"劳动稀少，劳动市场价格提高；劳动丰裕，劳动市场价格低落。"[①] 也就是说，劳动供不应求时，市场价格就上涨；供过于求时就下跌。劳动的自然价格乃取决于劳动者维持一生、维系一家所需要的食品、必需品、习惯享乐品的价格，是劳动市场价格涨落的中心。在一定的历史时期，劳动的自然价格往往是不变的。李嘉图视劳动的自然价值为工人及其家属生存所需生活资料的价

---

① 大卫·李嘉图. 政治经济学及赋税原理 [M]. 郭大力，王亚南，译. 北京：商务印书馆，1983：41.

值，这实际上是把工人的贫困归因于工人自身，归因于自然因素。李嘉图和其他的古典经济学家一样，认为工人出卖的是劳动，这就必然导致价值规律同利润规律之间的矛盾。因为，资本和劳动相交换，如果按价值规律的要求，等价交换的结果是没有利润的；如果存在利润，就破坏了价值规律。李嘉图理论中包含的这个矛盾，是导致李嘉图学派解体的原因之一。

2. 利润理论

李嘉图的利润理论实际上是剩余价值理论，他考察的是剩余价值，而不是利润，也并未涉及用于生产资料的资本。李嘉图在利润理论中，揭示了工资和利润的对立关系，这在一定程度上说明了工人和资本家利益的对立，但他所讨论的对立关系只局限于劳动生产率的变动，也就是假定了劳动日长度不变这一前提。李嘉图认为，商品价值只分解为两部分：劳动工资与资本利润。利润是商品价值中扣除工资后的余额。由于他只关心资本家在工人新创造的价值中所占的份额，所以，在商品价值中撇开了生产资料价值的转移部分，主要研究利润和工资之间量的关系。李嘉图指出，工资和利润在量上存在着反比例关系。在工资和利润的变化中，工资是变化的原因，利润是变化的结果。引起这种变化的最终原因，是生活资料（主要是谷物）劳动生产率的变化。当劳动生产率提高，生活资料的价值就下降，工资也下降，利润增加；反之亦然。

3. 地租理论

李嘉图坚持认为，地租实际上反映了大自然是如何"吝啬的"。他解释道，假如最优质量和最佳位置的土地是无限供给的，地租将不会存在，但是，正是因为这类土地的供给并不充分，而且当生产扩张到仅靠优等地及中等地生产的农产品不能满足人们的需要时，人们不得不耕种劣等地。而农产品的价值取决于劣等地上最大的劳动耗费。这种劳动耗费决定的价值，使耕种劣等地的资本家也能得到普遍利润，即平均利润。而等量资本和劳动投在优等地和中等地上所获的农产品，比在同等面积劣等地上多，于是耕种优等地和中等地的资本家就能获得超过平均利润的超额利润。由于土地资本家竞争，这个超额利润就必然落到地主手里，从而转化为地租。他对利润率变动的趋势做了研究，认为随着人口的不断增加，土地耕种不断从优等地转向中等地和劣等地，单位农产品的价值会不断提高，货币工资也会不断提高，致使利润率下降。李嘉图正确地运用劳动价值论说明了地租的产生，指出级差地租量取决于不同土地的劳动生产率的差别，这样就从根本上排除了地租是自然力的报酬等错误说法。

　　李嘉图考察了级差地租的两种形态。第一形态，即投入等量资本和等量劳动于不同等级的土地上，因土地的位置或肥沃程度不同而产生的地租。第二形态，即在同一块土地上，追加等量资本和劳动，因每增加一单位投资所带来的产出减少，这种是因生产率的不同而产生的地租。李嘉图是古典经济学中最充分地阐述了级差地租的经济学家，他以劳动价值论为基础，正确地说明了地租的来源。但他把级差地租产生的条件当成其产生原因，这点疏漏体现出李嘉图的地租理论并不完善。

（四）比较优势贸易理论

　　李嘉图认为，斯密基于国家如何根据特定商品生产成本的绝对优势而进行专业化的解释是不完全的。他认为，假定国内生产所有商品的成本比外国都低，那么开始的时候国内会出口商品，外国会进口商品，这会导致黄金（货币）流入国内。根据货币数量论，国内价格会上升而国外价格会下降。到一定点，国外一些商品的价格会下降到国内水平以下，因此，绝对成本的比较优势会反转，国外会出口相应的商品。哪种商品会产生这样的效应呢？

　　李嘉图发展了"比较优势原理"来解释这一现象。他说道，以英格兰和葡萄牙之间的纺织品和酒类贸易为例。假定在葡萄牙，生产一捆纺织品需要90个小时的劳动，而生产一桶酒需要80个小时，同时在英格兰，生产同样数量的纺织品和酒分别需要100个小时和120个小时。那么葡萄牙在这两种产品的生产上都有着绝对优势，相应地，英格兰在这两种商品的生产上都面临绝对劣势。但是在生产酒方面，英格兰的劳动时间是葡萄牙的1.5（120/80）倍；而在生产纺织品方面，英格兰的劳动时间是葡萄牙的约1.11（100/90）倍。所以葡萄牙在酒类生产上有着比较（相对）优势，英格兰在纺织品生产上有着比较优势。对于葡萄牙的生产者而言，专业化于生产和出口酒，同时从英格兰进口纺织品是值得的；同样，对于英格兰生产者来说，专业化于生产和出口纺织品，同时从葡萄牙进口酒也是值得的。

　　我们可以用另一种方式解释比较优势理论，注意到其中存在的"套利"机会，这意味着可以利用两国之间的价格差异。假定两国都有着自己的货币，而且是不可兑换的，葡萄牙是里尔，而英格兰是英镑。同时，假定两国一定数量的纺织品和酒的货币价格与生产这些商品花费的劳动数量成比例，为简单起见，认为其数量是相等的，那么现在唯一的差别就不是葡萄牙和英格兰的劳动力了，而是里尔和英镑这两种不同的货币。在不考虑运输成本的前提下，英格兰商人可以用 100 英镑购买一定数量的纺织品，用船运到葡萄牙，并以 90 里尔的价格出售。然后用这笔钱，英国商人可以从葡萄牙酿酒商那里买酒，一共可以买 90/80 = 9/8 单位，每单位酒花费 80 里尔。这一数量的酒运到英格兰之后可以卖得 9/8×120 = 135 英镑。因此英国商人获得的利润是 135-100 = 35 英镑。换言之，通过这段时间出口纺织品和进口酒，英格兰商人用 100 英镑的投资得到了 35% 的利润率。同样的分析也适用于葡萄牙的商人。

适用于两国之间的专业化原则也适用于人与人之间的贸易。在李嘉图的发现中，令人感到愉快的信息是：即使一个人在各方面都弱于其他人，他还是可以参与互利的劳动分工。通过这种方式，李嘉图在斯密对于劳动分工有益效应的赞美上增加了重要的一笔。

第三节 古典经济学的演化：
边沁、马尔萨斯、萨伊与西尼尔

一、边沁

（一）人物生平

杰里米·边沁（Jeremy Bentham，1748—1832年），英国的法理学家、功利主义哲学家、经济学家和社会改革者，并将效用引入了经济学研究。杰里米·边沁于 1748 年出生于伦敦一个富有的律师家庭，祖父和父亲都是律师。幼年时，他羸弱多病，缺乏健硕的体魄，不断被疾病折磨。边沁在威斯敏斯特中学度过了病痛缠身的五年后，于 1760 年入读牛津大学的女王学院，并在 1763 年和 1766 年先后取得学士学位和硕士学位。1769 年，边沁获得了律师资格，

杰里米·边沁

在参与一宗关于衡平法的小案件后，他很快就因为英国法律缺乏理性基础而厌倦了，自此无心于法律的应用，转向对法律理论的研究。在关于法律理论的学术研究中，他开始探究是否有一种标准体系用来衡量法律的价值，通过

研读休谟的《道德和政治论文集》，边沁找到了他想要的衡量标准，即后来被我们熟知的功利主义原理。

1789 年，边沁发表了《道德与立法原理导论》，不久之后产生了参加议会从政的愿望。但历经周折，他终究未能如愿在议会中取得席位。但边沁是一个墙内开花墙外香的经济学家，他曾受沙皇亚历山大一世的邀请改革俄国法典，他还为穆罕默德·阿里提供了宪法草案。1808 年，边沁结识了詹姆斯·穆勒（约翰·斯图亚特·穆勒的父亲）。他们很快成为挚友，詹姆斯·穆勒也是边沁暮年最得意的门生。1823 年，边沁出资创办《威斯敏斯特评论报》，编辑人员几乎都是他的门生。詹姆斯·穆勒以及他的儿子约翰·斯图亚特·穆勒（John Stuart Mill，1806—1873 年）常为此刊物撰稿，而《威斯敏斯特评论报》也成为传播边沁学说的主要工具。边沁终生勤奋好学，80 岁时仍每天伏案工作，笔耕不辍，将毕生精力贡献给了英国法律改革和法学研究事业。

（二）边沁的经济学贡献

边沁的学术观点深受快乐主义、英国经验主义哲学、斯密的经济自由主义思想和 18 世纪法国唯物主义的影响。在这些思想的影响下，边沁对经济学和古典经济学派的哲学基础都作出了开创性贡献。他提出的效用最大化与边际效用递减概念成为后世边际主义需求理论的核心。

1. **功利主义**

边沁的经济学说对后世影响最深远的是功利主义。他在《道德与立法原理导论》中这样描述功利原理："它按照看来势必增大或减小有关者之幸福的倾向，亦即促进或妨碍此种幸福的倾向，来赞成或非难任何一项行动。"① 他认为尽管人类的行为完全以快乐和痛苦为动机，无论是私人的各项行为还是政府的各项措施，都遵循这项原理。因此人们追求可以带来快乐的东西，回避产生痛苦的东西，但功利主义不是单纯地允许个人追求自己的幸福，因为这不一定会增加整体的幸福，还应引导人们的行为，使之促进大多数人的最大幸福。社会在这一过程中扮演着积极角色，通过法律、道德和社会制裁甚至宗教制裁强制个人促进整体的幸福。

2. **效用理论**

功利主义被引入经济学研究后发展为效用理论，边沁主张财富是幸福的

---

① 边沁. 道德与立法原理导论 [M]. 时殷弘，译. 北京：商务印书馆，2000：58.

尺度，但随着财富的增加，边际效用是递减的。"对于两个拥有的财富数量不相等的人，立法者肯定会认为财富数量最大的人拥有最大的幸福，但是幸福的数量不会按照接近财富数量的相同比例而增长，当一个人的财富数量超过另一个人并且继续增长的话，财富在产生幸福方面的效果将不断递减。"[①] 边沁在这里提出了边际效用递减的思想。边沁力图将效用概念具体化并将快乐和痛苦进行自然科学化的处理，这种计算快乐的想法，激励着一代又一代的经济学家，并影响了后来效用理论的发展。

二、马尔萨斯

（一）人物生平

托马斯·罗伯特·马尔萨斯（Thomas Robert Malthus，1766—1834 年）出生于伦敦的一个贵族家庭，他的父亲丹尼尔是个哲学家，同时也是著名哲学家和经济学家大卫·休谟与法国启蒙思想家让·卢梭的朋友。马尔萨斯的父亲想要进行教育实验，于是决定让马尔萨斯在家里接受教育，马尔萨斯在很小的时候就经常被父亲带出去与休谟、卢梭等人接触，这极大地拓展了马尔萨斯的眼界。马尔萨斯的第一位家庭教师是理查德·格雷大斯，1782

托马斯·罗伯特·马尔萨斯

年马尔萨斯被转交给父亲的朋友吉尔伯特·威克菲尔德，后经威克菲尔德推荐，1784 年马尔萨斯进入剑桥大学耶稣学院进修，并在大学里接触到了有关宗教和政治方面的思想。1788 年马尔萨斯取得牧师职位，1793 年 6 月马尔萨斯成为学院的一名教师，1796 年后他就在剑桥和艾尔伯里担任副牧师职务。1798 年，马尔萨斯匿名发表了一本名为《人口论》的小册子，此书随即在社会各个阶层中引起轰动。1803 年他又用真名出版了《人口论》第 2 版。1814 年和 1815 年他出版了关于《谷物法》的小册子，1815 年发表了关于地租的著名论文，1820 年出版了他的第二部著作《政治经济学原理——由实际应用的观点考察》。马尔萨斯 1804 年结婚，从 1805 年起，马尔萨斯担任东印度学院的历史学和政治经济学教授，直至逝世。

---

① 斯坦利·L. 布鲁，兰迪·R. 格兰特. 经济思想史 ［M］. 7 版. 邸晓燕，等译. 北京：北京大学出版社，2010：100.

（二）马尔萨斯的经济思想

1. 人口理论

人口问题一直在经济学中具有举足轻重的地位，但是直到马尔萨斯于1798年发表了《人口论》一书之后，人口理论才正式成为经济学的一门分支学科。

（1）"两条公理"和"一个假定"。

马尔萨斯的《人口论》是基于两条公理完成的："第一，食物为人类生存所必需。第二，两性间的情欲是必然的，且几乎会保持现状。"[1] 从这两条公理出发，马尔萨斯又提出了著名的"两个增长级数"的假定，他认为，"生活资料只以算术级数率增加"。[2] 而"人口，在无妨碍时，以几何级数率增加"。[3] 这两个级数增加，构成了马尔萨斯人口理论的核心内容。由于人口和生活资料的增长率不同，所以它们之间的平衡就无法维持，而按照人类生存必须有食物的自然法则，它们之间又必须保持平衡。因为生活资料的增长受到土地有限性的限制，所以要保持平衡，就必须抑制人口的增长。马尔萨斯对人口的抑制进行了分类概括，大致分为预防性抑制和积极抑制。他认为预防性抑制是人类所特有的，是人类为了后代的将来，为了自身行为能够考虑长远的后果所必需的。比如一个多子女的家庭在分配食物或余额时，户主需要考虑和计算他是否有能力抚养那么多子女。积极抑制因素包括战争、瘟疫、流行病、荒灾等。

（2）反对《济贫法》。

马尔萨斯反对《济贫法》，反对给穷人盖房子等一系列救助行动。因为在他看来，穷人一则受教育水平低，二则对生活的预期以及对生育没有计划，《济贫法》救助的只是穷人的生育能力，并不会改善穷人的社会状况。马尔萨斯认为《济贫法》是对穷人的欺骗，因为它宣扬和许诺的事情并没有实现。对有产阶层征收的济贫税实际上是转嫁了政府的职责。有产阶层显然不愿意承担这种不属于自己的责任，他们必然反对《济贫法》，反对收入的重新分配。再者，《济贫法》会影响有产阶层生产的积极性，最终会影响社会财富的积累。

总体而言，马尔萨斯人口理论的提出具有一定的进步意义和前瞻性。但是人口理论本身也存在着诸多漏洞，因此受到一些经济学家的批评。他的"两个增长级数"假定并不科学，它忽视了技术进步及其对生产资料发展的作

---

① 马尔萨斯. 人口论 [M]. 郭大力，译. 北京：北京大学出版社，2008：28.
② 马尔萨斯. 人口论 [M]. 郭大力，译. 北京：北京大学出版社，2008：6.
③ 马尔萨斯. 人口论 [M]. 郭大力，译. 北京：北京大学出版社，2008：16.

用。马尔萨斯以土地收益递减规律为依据，来说明生活资料的生产增长速度低于人口增长速度，但是土地收益递减是以劳动生产力和科学技术不变为前提的，它并不是普遍规律，所以以之为论据并不充分。

2. 有效需求不足理论

马尔萨斯认为，有效需求就是人们在有购买愿望的基础上，还需具有实现这一愿望的购买能力。马尔萨斯的有效需求不足理论认为，工人的工资和资本家所得的利润不足以实现社会总产品的全部价值。商品的价格由工人的工资和资本家的利润两部分组成。工人的工资只能实现社会产品价格的一部分，这一部分和工人所得的工资基本相等。利润部分不可能通过资本家之间的买卖来实现，因为马尔萨斯认为利润是在流通过程中实现的，即在资本家卖的时候实现，但是利润却在买的时候又失去了。

在有效需求不足理论的基础上，马尔萨斯分析了资本主义经济危机的问题。马尔萨斯指出，经济危机是由土地边际生产力递减规律和社会有效需求不足这对矛盾导致的。在他看来，正是土地的边际生产力递减导致了整个社会的平均利润率降低，而有效需求不足则恰恰导致了社会总产品无法足额实现，此时经济危机才会出现。虽然土地的边际生产力递减规律无法阻止，但是可以通过维持谷物高价来缓解这一趋势，而有效需求不足的问题可以通过土地所有者和政府官员的消费进行弥补。

有效需求不足理论在当时并未得到世人的关注和赞誉，最大的一个原因可能是在当时的社会条件下，有效需求不足理论无法用现实事例来验证。直到凯恩斯时期，有效需求不足理论才得以誉满天下。

三、萨伊

(一) 人物生平

让·巴蒂斯特·萨伊 (Jean Baptiste Say, 1767—1832 年) 1767 年出生于法国里昂的商人之家，少年时代即开始经商。19 岁时萨伊去英国完成商业教育，在那里了解到英国的工业革命正欣荣蓬勃。1789 年法国爆发资产阶级大革命时，统治法国多个世纪的君主制度土崩瓦解，他当时正担任保险公司经理的秘书一职，拥护当时君主立宪派的执政，积极参加政治活动并一度投笔从戎，在雅各宾派执政后转而反对革命。1793

让·巴蒂斯特·萨伊

年，他解甲归田。

1794—1799 年，萨伊任《哲学、文艺和政治旬刊》杂志总编，在任职的 6 年间发表了很多经济学论文。1799 年拿破仑当政初期，萨伊被拿破仑元帅任命为法兰西法制委员会委员。其间，萨伊潜心学问，于 1803 年出版了经济学巨著《政治经济学概论》，宣扬斯密的贸易自由放任思想。《政治经济学概论》出版当年，萨伊因拒绝支持拿破仑保护关税政策被解除公职。1804 年，拿破仑加冕称帝，告诉萨伊如果能悔悟投诚，则既往不咎并且委以重任，但最终萨伊并没有低头。1805—1813 年，萨伊在巴黎的郊区与人合股创办了一个纺纱厂。1813 年，拿破仑指挥莱比锡会战失败，被流放到地中海的厄尔巴岛，萨伊才离开自己的工厂，回到巴黎重新从事科研活动。1815 年，萨伊得到了波旁复辟王朝的赏识，被派往英国考察工业。1816 年以后萨伊一直在大学讲授政治经济学。1820 年，他将自己课程的名称改为 "产业经济学"，成为法国和人类历史上第一个产业经济学教授。1830 年，萨伊担任法兰西学院政治经济学教授。1832 年 11 月 15 日，萨伊于巴黎逝世。

（二）萨伊的经济学说

1. **政治经济学 "三分法"**

在《政治经济学概论》一书的绪论部分，萨伊将政治经济学定义为阐明财富怎样生产、分配与消费的科学。据此，他将政治经济学分为生产、分配和消费三大部分加以论述，这被称为政治经济学的 "三分法"，并被后来的资产阶级经济学家所接受。萨伊的 "三分法" 抽去了社会经济形态和人与人之间的关系，单独就人与物之间的关系展开讨论。他希望像研究自然规律一样研究政治经济学，这表明萨伊彻底将斯密理论庸俗化，因此他成为资产阶级庸俗政治经济学创始人之一。

在对政治经济学进行界定时，萨伊将科学分为两类：叙述性科学和实验科学。前者向人们介绍一些物质及其性质，如植物学或博物学；后者则阐明事件是怎样发生的，如化学、物理和天文学。他将政治经济学归类为后者，从萨伊关于政治经济学的研究对象与 "三分法" 的研究可以看出：①他把研究对象归结为财富，是与他把政治经济学看作实验科学的一部分相联系的。他在条理化、严格科学规律的名义下，把人与人之间生产关系的研究改变成为人与物之间关系的研究，以抽象地、一般地谈论财富生产、分配、消费替代了对资本主义生产关系本质的和历史的分析。②萨伊的 "三分法" 把生产、分配、消费看成一般形态，抽去了它们的特殊性和历史性。这些都使他能用对物质生产一般要素——劳动、资本、土地的研究代替资本主义生产的研究，从而为物质生产的一般生产分析开辟了道路。③萨伊的"三分法"也割裂了三个过程的内在联系，把分配、消费等看作与生产有同等和并列的地位，抹杀了生产的主作用，抹杀了生产的社会性质决定其他经济过程的社会特点。在他看来，劳动、资本、土地在生产中共同创造产品的效用，工人、资本家、地主就得到相应的报酬，即工资、利息、地租。这样，社会各阶级的收入都有了自己独立的源泉。马克思把萨伊的这种观点归结为"三位一体公式"，即土地—地租，资本—利息，劳动—工资。

萨伊的"三位一体公式"把资本主义生产关系说成物与物的关系：劳动产生工资，资本产生利息，土地产生地租。社会各阶级彼此独立，从而掩盖了资本主义剥削关系。他又把生产的三要素及相应的收入看作是永恒存在的，从而抹杀了资本主义社会分配的历史性。这个分配公式对后来的资产阶级经济学家具有重大影响，被许多人所接受。

2. 效用价值论

萨伊的价值理论是在"财富的生产"篇中说明的。萨伊从分析生产开始展开其政治经济学理论体系。他认为，重农学派只把农业看作生产，这种观点存有"偏见"。各种生产、流通，不论是农业、工业还是商业，都是财富的源泉。世界上的物质是不能创造的，"人力所能做到的，只不过改变已经存在的物质的形态。所改成的新形态，或提供此前所不具有的效用，或只扩大原有的效用。因此，人力所创造的不是物质而是效用"。① 所以，萨伊认为生产不是创造物质，而是创造效用，效用又不过是服务。因此，生产不外是提供服务。任何有效劳动，任何提供服务的劳动，如律师的劳动、医生的劳动、科学家的劳动都可以算作生产劳动。这些是一生产出来就被消费的非物质的生产，但仍然是生产。在生产中，劳动、资本、土地是三个要素，它们都提供了服务，共同创造了产品、创造了效用。从这种生产的论点出发，萨伊提出了效用价值论。由此萨伊总结道：工资是劳动生产性服务的报酬，是劳动生产力的价格；利息是资本生产性服务创造的价值；地租是土地的收入。萨伊放弃了古典政治经济学的劳动价值论。他所说的效用仍是物品客观的使用价值，他用效用说明价值，就是用使用价值说明价值，并且用创造使用价值的要素代替创造价值的要素。萨伊的价值论归根结底不过是三种收入构成的生产费用论、供求论再加上效用论的

---

① 萨伊. 政治经济学概论 [M]. 陈福生，陈振骅，译. 北京：商务印书馆，1963：59.

混合体。

萨伊的价值理论虽然混乱，但他在论述价值生产中的各种不同劳动时，把劳动分为三类：①研究规律和自然趋势的科学家的劳动；②应用科学家的知识而创造新产品的农场主、工场主和商人的劳动；③在前两种人的指挥和监督下生产产品的工人的劳动。他认为，产品是这三种劳动的成果，这三种劳动都属于创造价值的生产劳动。萨伊的这种分类具有一定的参考价值。

3. 销售论

萨伊的销售论是在"财富的生产"篇中论述的。销售本来属于流通领域，但萨伊把它放在生产部分加以论述。萨伊的销售论在经济学说史上具有重要的地位，因为它提出了有关供给和需求的基本命题，并引起了经济学说史上长期的争论。萨伊在分析产品的销售时自认为获得了一个重要的"发现"，他说："在以产品换钱、钱换产品的两道交换过程中，货币只一瞬间起作用。当交易最后结束时，我们将发觉交易总是以一种货物交换另一种货物。"[①] 根据萨伊的观点，既然生产物总是由生产物购买的，那么，每一个商品的卖者同时也就是其他商品的买者，也因此一种产品一经产出，从那时刻起就给价值与它相等的其他产品开辟了销路。由于商品的出售是供给，商品的购买是需求，所以供给会给自己创造出需求。在资本主义条件下，某一种产品可能会滞销，但自由竞争会自动调节，使各种产品的供求趋于平衡。就全社会来说，总供给一定等于总需求，普遍性的生产过剩的经济危机是不可能发生的。后来的许多经济学家非常推崇萨伊的销售论，把它称为"萨伊定律"。对于萨伊定律，长期存在许多争论。马克思则指出了萨伊定律的根本错误在于混同了资本流通与简单商品流通，又把简单商品流通归结为物物交换。实际上，萨伊的"发现"只是把复杂的资本主义流通归结为物物交换。他并不了解，在物物交换中，任何卖者也是买者，总供给会等于总需求，但在商品流通中，特别是资本主义流通代替物物交换后，买与卖已分成两个相对独立的行为，卖者与买者已分离开来，货币可以贮藏，因而，总供给并不一定等于总需求。

---

① 萨伊. 政治经济学概论 [M]. 陈福生，陈振骅，译. 北京：商务印书馆，1963：144.

四、西尼尔

(一) 人物生平

纳索·威廉·西尼尔 (Nassau William Senior, 1790—
1864 年) 1790 年生于英国威尔特郡一个信奉英国国教
的乡村牧师家庭。幼年接受父亲的教育,1803 年以后
就学于伊顿公学和牛津大学,1812 年毕业于牛津大学
并获得文学硕士学位,1819 年在伦敦从事律师事务。
1825—1830 年和 1847—1852 年,西尼尔任牛津大学政
治经济学教授。1831—1846 年在济贫委员会、工厂委
员会、教育委员会等单位工作,并参与制定了 1834 年
的《济贫法修正案》。西尼尔于 1836 年完成《政治经

纳索·威廉·西尼尔

济学大纲》一书,1857 年任皇家教育委员会委员。在《政治经济学大纲》的
绪论中,西尼尔系统地表述了他对政治经济学研究对象和范围的见解,"政治
经济学应该是研究财富的性质、生产和分配的一门学科,而不应该牵扯有关
价值判断、福利的讨论"。[①] 这就是著名的"纯经济"理论。他希望政治经济
学能脱离价值判断和关心福利的范畴,确立一种具有一般原理性、有效性的
实证经济学。由此,西尼尔成为最早区分实证经济学与规范经济学的经济学
家。西尼尔在对政治经济学范围进行划分的同时,也对经济学家的职能做了
简述,他认为经济学家能够指出各种经济行为所产生的后果,但是不应当离
开实证科学分析的领域。简单地说,经济学家应该关心、回答"是什么"的
问题,而不应该关心"应该是什么"的问题。

(二) 西尼尔的经济学说

1. 四个命题

在《政治经济学大纲》中,西尼尔单列了"政治经济学四个基本命题概
述"一章,他认为这些原理是依据一般事实得出的,并能够得到实证检验。
这四个基本命题分别是:①效用最大化——每个人都希望以尽可能少的牺牲
取得更多的财富。②人口原理——限制世界上的人口或限制生存在这个世界
上的人数的,只是精神上或物质上的缺陷,或者是各阶级中个人对于在养成
的习惯下所要求的那类财富可能不足以适应其要求的顾虑。③资本累积原

---

① 纳索·威廉·西尼尔. 政治经济学大纲 [M]. 蔡受百,译. 北京:商务印书馆,1986:9,11.

理——劳动的力量和生产财富的其他手段的力量，借助于将由此所产生的产品作为继续生产的工具，可以无定限地增加。④收益递减原理——假使农业技术不变，在某一个地区以内的土地上所使用的增益劳动，一般会产生比例递减的报酬，也就是说，尽管在土地上增加劳动，虽然总的报酬有所增加，但报酬不能随着劳动成比例地增加。

2. 财富价值的三要素

西尼尔认为财富或价值是可以转移的，其供给是有定限的，可以直接或间接地产生愉快或防止痛苦的事物。由此他提出了财富的三要素：效用、供给有定限和可转移性。其中，"效用指的并不是我们称之为有用事物的内在特质，它所指的只是事物对人们的痛苦与愉快的关系"。① 他认为只要一项事物有能带来直接或间接快乐的能力，并且带来的快乐对不同人而言有所差异，能形成交易动机，这就构成了价值的一个必要成分。供给有定限，是就比较意义而言的，指限制数量可增加商品供给的阻力的比较强度。西尼尔认为这一要素对价值的影响源于人性中两个最有力的要素：喜爱变换和喜爱体面。喜爱变换导致商品的边际效用递减，越稀少则价值越高；喜爱体面更重要，其表现为显示更多的财富，而唯一途径就是公开地拥有供给有定限的商品，并且这一商品具有公认的效用。由于商品的价值由供给和需求决定，即由供给阻力的强度和欲求的强度决定，而供给情况又影响商品的效用，故西尼尔视供给有定限为三个要素中最重要的要素。可转移性则由归纳总结而来，意指足以产生愉快或防止痛苦的能力的全部或其一部分，是能够或者绝对地，或者在一个期间被转移的。这一事物必须是能够被占有的，没有人能够将他无法摆脱的东西转让给别人。

3. 节欲论

西尼尔认为人类的劳动、自然要素、节欲构成了生产的三个手段，工人的劳动和资本家的节欲总和是生产成本，即西尼尔的生产成本是一种主观价值。工人牺牲安逸得到工资，资本家牺牲眼前享乐得到利润，这都是节欲的结果。他认为节欲是指个人有计划的行为，其效果着眼于将来而不在于眼前。西尼尔还指出要使人类的节欲和劳动有发挥余地就得借助于与人类力量所不同的自然力量，因而自然要素是生产手段之一。由于牺牲和节欲都是主观价值，无法估量，故西尼尔用使用价格即货币价值替换了一般价值。他认为商品的交换价值取决于需求与供给，他把价值看作物品交换的一种比例关系，这种关系的确定

---

① 纳索·威廉·西尼尔. 政治经济学大纲 [M]. 蔡受百，译. 北京：商务印书馆，1986：18.

既取决于这种商品的需求与供给，又取决于另一种商品的需求与供给。

第四节　古典经济学的综合：约翰·斯图亚特·穆勒

一、人物生平

约翰·斯图亚特·穆勒①（John Stuart Mill，1806—
1873 年），1806 年 5 月 20 日出生在伦敦，是苏格兰哲
学家、历史学家和经济学家詹姆斯·穆勒的长子。詹姆
斯·穆勒是边沁的追随者和联想主义的拥护者，他力图
培养一个继承人，以便在他和边沁死后继续推进功利主
义的事业。因此，穆勒从小便受到极其严格的教养。
3 岁时，他开始学习希腊语。8 岁时，他已阅读《伊索
寓言》、色诺芬的《阿纳巴西斯》和整部希罗多德的著

约翰·斯图亚特·穆勒

作，并熟悉卢西安、第欧根尼·拉尔修、伊索克拉底和
柏拉图的六篇对话。他还用英语阅读了大量历史方面的书籍，并系统学习过
算术、物理和天文学。同时，穆勒开始学习拉丁语、欧几里得的著作和代数，
并成为家中年幼孩子的临时管理者。此时他的主要阅读兴趣仍然是历史，他
浏览了所有常见的拉丁文和希腊文著作，10 岁时就已经可以轻松阅读柏拉图
和德摩斯梯尼的作品。12 岁时在父亲的引导下遍读诸多希腊散文家的原著以
及拉丁文读物，并开始研究逻辑学和霍布斯的作品。13 岁时通晓政治经济学
领域的原理，并在 15~18 岁编辑出版了边沁的 5 卷手稿，19 岁时开始发表独
创性学术论文。

然而这种学习经历使穆勒在 20 岁时不可避免地得了神经衰弱，那个曾经
滋养他的微妙而枯燥的理智世界突然变得了无生气，直到 1830 年，他遇上了
哈莉耶特·泰勒（哈迪），穆勒家族与泰勒家族是世交。穆勒认识哈迪时，她
已经是泰勒夫人。穆勒在自传中描述道，"就在我达到心智发展的这一时期，
我得到一位女士的友谊，它是我一生的荣誉和主要幸福，也是我为人类进步
所奋斗或希望今后实现的大部分事业的力量源泉。我第一次认识这位女士是

---

① 也有译为约翰·斯图尔特·密尔。

在 1830 年，当时我 25 岁，她 23 岁"。① 从此在穆勒灰暗的生命中，出现了一缕亮丽的色彩。穆勒在与哈迪的思想交流中体味着生命的价值，丰富着人生的意义。在穆勒看来，哈迪不仅是他思想上的同行者，甚至是他思想的启迪者。认识哈迪后，穆勒的思想在广度和深度上都比以前有进步，过去懂的东西，现在能够理解得更透彻。认识哈迪前，穆勒的理论偏重于思辨而对现实的关照不足，在哈迪的影响下，穆勒此后的著作具有了明显的现实性。1848年，穆勒撰写了两大册出色的巨著《政治经济学原理》，1848—1871 年，此书共连续修订了 7 版，在马歇尔的《经济学原理》（1890 年）出版前的 50 年内在英国的经济学教育中占据统治地位。1849 年哈迪的丈夫泰勒先生去世。1851 年，穆勒与哈迪结为连理，结束了长达 20 年的柏拉图之恋。然而仅仅七年半之后，几乎在穆勒从肺结核中奇迹般康复的同时，哈迪却因肺充血而离世了。在她去世后不久出版的《论自由》的最终修订版中，穆勒感谢了哈迪对自己的工作所作出的贡献。穆勒认为那些被称赞的有实用性的著作不是一个人思考的产物，而是两人合作的结果，并表示《论自由》实际上从观点形成、谋篇布局到文字润色，都是他和哈迪直接合作的产物，只是没有署上哈迪的名字。1865—1868 年，穆勒担任圣安德鲁斯大学校长，在同一时期，他还是威斯敏斯特市的议员。他是自由党议员，在担任议员期间，穆勒主张减轻爱尔兰的负担。综观穆勒毕生，他以主要精力献身于社会科学的理论研究，完成了经济学理论的第一次综合，并且积极地参加了当时英国社会的民主改革运动，对人类的科学、文化和进步事业都作出了贡献。

二、穆勒的经济学贡献

（一）生产理论

穆勒认为任何社会生产都必须具备以下三个要素：劳动，资本，以及自然所提供的材料与动力。

1. 劳动

穆勒认为，劳动不仅指体力和脑力的支出，而且包括由这些支出引起的不适主观感受。穆勒按照劳动在最终产品生产中的不同作用把劳动分为直接生产最终产品的劳动和间接生产最终产品的劳动，并按照劳动所产生效用的不同进一步把间接生产最终产品的劳动分成数类。而劳动所产生的效用有三

---

① 约翰·穆勒. 约翰·穆勒自传 [M]. 吴良健，等译. 北京：商务印书馆，1988：111.

种：第一种效用是固定并体现在外界对象物上的，就是通常所讲的生产物质
产品的劳动；第二种效用是固定并体现在人身上的，就是一切培植自身或他
人的体力和智力的劳动，不仅包括医务工作者和教育工作者的劳动，还包括
思想家和牧师（他们生产了幸福）的劳动；第三种效用是既不固定也不体现
在任何对象上的只是给人们提供一定快乐或避免烦恼痛苦的活动，它包括音
乐家、演员、陆海军、法官的活动。

穆勒还确定了劳动的生产性与非生产性。他认为，生产性劳动主要包括
生产第一种效用的劳动和生产第二种效用的劳动，当生产第二种效用的劳动
有助于生产第一种效用时，也是生产性劳动，即一切直接或间接生产物质产
品的劳动都是生产性劳动；生产第三种效用的劳动是非生产性劳动，因为其
效用不能持久。他认为思想家的思辨活动在社会中是最有影响的生产性劳动。
穆勒认为对生产没有直接或间接贡献的人的消费是非生产性消费，而在对生
产有贡献的劳动者的消费中，没有维持和增加他们生产能力的消费（如对于
享乐品、奢侈品的消费）是非生产性消费，只有有助于维持和增加他们生产
能力的消费才是生产性消费。

2. 资本

穆勒否定了资本即货币的观点，认为资本是先前劳动生产出来的，由蓄
积而保存下来用于维持生产性劳动的物质产品。他把自耕农为维持自己而蓄
积起来的劳动产品也称为资本。穆勒提出了关于资本的四个根本命题。第一
个命题是一国的生产性劳动的多少受到该国资本（包括消费品和投资品）数
量的限制。第二个命题是资本是节约和储蓄的结果，是生产者自身消费少于
其生产产品的结果。第三个命题是一切资本均被使用，即便不被资本所有者
自己使用，也要被别人使用，并且在使用中为资本所有者创造更多的产品。
即资本不同于窖藏（不被使用的货币是不可能成为资本的）。第四个命题是就
业水平和产品数量取决于资本数量，与商品需求的大小无关，对商品的需求
只决定就业方向和产品种类。这四个命题基本上是对斯密观点的重述，强调
了资本的来源、功能和重要性，表明决定国民收入水平的是资本数量而非对
商品的总需求。

3. 自然所提供的材料与动力

穆勒认为自然所提供的种种材料与动力是生产的自然要素，并使用土地
代表生产的自然要素，因此他把生产的三个要素说成是劳动、资本与土地，
这里的土地包括所需的一切自然要素。

4. 生产三要素增加的规律

穆勒认为，生产增加第一依存于劳动的增加，第二依存于资本的增加，第三依存于土地。而劳动的增加即人口的增加。根据马尔萨斯在《人口论》中引出的真理：在无限制时，人口的数量必然是以几何级数而不是以算术级数增加。在实际生活中，人口的增加虽然会受到种种限制，但由于人口自然增加力的无限，所以，劳动不会成为生产增加的重要障碍。而资本的增加必然依存于节约和储蓄所留出的基金的多寡及节约和储蓄欲望的强弱。所谓节约和储蓄所留出的基金，就是从劳动产品中扣除生产当事人的生活必需品以后的剩余。穆勒把这种剩余称为纯产品；纯产品不仅包括利润和地租，还包括工资中的非必需品。纯产品越多，则节约和储蓄的数额便越大，从而也将增加节约和储蓄的欲望。因为纯产品越多，作为其重要组成部分的利润往往也越多。因此，增加资本的基本途径便是增加生产和（或）减少消费。穆勒说，节约和储蓄致富，消费致穷，在个人为然，在社会亦然。而土地在生产中的基本规律，就是土地报酬递减规律。即在农业技术及农业知识一定的状况下，劳动增加，生产物不能有相等程度的增加；成倍增加劳动，不能获得同样倍数增加的生产物。他认为这是在经济学上最重要的命题，是土地生产的一般法则。

（二）分配理论

穆勒分配概念包括生产要素的分配，所以穆勒是联系所有制来考察产品分配的。他并不认为现存的所有制和分配方式是亘古不变的，他认为随着生产要素分配方式的变化，产品分配的原则也将随之变化。因此在资本主义社会和前资本主义社会，分配的决定因素是不同的。他指出在个人私有制下，生产物的分割决定于两种因素——竞争与习惯。而在资本主义社会以前，支配地租额和土地租借权的不是竞争，而是习惯。

1. 工资

穆勒认为工资是劳动的报酬，在资本主义制度下，竞争是工资的主要支配者，而习惯只具有一定的影响。他认为工资取决于劳动的需要与供给，即取决于人口与资本。这里所谓的人口，就是劳动阶级的人数，即劳动的供给。这里所谓的资本，就是指用于购买劳动力的那部分流动资本，它和其他用于雇用非生产性劳动者的基金一起，代表对劳动的需求。因此，高工资只能是被雇用的劳动者减少或雇佣劳动者的总基金增加的结果；而低工资则是被雇用的劳动者增加或雇佣劳动者的总基金减少的结果。

从劳动的供求决定工资高低的观点出发，穆勒认为，物价的涨跌通常是通过影响劳动的供给来影响工资的，或通过影响资本的增减从而间接引起对劳动需求的变化而影响工资的。所以，在一般情况下，工资取决于资本与劳动的比例法则，不会因物价变化而动摇。关于实际工资水平的决定，他认为主要取决于人口的多少。除了少数例外，高工资是以人口限制为前提的。在他看来，工资既然取决于劳动人数、用来购买劳动的资本及其他基金的比例，那么改变这个比例使之有利于劳动阶级的关键，不是蓄积的绝对量和生产的绝对量，甚至也不是分配于劳动者的基金额，而是这种基金及分享这种基金的人数的比例。由于穆勒承认整个社会的工资基金可以根据资本家阶级节俭与否而发生变化，而资本家阶级的全部收入构成工资基金的上限，所以穆勒的工资基金论可以算是一种软性的工资基金论，即工资的高低既取决于作为分子的工资基金的大小，也取决于作为分母的工人人数的大小。

2. 利润

在分析利润的性质时，穆勒赞同西尼尔的节欲论，认为利润是忍欲的报酬。穆勒认为劳动者的工资是劳动的报酬，同样，资本家的利润，按照西尼尔的用语，则是节欲的报酬。资本家自己忍住不再消费自己的资本，而是让给生产的劳动者为他们的利益而消费，利润便是这种节欲的所得。这种节欲是必然有报酬的。穆勒同意萨伊的观点，认为总利润必须分成三个部分：利息、保险费和监督工资。利息作为节欲的报酬，保险费作为冒风险的报酬，监督工资作为管理的报酬。在利润的性质问题上，穆勒经济理论体系的综合特征表现得最为明显。穆勒一方面采纳西尼尔和萨伊的观点，另一方面则接受李嘉图的意见，认为利润来源于劳动。在他看来，由于资本家进行了节欲，从事了监督劳动，承受了风险，资本家理所当然地应该从工人所创造的劳动产品中取走一大部分作为报酬。在分析利润的来源和利润的平均化时，穆勒认为利润产生的原因，在于劳动生产力；在于劳动所生产的产品多于所耗费的产品；在于劳动者在生产了资本家以工资形式垫支的产品之后，有时间剩余为资本家工作。在他看来，利润的产生并不是由于偶然的交换，即使在不存在交换的地方，只要劳动生产力较大，利润也依然会存在。穆勒指出由于不同行业资本的风险不同以及所需的管理能力不同，所以不同行业所需的保险费和监督工资亦不同，这样就会存在利润的行业差异。同时，自然垄断与人为垄断也会造成不同职业间的利润差异。尽管如此，不同行业的利润却具有平均化的趋势。如果一种行业比别种行业有更顺利的赚钱机会，那么就会有更多的人投资到这种行业上来；如果一种行业不被认为是繁荣的行业，如果该行业的获利机会被认为逊于其他行业，那么资本即将逐渐离去，至少，新资本不会被吸向那里。在较少利润与较多利润的行业之间，资本的分配遂发生变化，但其趋势是归向共同的平均数。

3. 利润率

穆勒认为一个国家的利润总量取决于两个要素：第一是生产物的数量，即劳动生产力；第二是劳动者自己在这些生产物中所取得的比例，即劳动者的报酬对其生产额所保持的比例。他认为利润率与上述第一个要素无关，只取决于第二个要素。因此，利润率与劳动者的报酬成反比。关于利润率的变动，他认为每一国家任一时间都有一个诱使人们进行储蓄并把储蓄转化为资本的最低必要利润率，若实际利润率低于此，人们将没有储蓄和投资的欲望。这种最低利润率取决于人们的远虑和投资的安全，远虑的程度决定了储蓄的多少，投资安全的程度决定了储蓄转化为投资的多少。

（三）价值、货币和利率

1. 价值

穆勒在分析商品价值时，首先区分了使用价值、价值和价格的概念。在他看来，使用价值就是商品满足欲望或适合目的的能力。因此，他反对亚当·斯密关于钻石只有很低的使用价值而有很高的交换价值的说法。他认为一物的交换价值是不能超过其使用价值的。他写道：一物的价值或交换价值，意指它的一般购买力。这个一般购买力就是指拥有该商品，可以为拥有者提供多少对其他各种商品的支配能力。他把价值规定为相对价值，否定价值是商品的内在属性。关于价格，他认为价格一词表示一物与货币相对的价值，指它所换得的货币量。当货币的一般购买力不变时，价格就表现了该商品的一般购买力，表现了它的交换价值。

2. 价值的决定因素

穆勒认为一物要有交换价值，有两个条件是必要的：第一，它必须适合某种目的，满足某种欲望；第二，一物不仅须有某种效用且在它的获得上须有某种困难。根据获得某物困难程度的不同情况，他把商品分为三类：①供给数量绝对有限的商品，如古代的艺术品、稀有的书籍等；②通过劳动与支出方能获得且当劳动与支出增加时其数量也同比例增加的商品，即其单位成本不会随其数量增加而提高的商品，如制造业的产品；③通过劳动与支出方能获得并可增加其数量，但其单位成本在其产量达到一定点之后，将随数量增加而提高的商品，如农产品。穆勒认为这三类商品的价值决定因素是不同的。他认为第一类商品的价值由它的供求状况决定，但不是由人们以往所说的供求比例决定，而是由供求的均衡点决定。他看到了需求与价格的反方向运动，并看到了需求的变化幅度依商品性质的不同可以大于或小于价格的变化幅度，他已经有了需求规律和需求价格弹性的初步概念。第二类商品的价值决定因素是生产费用加普通利润。一般规则是诸物品之相交换的价值，趋向于使每一个生产者能补偿其生产费用加普通利润，即趋向于使一切生产者都能对其支出取得等量的利润。这样决定的价值就是亚当·斯密和大卫·李嘉图所说的自然价值，它是市场价值波动的中心。关于第三类商品的价值决定因素，穆勒认为是生产及上市所耗费最大的那一部分供给的费用。由于该类商品主要是一些农产品和矿产品，所以他特别提到地租与价值的关系。在他看来，农产品价格并不像亚当·斯密所说的那样是独占价值。他认为，地租一般不是价格的原因，而是价格的结果。只有当农产品的价格由最不利条件的生产费用决定仍不能使供给满足需求，供求均衡会使农产品价格高于最不利条件的生产费用，成为独占价格时，地租才成为生产费用，成为价格的原因。

3. 货币

关于货币，穆勒反对重商主义者把货币等同于财富的观点，认为货币不过是一种商品，其特殊之处在于它是灵活性最强的商品。穆勒在货币的功能问题上没有区别于其他古典经济学家的观点，但是在货币的价值决定问题上有一定的新见解。古典经济学家对货币的价值有两种观点：成本论和数量论。亚当·斯密基本上是成本论，李嘉图则兼有成本论和数量论。穆勒对这两种观点进行了综合，指出货币是一种商品，其价值与其他商品的价值都受相同法则的支配；即暂时地决定于需求与供给，永久地、平均地决定于生产费用。货币的供给就是流通的货币量，而货币的需求由待售的全部商品构成。当需求及其他一切条件不变时，若货币的供给增加了，则货币的价值就等比例下降。他认为必须考虑货币流通速度的影响，因此货币的价值与流通的货币量乘货币流通速度之积成反比。他用货币数量论来说明在短期中货币价值的决定因素及一般物价水平，认为货币数量论是关于通货的最基本命题。

4. 信用

在穆勒生活的时代，金融业已经有很大的发展，出现了信用、可兑换银行券、不可兑换纸币等新的货币金融现象。穆勒指出信用有两种功能：①把资本集中转移到善用者手中，使之得以更合理地使用。当然，前提是要转移到生产阶级手中。②节约货币金银的使用。他认为，信用有提高一般物价的趋势，在通常使用信用的社会中，一般物价更多地取决于信用而非货币数量。他认为不同的信用形式由于使用的范围大小不同，所以其对物价的影响也不同，汇票比账簿信用更有影响，可兑换银行券又比汇票更有影响。他之所以分析信用对物价的影响，是为了给他的经济周期理论奠定基础。

5. 利率

穆勒认为利率与资本有关，是一种资本现象而非货币现象，其高低取决于借贷资本的供求均衡。利率与货币存量无关，但受到货币存量变动的影响。政府发行不可兑换纸币引起的通货膨胀会从两方面提高利率：①贷者因预期货币贬值而提高利率；②借者因实际资本价格上涨而增加对货币的需求，从而提高利率。银行增发可兑换银行券往往同时也是增发贷款，所以有双重作用：①作为通货的增加有引起通货膨胀从而提高利率的趋势；②作为借贷资本的增加有引起利率下降的趋势。后者往往压过前者。金银的增加若增加了银行存款，就降低利率；金银减少则提高利率。

(四) 国际贸易和国际价值

1. 国际贸易

穆勒首先考察了对外贸易的利益，反驳了重商主义者关于外贸的观点，认为国际贸易的直接利益是使整个世界的生产更有效率。劳动和资本如果可以自由地跨国流动，那么生产能力就能得到最好的使用；如果无法最充分地流动，那么按照比较优势原则开展外贸将使生产能力得到次佳的使用。穆勒论证了自由贸易的利益，反驳了重商主义的关税保护政策。但他并非反对一切保护政策，而是主张对新兴国家的幼稚产业实行保护。

2. 商品国际价值的决定

穆勒认为在国际贸易中由于存在以国界为标志的民族政治体设置的障碍，劳动和资本不能自由转移，因而很难形成一个统一的国际市场价值，但在国际贸易中供求规律对商品交换比例的确定作用却加强了。由此他认为，商品的价值决定，在国际贸易中生产费用的法则是不适用的，而只能取决于另一个法则，即供给与需求的法则。穆勒把它称为"国际需求方程式"。关于这个方程式，他做了如下说明：一个生产物与其他诸国生产物交换，其价值必须使该国输出品全部恰好够支付该国输入品。国际价值的这个法则，其实是更一般的价值法则——供给与需求方程式——的应用。一个商品的价值往往会这样自行调整，使其需求恰与其供给相等。但一切贸易无论是国家间的还是个人间的都是商品的交换，在这种交换中人们各自所有的可用来售卖的物品，便是他们各自的购买手段：一方所提出的供给，便是他方所提出的供给的需求。所以，供给与需求，不过是相互需求的另一称呼；就是说价值将如此调整，使需求与供给相等；实际上即是说，价值将如此调整，使一方的需求与他方的需求相等。这就是说，在自由贸易不计算运输费用的条件下，两种进出口商品的交换比例（即它们的国际价值）不是取决于生产费用，而是取决于供求关系；而这两种商品在两个国家中的交换比例将使两种商品的出口量都正好与两个国家在此交换比例下对进口商品量的需求相等，但这两种商品在两国之间的交换比例不可能大于它们在不存在外贸时的国内交换比例。穆勒以如下数字例子来说明这一点：假设英国用一定量劳动可生产 10 码毛呢或 15 码麻布，德国用一定量劳动可生产 10 码毛呢或 20 码麻布。在不通商时，在英国毛呢与麻布的交换比例是 10：15，在德国则是 10：20。而一旦按自由贸易原则通商之后，英国将倾向于用毛呢换德国的麻布，而德国将倾向于用麻布换英国的毛呢。如果当交换比例为 10 码毛呢换 17 码麻布时，英国对麻布的需求量正好与德国的供应量相等，即英国出口的毛呢量也正好与德国的需求量相等，那么 10 码毛呢的国际价值就为 17 码麻布，同样，17 码麻布的国际价值也就是 10 码毛呢。但当毛呢与麻布的交换比例为 10：17 时，英国对麻布的需求量小于德国的供应量，即英国出口的毛呢量小于德国的需求量，那么麻布的国际价值将降低（即毛呢的国际价值将提高），由于需求将随价值降低而提高，于是当麻布的国际价值降低到某一点，比如说毛呢与麻布的交换比例为 10：18 时，英国对麻布的需求量（即对毛呢的出口量）正好与德国的供应量（即对毛呢的进口量）相等，那么这一点所决定的交换比例 10：18，就决定了毛呢与麻布的国际价值：10 码毛呢值 18 码麻布，18 码麻布值 10 码毛呢。穆勒认为，在国际贸易中生产费用决定商品价值的法则显然不适用了，但这个法则仍制约、规定着国家间商品交换比例的上下限。

（五）经济周期

穆勒承认资本主义社会会出现经济危机，但不同意马尔萨斯和西斯蒙第用供给的普遍过剩来解释它。穆勒认为经济危机的原因在于资本家对利润的预期和投机行为，以及信用的波动。当预期利润将由于物价上涨而大增时，人们往往倾向于投机性地买进货物，待涨价后销售获利，这就造成物价的不断上涨。一旦人们预期物价将下跌，又纷纷抛售以致物价下跌，这就导致出现经济周期。然而如果没有信用，人们即便预期物价将上涨，也会由于自有货币量的限制而不可能大量购买。但有信用之后，人们就可以摆脱自有货币量的限制，大量买进看涨的货物；而一旦看跌，信用紧缩，便会引起破产，导致恐慌。当然，破产和恐慌也未必一定发生在信用大扩张之后，若借贷资本由于各种原因供不应求，导致利率上升、信用紧缩，同样也会引起破产和恐慌。

鉴于信用在经济周期中的重要作用，穆勒分析了各种信用形式在造成经济周期中的影响。他指出，当人们预期价格看涨而进行投机时，若交易主要发生在商人之间，则主要的信用形式是账簿信用和汇票，它们是引起物价上涨的主要信用形式。只有当交易扩展到制造商中间时，业务的扩展才会促使制造商靠借贷来扩大生产，借贷主要靠银行的兑换券，所以在经济上升阶段，兑换券对物价的影响以及对恐慌的促成作用是有限的。当投机高潮过后，失败的投机者要求银行透支兑换券以偿付所欠贷款，这时兑换券会大增。这种大增暂时延缓了崩溃的到来，却加深了恐慌的程度。但是银行不可能无限度地发放兑换券，因为通过兑换券扩张信用，会引起通货增加、物价上涨，引起利率降低、债权价格上涨，从而导致贵金属外流。这种外流将渐渐使银行丧失兑现能力，到一定时候，银行将被迫紧缩信用，于是崩溃来临。穆勒认为在经济膨胀时，信用的推广会推迟，但会加重崩溃，而在恐慌已经出现时，信用的推广有助于缓和恐慌。因此，应当在经济膨胀时限制信用以防止恐慌，而在恐慌真正到来时则放松限制以救济恐慌。即在经济扩张时采取紧缩性货币政策，在经济紧缩时采取扩张性货币政策。

三、穆勒的学术地位与评价

穆勒在19世纪中叶所建立的折中综合的经济理论体系是西方经济学演进过程中的第一次大综合，它在西方经济学史上具有承前启后的重要地位。穆勒为适应当时英国社会的需要，接受了斯密、李嘉图等人的经济理论，也容纳了萨伊、马尔萨斯、詹姆斯·穆勒、巴斯夏、西尼尔等人的经济理论，还汲取了改良主义和社会主义思潮的某些观点。这样的一个理论体系好像是一个兼容并包的"大拼盘"。穆勒自己认为，他的这个经济理论体系概括了亚当·斯密以来曾提出的许多新的思想及思想的新应用，使其与最上流经济思想的原理相调和，并在经济学的范围内，全部重新考察了一遍。他认为他的《政治经济学原理》是模仿亚当·斯密的《国富论》而创作的，并以当代的亚当·斯密自居。

穆勒在西方经济学史上占据重要地位。他综合当时各种经济理论知识所建立起来的这个折中综合经济理论体系，曾流行了近半个世纪。作为对源于亚当·斯密的理论体系、在马尔萨斯和李嘉图等人手中发展成长的古典经济学的最终综合，穆勒结束了马尔萨斯和李嘉图给古典经济学带来的沉闷和对未来经济前景的悲观，展示了一种谨慎乐观的希望，社会可以通过改良而避免马尔萨斯—李嘉图所预言的凶兆。穆勒不仅对当时的经济思想产生过巨大的影响，而且对后来西方经济学的进一步演变和发展也具有相当大的影响。例如，穆勒把精神、心理等主观因素纳入政治经济学的研究对象，用支出劳动的主观感受来看待劳动，用资本家"欲望的强弱"来解释资本积累等，这对后来奥地利学派、数理经济学派等强调用主观心理因素来解释社会经济现象的思潮的兴起，曾产生过相当大的影响。又如，他在用供求均衡点来解释稀缺商品的价值决定时，已提到了后来马歇尔所系统论证的需求规律和需求弹性的初步概念。他的这种价值理论可以说是从李嘉图价值理论连接到马歇尔均衡价格理论的一座桥梁。他关于供求关系对确定国际贸易商品交换比例的作用，以及劳动生产率的提高对国际价值影响的见解等，对于国际贸易理论的研究，也具有一定的启发意义。最后，他关于生产规律与分配规律的区分，对以后英国社会的渐进改良具有重大影响。

第五节　古典经济学在中国的传播与发展

一、晚清时期古典经济学在中国的传播

从鸦片战争至抗日战争，中华民族屡受列强欺辱。战败使一部分国人看到英国之强大。林则徐、魏源等人提出放眼世界、"师夷长技以制夷"的主张。第二次鸦片战争之后，洋务派开始了"师夷长技"的实践。古典经济学在中国的传播与发展也是在这种潮流中发生的。

由严复（1854—1921年）所译的亚当·斯密的《国富论》（原译名为《原富》），于1901年交由南洋公学书院出版。严复是引进西学的第一功臣，被誉为"西学圣人"。在严复身上，可以看到国人对西学的态度有了根本性的转变。此前，国人倡导的是"中学为体，西学为用"。严复通过比较研究，认

为东西方不同的关键在于思想文化。因此，对于文化所包含的全部内容——价值观、制度、风俗、思想，必须用同一个维度来衡量，即它是否维护和强化民族国家团结。凡是阻碍这一目标的传统，没有什么会是神圣的。基于这种认识，严复反对洋务派"中学为体、西学为用"的观点，他认为对西学的学习应做到"体用一致"。总体上说，这一时期的西学引进质量并不高，国人的著述基本上都是拼凑之作。

二、民国时期古典经济学在中国的传播

五四运动之后，随着一批在欧美留学的学者加入，经济学的引进、传播和学习的格局发生了根本性的变化。民国时期，若要论翻译经济学名著最有力者，当推王亚南、郭大力。他们合译或独译的名著有斯密的《国富论》、李嘉图的《政治经济学及赋税原理》、马尔萨斯的《人口论》、约翰·穆勒的《政治经济学原理》等。仅据《民国时期总书目（1911—1949）：经济》统计，民国期间出版的经济类著作就达 16000 余种，相比于晚清时期呈现出爆炸增长的态势。此书目将经济类书分为九大类，其中的"经济总论"类有736 种，涉及西方经济学的书目有 701 种。

通过西方经济学的引进、传播和学习，中国终于有了"经济学"这样一门正式的学科，出现了"经济学"学术群体。在此之前，中国并无"经济学"。长期的自然经济统治使中国形成一套以"地产、地租、赋税"为基础的经济思想范畴，诸如裕民、富国、均田、薄赋敛、强本抑末、重义轻利、黜奢崇俭、漕运、屯垦等等。这类思考只有片段式的经济思想与政策主张，无法应用于民国时期中国社会经济的分析。通过对西方经济学的引介和学习，国人开始用现代经济学的语言和思维来讨论中国的经济问题。时逢国家内忧外患、动荡不安，虽然引介的西方经济学著述中有大量的理论内容，但旧中国学者更多的精力是借此讨论中国的各种社会经济政策问题，人们对实用性质的应用经济学知识的传播和研究比较重视，而对理论性强的基础经济学逻辑的研究则显得薄弱。

诚如夏炎德所评论的，当时经济学家的思想不是一种"纯理经济学"的形态，而是"社会经济学或国民经济改革的思想"的形式，表现为各类大学、高级中学、职业学校、商科学校等纷纷讲授经济学课程。民国时期出现了各种经济学学术团体，比较著名的有中国经济学社、中国合作学社、中国统计学社、中国农村经济研究会、新生命派、新思潮派、中国经济派等。

与经济学同时引介而传入中国的，还有马克思主义政治经济学。新中国成立之前，马克思主义政治经济学也被归类为"西学"。如果说引入古典和新古典经济学说的中国学者想讨论的主要是经济的"术"的问题，那么，引介马克思主义政治经济学的学者想讨论的是"道"的问题，即根本性社会制度的选择问题。目前学界对古典经济学的研究和评论比较客观。这是因为，第一，马克思对古典经济学家有相对正面的明确评论。因此，研究者承认它包含着科学的成分。第二，英国政治经济学是马克思主义学说的三大来源之一。因此，这一时期，翻译、整理和研究有关古典经济学著述相对较多。但翻译和整理的目的决然不同于民国时期。王亚南在 1965 年《国富论》的"改订译本序言"中说道："1931 年，我和郭大力同志，又把它重译成中文出版，改题为《国富论》，我们当时重新翻译这部书的动机，主要是鉴于在十月社会主义革命以后，在中国已经没有什么资本主义前途可言。我们当时有计划地翻译这部书以及其他资产阶级古典经济学论著，只是要作为翻译《资本论》的准备，为宣传马克思主义政治经济学做准备。我们知道《资本论》就是在批判资产阶级经济学，特别是在批评亚当·斯密、李嘉图等经济学著作的基础上建立起来的马克思主义经济学。对于亚当·斯密、李嘉图的经济学著作有一些熟悉和认识，是会大大增进我们对于《资本论》的理解的。事实上，我们在翻译《资本论》的过程中，也确实深切感到亚当·斯密、李嘉图著作对我们的帮助。《资本论》翻译出版以后，对于我们来说，翻译斯密的《国富论》的历史任务已算完成了。"① 可见，王亚南和郭大力对经济学著作的翻译目的不同于严复，不是把亚当·斯密的《国富论》看作国家走向现代化的一种历史经验的经典著作。

三、20 世纪 80 年代后古典经济学在中国的发展

1979 年 1 月，商务印书馆出版了由中国人民大学高鸿业教授翻译的萨缪尔森的《经济学》（英文第 10 版）。这是中华人民共和国成立以来中国内地翻译出版的第一本完整的包含微观经济学和宏观经济学的教科书。萨缪尔森《经济学》的翻译出版标志着中国由全面排斥西方经济学到完整地进口西方经济学的历史性转折，中国经济学教学和研究的知识结构开始发生变革。

---

① 斯密. 国民财富的性质和原因的研究 [M]. 郭大力，王亚南，译. 北京：商务印书馆，1972：7-8.

（一）以批判为主的阶段：1979 年到 20 世纪 80 年代中期

如前所述，随着中国打开国门，经济学伴随着外国产品和设备输入中国。不过，1979 年到 20 世纪 80 年代中期，少量的古典经济学著作和教材在中国翻译出版或再版，主要不是作为学术产品引进的，而是作为批判的反面材料引进的。经济学课程虽然在北京大学、中国人民大学、复旦大学、武汉大学等少数一流大学开设了，但是课程的名称通常是"资产阶级经济学批判"，其内容主要是评介经济学流派。这个阶段在中国大学的经济学教学和研究中，主要还是把包括古典经济学在内的西方经济学作为资产阶级庸俗经济学、作为批判的对象来讲授，当时对西方经济学的总体评价是：西方经济学是一种为资本主义制度辩护的、掩盖资本主义基本矛盾的资产阶级庸俗经济学，是反马克思主义、反社会主义的意识形态，它整体上是错误的，只是其中个别概念和一些方法是有用的，因此我们对西方经济学只能是在总体否定的基础上批判地借鉴。但毕竟是进入了改革开放新时代，这个阶段中国学界对西方经济学的评价与改革开放前有所不同，评价西方经济学的用词用语在悄悄地发生变化，一些学者开始用委婉的语言肯定西方经济学的有用性和可借鉴性。

在这个阶段，中国经济学界的基本共识是：西方经济学不能作为中国特色社会主义现代化经济建设的指导思想，但是不能否认其中的有些方法、理论和政策主张的有用性。

（二）评论与借鉴相结合的阶段：20 世纪 80 年代中后期到 90 年代初期

1984 年 10 月中共十二届三中全会通过了《中共中央关于经济体制改革的决定》，提出了社会主义经济是以公有制为基础的有计划的商品经济。由计划经济转轨到有计划的商品经济，由过去把商品经济视作资本主义的专属经济体制转向承认并建立社会主义（有计划的）商品经济，这既是中国经济体制的重大转轨，也是中国主流思想意识的重大转向。经济体制和思想意识这两个转向带动了中国学界对西方经济学态度的转向。

这个阶段中国翻译出版的经济学教材和著作越来越多，由中国学者编写的经济学教材、中国学者介绍西方经济学的文章也越来越多，开始注重系统地介绍、评论经济学流派、理论和方法，并强调要注意借鉴和吸收经济学中对我们有用的内容。在这个时期，中国经济学者对西方经济学所持的态度总体上是认为西方经济学具有两重性：庸俗性和有用性；西方经济学中庸俗的内容是需要我们加以批判、否定和抛弃的，而其中有用的内容是需要我们借鉴、吸收和采用的。

在这个阶段，中国经济学界对西方经济学的借鉴和应用主要表现在两个方面：一方面是大量介绍、研究和运用西方经济学的产权理论和新制度经济学的其他理论；另一方面是借鉴和应用凯恩斯主义宏观经济理论和政策，建立中国的宏观调控体系，进行宏观调控实践。

（三）以应用为主的阶段：20世纪90年代中期以来

1992年1月18日—2月21日邓小平视察武昌、深圳、珠海、上海等地并发表重要谈话（"南方谈话"）以后，中国的改革开放步伐大大加快了。1992年10月中国共产党第四次全国代表大会确定我国经济体制改革的目标是建立社会主义市场经济体制，1993年11月中共十四届三中全会通过了《中共中央关于建立社会主义市场经济体制若干问题的决定》（以下简称《决定》）。邓小平的"南方谈话"和中共十四届三中全会的《决定》标志着我国的经济体制将由有计划的商品经济转变到社会主义市场经济体制，同时要建立与这个经济体制相适应的微观基础和宏观调控体系。这种经济体制转轨的需要激发了中国经济学界进一步研究、介绍和应用西方经济学的热情。

西方经济学的理论和政策的主要内容正是西方发达国家的市场经济实践和经验总结的产物。中国既缺少市场经济实践，也缺少市场经济理论，西方经济学正好可以供我们学习、研究和借鉴。在这个阶段，中国政府制定的改革开放措施和经济政策似乎越来越多地借鉴和参考了西方经济理论。

阅读材料

1. 陈其人. 论"经济人"和利己与利他：兼论"斯密难题"的产生原因 [J]. 当代经济研究，2003（1）：24-28.

2. 仲伟民. 亚当·斯密的《国富论》与中国 [J]. 河北学刊，2003（2）：166-170.

问题与讨论

1. 如何理解斯密的"看不见的手"这一基本思想？
2. 评述李嘉图的比较优势贸易理论。
3. 如何评价边沁的"功利主义"？
4. 评述穆勒对于生产法则和分配法则的区分。
5. 简述古典经济学在中国的传播历程。

参考文献

[1] 魏丽莉. 经济思想史 [M]. 北京：机械工业出版社，2019.

[2] 赖建诚. 经济思想史的趣味 [M]. 杭州：浙江大学出版社，2011.

[3] 彼得·斯拉法. 大卫·李嘉图全集 [M]. 胡世凯，译. 北京：商务印书馆，2013.

[4] 姚开建. 经济学说史 [M]. 北京：中国人民大学出版社，2021.

[5] 张旭昆. 经济思想史 [M]. 北京：中国人民大学出版社，2017.

[6] 杨春学. 西方经济学在中国的境遇：一种历史的考察 [J]. 经济学动态，2019（10）：11-23.

[7] 方福前. 引进西方经济学 40 年 [J]. 教学与研究，2018（12）：67-79.

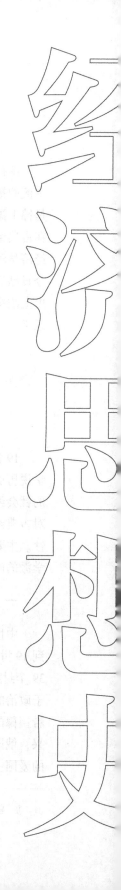

第四章

古典经济学的反对派

奉行自由主义的古典经济学，在英国和法国取得了巨大成效，成为当时主流的被奉为圭臬的经济学流派。对于强大起来的资本主义国家，自由贸易是锦上添花，可对于积贫积弱的国家来说却并非雪中送炭。为寻求自立自强，在古典经济学和后来的新古典经济学盛行之时，出现了一些与之背道而驰的经济学流派，并在大国崛起富强中起到了指导作用。虽然这些思想流派时至今日已经被时代所湮没，但不可否认的是它们曾经的辉煌以及作为经济思想史上浓墨重彩的一笔，甚至对现今中国经济的发展仍然有着参考和研究的意义。

第一节　德国历史学派

19 世纪 40 年代，在四分五裂的德国诞生了与古典经济学截然相反的经济学说历史学派，反映了当时的德国渴望复兴变强的强烈民族愿望。随后在新的社会经济条件下形成了新历史学派，成为德国的主流经济学派。该学派反对古典经济学主张的自由竞争、自由贸易等，突出强调国家干预经济的必要性。主要代表人物有：先驱者李斯特、旧历史学派奠基者罗雪尔以及新历史学派的施穆勒和韦伯。

一、形成背景

中世纪的德国可谓内忧外患，对内，拿破仑战争之后德国四分五裂，直到 19 世纪上半期仍是一片分裂疆土，在总共几十万平方千米的土地上盘踞着 39 个封建邦国，境内关卡林立，度量衡五花八门，流通货币形形色色[①]；由于政治的分裂，经济发展受到严重阻碍。对外，欧洲强国虎视眈眈，奥地利希望德国维持衰落和分裂的状态，英国希望强大的普鲁士王国阻碍法国的复兴，俄国则想趁机圈占领土。在此情势下德国人民渴望统一，并激发了强烈的爱国主义和民族主义。最终，在铁血宰相俾斯麦的带领下，1871 年德国完

---

① 靳艳. 德国政府与 19 世纪后期德国经济的高速发展 [J]. 甘肃社会科学，2000 (1)：71-72.

成统一。

普法战争结束之前，德国对内没有统一的经济制度、货币政策和流通体系，对外则缺乏统一的关税制度和贸易政策①。不同的社会历史背景，必将催生出不同的社会、经济制度。企业的竞争和自由，这些在古典学者的经济分析中认为是理所当然的事情，在德国却受到了严格的限制。由于大的官僚机构管理和统治着德国经济生活的方方面面，所以公共管理科学得到了极大发展。英国的理论显然不适合德国的形势。在质疑英国古典经济学思想的历史实用性的过程中，历史学派维护了德国的生活方式并使之合理化②。

二、历史学派的四个基本原则

政治上四分五裂，经济上封建农奴制占统治地位，资本主义发展落后，自利的社会各方相互冲突，只有强有力的政府才能调和。对于当时的德国，其历史课题主要在于如何促进德国的统一、发展本国的资本主义。这也就决定了德国经济学理论一开始就强调政治经济学要以历史为依据，反对英国古典政治经济学自由主义意识形态和抽象演绎法，从而使德国历史学派成为第一个基于经济史的经济学流派。德国历史学派的经济学思想有四个基本原则。

（1）将演进的方法应用于经济学。

历史学派从动态的、演进的角度对社会进行研究。它主要着眼于累积发展与增长的研究。社会在不断发生变化，因此，与某一个国家在某一个特定时期相关的经济思想不一定与另一个国家或者另一个时期相关。

（2）强调政府的积极作用。

历史学派是民族主义的，如果社会是研究的中心，是动态运动的驱动力量，那么是社会与国家而不是个人将占据这个发展时期的中心地位。在德国正是国家扶持了工业、交通与经济增长。在为统一经济辩护的过程中，很容易培养出狂热的国家民族荣誉感。历史学派突出了国家干预经济事务的必要性。

（3）归纳历史方法。

历史学派强调将经济学作为一个整体，依据历史的发展来进行研究。因为经济现象和其他社会现象是互相依赖的，政治经济学只有与其他社会科学的分支结合在一起，才能得到充分的讨论。历史学派进行了大规模地归纳研

① 魏丽莉. 经济思想史 [M]. 北京：机械工业出版社，2019.
② 斯坦利·L.布鲁. 经济思想史 [M]. 7版. 邸晓燕，译. 北京：北京大学出版社，2008.

究，使用初级的原始资料，研究变革的社会制度。

（4）提倡保守的改革。

历史学派认为，政治经济学不仅是分析产生经济行为动机的科学，也是衡量和比较这些行为及其产生后果的道德价值的科学。这门科学必然会确定适当的生产标准和财富的分配办法，以便满足公平与道德的要求。他们认为，应该委托德国联邦政府为"普通人"改善环境，当国家维护了工厂劳动者的健康、福利与效率时，就会增进这些劳动者对国家的忠实程度①。

三、历史学派先驱：弗里德里希·李斯特

弗里德里希·李斯特（Friedrich List，1789—1846年）出生于德国一个皮鞋匠家庭，从小官吏升任副部长，因观念不同，被迫离职，开始辗转于美国、德国与法国，一生颠沛流离。1846年，在疾病与绝望中饮弹自尽。在他有生之年未能看见德国的统一与强大，但他的经济学思想，成为德国统一和崛起的理论武器。

在李斯特时代，英国因为工业革命而取得了相

弗里德里希·李斯特

对于世界其他国家和地区的工业优势，英国古典经济学家李嘉图主张通过自由贸易来形成一种固化英国工业优势的国际分工："葡萄酒得以在法国和葡萄牙酿制，谷物得以在美国和波兰种植，而金属制品和其他商品得以在英国生产。"② 因此，对19世纪初世界上的诸多国家来说，在大英帝国打造的自由贸易制度框架下，发展工业并非一个必要选择，也非一个必然选择。从这个角度说，李斯特并不从原则上反对自由贸易，他反对的是发达国家在自由贸易中利用不对等优势压制后发展国家的产业升级。他支持农业国家发展工业，李斯特认为工业可以使人类更好地利用资源来创造财富："工业可以使无数的自然资源和天然力量转化为生产资本。……农业国家自己建立了工业以后，就会使原未完全搁呆不动的天然力量有活跃的机会，使原来全无价值的自然资源成为宝贵的财富。"③ 他鼓励后发展国家树立追赶

① 斯坦利·L.布鲁. 经济思想史 [M]. 7版. 邸晓燕，译. 北京：北京大学出版社，2008：154-155.

② 大卫·李嘉图. 政治经济学及赋税原理 [M]. 周洁，译. 北京：华夏出版社，2005：94-95.

③ 费里德里希·李斯特. 政治经济学的国民体系 [M]. 陈万煦，译. 北京：商务印书馆，1961：212-213.

英国的信心："英国以外任何别的国家……看到英国在工业、航运和商业方面
的进步，不必感到气馁，它们也可以急起直追，取得与英国同样的工业优
势。"① 而当这些国家与英国的工业差距消失后，李斯特就主张它们应进行互
利互惠的自由贸易，因为自由贸易的"无所限制的竞争"能使人们"在精神
上不致松懈"。②

　　李斯特的政策主张来源于历史经验，这也是他被视为德国历史学派先驱
的原因。历史案例是李斯特研究的起点。李斯特建议后发展国家采取保护性
关税等手段培育本国工业，为了论证这一政策建议的合理性，他从逻辑上区
分了财富与创造财富的能力，认为创造财富的能力比财富本身重要，而这种
能力在后发展国家是欠缺的，需要以政策手段加以培育。李斯特用"交换价
值"和"生产力"等抽象概念抽取了历史经验蕴藏的逻辑机制，这就构建了
经济学理论。与古典经济学演绎性的理论相比，李斯特采用归纳法来构建理
论，抽象程度没有那么高，但他的论著并未止步于叙述历史事实，相反，他
花了大量笔墨用当时已有的经济学术语与其他学者辩难。这使李斯特将重商
主义促进工业发展的历史经验，抽象化为一种动态的生产能力决定国家兴衰
的理论。李斯特称其理论为生产力理论。

四、旧历史学派

　　威廉·罗雪尔（Wilhelm Roscher，1817—1894
年）是"旧历史学派"的奠基人之一。他出生于一
个高级法官家庭，1840 年开始在大学任教，1843 年
出版的《历史方法的国民经济学讲义大纲》被视为
历史学派诞生的宣言书。罗雪尔被认为是德国旧历
史学派中理论成就最高的代表，他是一名纯粹的学
院派学者，一生在大学里授业解惑。他著述颇丰，
内容涉猎广泛，包括历史学、政治学、政治经济
学、经济思想史、经济史等。

威廉·罗雪尔

　　罗雪尔主张把经济发展及其规律作为国民经济学研究的出发点。他写道：

---

　　① 费里德里希·李斯特. 政治经济学的国民体系 ［M］. 陈万煦，译. 北京：商务印书馆，
1961：189.

　　② 费里德里希·李斯特. 政治经济学的国民体系 ［M］. 陈万煦，译. 北京：商务印书馆，
1961：118.

"我们把国民经济学理解为有关国民经济或国民经济生活发展诸规律的学说。"① 在这里，罗雪尔实际上从两方面给出了经济发展的定义：其一是他所说的"增进国家富强"，即"对财产的维持、增加和利用的持续行为"②；其二是同国民经济发展相联系的国民生活的构成，即他特别提到的 7 个部分：语言、宗教、艺术、科学、法律、国家和经济。至于规律的含义，罗雪尔认为是指某种类似性，"各个国民发展中的类似性，可归结为一种发展规律"③。而事物是发展变化的，因此经济规律只有相对性。鉴于各个国家、民族与时代的差异性以及事物具有相互联系的特点，故只有用综合、归纳的方法来研究经济现象才能有所收获。

罗雪尔最主要的贡献在于第一次把萨维尼在法学研究中应用的历史方法引入经济学研究领域，为历史学派奠定了方法论基础。历史方法论具有以下特征：首先，国民经济学的主要目的在于描述和说明一切经济生活的现在和过去的事实。他认为国民经济学的研究只有与法律史、政治史和文化史紧密联系起来，才能对经济生活作出完整的说明。其次，国民经济学不以研究现在的经济状况和单个的国民为满足，而必须结合过去的情况和国民整体进行研究，以获得启示和教训。最后，历史的方法不轻易颂扬一种经济制度，也不轻易否定一种经济制度，因为没有哪一种经济制度对所有国民和一切文化阶段是完全有益的或者完全有害的。

以罗雪尔为代表的旧历史学派试图补充古典理论，而新历史学派却希望用历史研究和政策意见来取代古典理论。虽然罗雪尔在年轻时反对古典学派的经济思想，但是他自己的思想理论仍然建立在这些思想的基础之上。这是"新历史学派"谴责旧历史学派创建者的根据所在。

五、新历史学派

新历史学派是在德国统一并逐步完成工业化的过程中出现的。1871 年由于普鲁士完成了德国的统一，其民族主义处于最旺盛时期。这时其历史观开始服膺于普鲁士德国的社会现实，消极于自由主义，深深认同于普鲁士的封建专制体制，并将为其辩护和谏言视为己任。这时德国的历史观发展到了顶

---

① ROSCHER W. System der Volkswirtschaft [M] //Erster B. Die Grundlagen der Nationalikonomie, Stuttgart and Berlin: Cotta, 1922: 42.

② W. 罗雪尔. 历史方法的国民经济学讲义大纲 [M]. 朱绍文，译. 北京：商务印书馆，1981: 13-14.

③ W. 罗雪尔. 历史方法的国民经济学讲义大纲 [M]. 朱绍文，译. 北京：商务印书馆，1981: 12.

峰，并与民族主义牢牢地结合在一起。在方法论上，用所谓"历史的统计"的方法来代替旧历史学派的"历史的生理学"方法，即用统计学的方法来分析经济，得到统计意义上的规律和结论。新历史学派更加强调心理、宗教、道德和法律以及超阶级国家的作用等因素对经济的影响。

古斯塔夫·冯·施穆勒（Gustav Schmoller，1838—1917 年）是新历史学派的重要代表人物。他出生于官吏之家，1864—1882 年分别在哈雷大学、斯特拉斯堡大学、柏林大学任教，主讲政治经济学。从某种程度上说，施穆勒是一个"学阀"，他不仅教育了一代又一代的学生和政府官员，在学术界和政界有着巨大的影响力，并且身为贵族的他在大学职位候选人的认可上有着巨大的影响，以至其他经济学思想往往夭折，他甚至垄断了德国的经济学思想。

古斯塔夫·冯·施穆勒

施穆勒的经济发展观是在同早期新古典经济学家奥地利边际学派卡尔·门格尔（Carl Menger，1840—1921 年）的论战中形成的。论战的主题是归纳与演绎分析哪个更有效。施穆勒认为经济问题的分析必须运用历史方法，抽象演绎方法是不能取得任何成果的。"政治经济学的一个崭新时代是从历史和统计材料的研究中出现，而绝不是从已经经过一百次蒸馏的旧教条中再行蒸馏而产生的。"[1] 因此，政治经济学研究在于努力收集大量的历史和当前的资料。只有在大量收集资料后，经济学家才有可能应用归纳的方法得出若干结论。这些资料所能说明的，与其说是一国国民经济以及世界经济的一般生产过程，不如说是各个不同时代的经济制度和民族经济形态的特殊情况。

施穆勒继承并推进了李斯特和旧历史学派的国家干预学说，主张实行自上而下的改良主义实现整个社会关系的协调；并提倡国民经济学的道德理念，把生产、交换、分工、劳动、工资等经济范畴既看作经济技术范畴，又看作伦理心理范畴；他也因代表作《一般国民经济学研究》在学界获得了崇高的声望。

马克斯·韦伯（Max Weber，1864—1920 年）是新历史学派的另一位代表人物，他认为自己是施穆勒的思想后裔[2]。他同样持有民族主义或国家主义的经济政策立场，认为经济与国家的关系历来密不可分。韦伯的重要发现是

---

① 施穆勒. 政治和社会科学文献史［M］. 北京：人民出版社，1975：278.
② 斯坦利·L. 布鲁. 经济思想史［M］. 7 版，邱晓燕，译. 北京：北京大学出版社，2008：162.

将资本主义兴起的原因指向了宗教，认为新教主义导致了资本主义的产生。新教的教义如勤勉、诚实等降低了经济组织的运行成本，禁欲主张则通过强制储蓄实现资本积累，从而有助于增加财富。但韦伯的反对者则不认同这一单向关系，他们认为更适合商业活动的新教主义是顺应了正在兴起的资本主义的要求才产生的。然而，由于新教主义与资本主义兴起之间存在着复杂的关系，其因果关系一直难以厘清。

一般而言，德国历史学派包含以李斯特为代表的先驱，以罗雪尔为代表的活跃于19世纪中叶的老一代，以施穆勒为首的在19世纪后期如日中天的年轻一代，之后随着施穆勒的去世而终结。在当代西方的标准经济学史教科书中，德国历史学派一般不会被单独给予章节，这在一定程度上是因为该学派并不具有纯粹的经济学色彩，而是一个综合了经济学、历史学、社会学、文化学的跨学科知识体系。由于众多经济学家普遍吸收了该学派的部分思想，德国历史学派的经济思想逐渐被边缘化，一度淡出历史舞台。但是对于当时的德国来说，历史学派的思想是使德国依靠国家力量走跳跃式赶超道路，迅速成为欧洲强国的理论支撑，并在美国国土上落地生根，对美国经济发展产生重要影响。

第二节　美国制度主义学派

美国制度主义学派是20世纪初在美国本土发展起来的一个经济学流派，作为新古典经济学的批判者，他们抛弃了理性经济人的形象和新古典经济学两个核心概念：在给定和已知约束条件下进行最优化意义上（狭义）的理性概念；以及均衡的概念。他们将制度作为应对不完全信息和不确定性的一种途径。其代表性经济学家主要有凡勃伦、康芒斯、米切尔、加尔布雷斯等。

一、形成背景

美国内战结束后，美国经济社会各方面都表现出不同于英法等欧洲国家的特征。在经济方面，美国经济进入高速增长期，在19世纪末其制造业产值跃居世界第一。随着制造业规模的扩大，企业发生兼并浪潮，美国经济逐渐被垄断组织所支配。一方面是大规模生产以及随之而来的垄断；另一方面是政府对垄断的管制，使得自由竞争的信条在美国社会得不到普遍的认同。与经济高速增长和垄断相伴随的是各种严重的社会问题的产生：整个社会的贫富分化、农民境况的恶化、道德沦丧、激烈的劳资冲突。

面对这些社会问题，英、法传统的古典经济学不能给出令人满意的解决办法，甚至在古典经济学体系中根本没有涉及这些问题。面对这些问题，在经济学界，一部分人坚持英法古典传统，比如邓巴（Charles F. Dunbar，1830—1900 年）以及稍后的陶西格（Frank W. Taussig，1859—1940 年）；另一部分人成为刚刚兴起的边际主义的支持者，比如纽科姆（Simon Newcomb，1835—1909 年）以及后来的克拉克（John Bates Clark，1847—1938 年）、费雪（Irving Fisher，1867—1947 年）。无论是古典经济学，还是边际主义，在美国现实面前多少都显得有些无能为力。于是大批青年经济学家来到德国，跟随历史学派的晚期代表人物学习经济学。其中最有代表性的是伊利（Richard T. Ely，1854—1943 年），他曾是凡勃伦和康芒斯的老师，他坚信归纳法比演绎法优越。学成归国的年轻人们并没有完全照搬历史学派的学说，他们把历史学派的方法和理论与美国的实际结合起来，与德国历史学派相比它并不是国家主义的，而是更加自由和民主的，形成了美国特色的经济学。美国自己的经济学——制度主义，正是在这样的背景下诞生。①

二、凡勃伦

托斯丹·邦德·凡勃伦（Thorstein Bunde Veblen，1857—1929 年）出生于美国威斯康星的农场，是挪威移民的后代。他家境贫苦，但言辞犀利、性情乖僻。他在卡尔顿高等专科学院完成了本科教育，并师从约翰·贝茨·克拉克学习经济学。在约翰·霍普金斯大学期间，凡勃伦师从举世闻名的哲学家和美国实用主义的创始人查尔斯·皮尔斯（Charles Peirce，1839—1914 年）学习哲学，他还师从美国经济学会的创立者、杰出的经济学家理查德·伊利研修政治经济学。在耶鲁大学，他跟随社会达尔文主义者威廉·格雷厄姆·萨

托斯丹·邦德·凡勃伦

① 张林，徐颖莉. 美国本土经济学的多元时代及其终结 [J]. 经济学动态，2010，598（12）：114-120.

姆纳（William Graham Sumner，1840—1910 年）研究哲学，并于 1884 年获得了哲学博士学位。① 因此他的制度经济理论一经问世，就因与主流经济学根本对立而独树一帜。

凡勃伦的制度学说与德国历史学派渊源甚深，并在一定程度上受到了马克思的影响。但他的基本理论依据，则是 19 世纪职能主义心理学关于人的本能的学说。凡勃伦认为，以往的经济学均发端于边沁的苦乐主义心理学，把人归结成了"快乐与痛苦的计算者"或"一堆性质相同的快乐欲望的血球"。这种假设与新的心理学成果不符，更与现实相悖。其基本前提既然不成立，整个理论体系也不可能正确。凡勃伦反对那种世事变迁有"渐入佳境的趋势"之说，认为经济能自动趋向均衡的传统理论体系无法解释经济成长、变化和累积作用的过程。因此，应该把人类生产借以实现的各种制度作为经济学的研究对象，从制度分析出发来构建经济理论体系。

制度从何而来？凡勃伦在其名著《有闲阶级论》中提出："制度实质上就是个人或社会对有关的某些关系或某些作用的一般思想习惯。"而思想习惯则由人的本能产生。本能决定了人们行为的目的和动力，行为形成思想习惯，思想习惯的积淀构成制度。反过来，制度实现由本能决定的目的，并对人们的行为产生影响。具体说来，贯穿人类社会始终的有两类基本制度：一是财产所有权或金钱关系，二是满足物质生活的生产技术。前者源于人的"虚荣本能"，后者源于人的"作业本能"。到了近现代，这两类制度的具体发展形式是"企业经营"与"机器利用"。这两种制度彼此对应，但以企业经营为制度的主导方面。由于企业需要运用价格获取利润，凡勃伦又把资本主义制度称为价格体系，把价格视为资本主义市场经济的枢纽。由此可见，凡勃伦的制度分析最终仍可归结为心理分析，从而可以说是与排斥制度分析的新古典经济学殊途同归的。但区别是，在凡勃伦的本能—制度链环中，天赋理性已被贬低为一种达到目的的手段，其重要性已被天赋本能所取代。因为对思想习惯的心理分析会广泛牵涉生物学、人种学、文化史、自然历史等多种辅助学科，制度经济学就具有跨学科研究的"开放"特性，进而制度就被归结为一系列经济、社会、文化活动的综合产物。

凡勃伦的又一理论依据是社会达尔文主义。如果说他用心理学来解释制度的性质和来源，进化论就被他用来说明制度的演进。凡勃伦的制度演进思想主要有：

---

① 魏丽莉. 经济思想史［M］. 北京：机械工业出版社，2019.

①制度随环境变化而变化，并随个人思想习惯的变化实现。但由于思想习惯，进而本能不可能发生根本变化，制度只能有渐进的量的改变，亦即演进，并无质的变化。

②制度的演进不可预期，它没有任何指向性，也没有始点与终点，而仅仅是一种因与果的联结。

③在技术—制度关系中，技术是动态因素，制度是静态因素，技术起决定作用。而二者的冲突则决定了制度的演化和整个社会结构的变化。

这与诺思（Douglass C. North，1920—2015 年）后来的制度决定论观点是截然不同的。

三、旧制度主义学派

凡勃伦是公认的美国旧制度学派创始人，韦斯利·克莱尔·米切尔（Wesley Clair Mitchell，1874—1948 年）是他的得意门生。他因 1913 年出版的《经济周期》而成名。他的经济周期理论主要有以下四个论点。①

①经济波动出现于货币经济之中。米切尔并不倾向于将危机和萧条看作是资本主义的一种弊病，而是倾向于将它们看作是通过货币手段进行经济活动的社会中出现的一个问题。

②经济周期广泛分布于整个经济之中。企业之间有很强的相互依存性，所以经济周期不仅表现在集体活动中，而且还会扩散到整个经济体系。企业被各种工业、商业和金融活动联系捆绑在一起，所以没有一个企业会在走向繁荣或衰退时不影响其他企业。信用的增长提高了企业在金融方面的相互依存程度。伴随着其全部相互关联的各种关系，共同商业组织的扩展将许多名义上独立的企业组织成利益共同体。这种联系也是经济活动的加速或放慢能够从经济中的一个部分扩展到其他部分的通道。

③经济波动取决于利润的前景。除危机时期外，经济波动与预期利润关系密切。只有当一个企业可以长期获取利润时，它才能通过制造产品来为社会服务。服务从属于获取利润，并不是植根于企业家唯利是图的动机，而是货币经济的一个必然结果。一个忽视利润、具有公德心的企业家必将会破产。只有政府和慈善组织才能够不以盈利为目的地提供服务。预期利润与过去的利润或损失相比更加重要，因此企业会更加向前看而不是向后看。未来利润的前景在决定企业扩张的方向方面具有决定性作用。在预期利润最具吸引力

① 魏丽莉. 经济思想史［M］. 北京：机械工业出版社，2019.

的那一个经济周期阶段上，投资达到其最高点。因此在企业经济中，对经济波动的描述必须主要涉及经济活动的货币方面。

④经济波动是由经济系统本身所引起的。经济波动不是由轻微和偶然平衡破坏所导致的，而是由经济系统本身所引起的。经济波动不是一个较小的或意外的均衡的中断，相反它是经济本身运转的一个内在部分。随着经济周期的每一个阶段演变到下一个阶段，经济本身逐渐进行累积性变化。

凡勃伦不只是一个经济周期理论家。实际上他的经济周期研究有一个更广阔的基础，是从他关于动态学的观点中发展起来的。米切尔相信，经济周期分析为确定现代货币经济的性质和功能提供了一个更广阔、更实际、更有力的方法。最重要的是，他感觉到这种过程模式能够为对经济实行有序的社会控制提供手段。在这种过程模式中，如果能包括对心理学的、历史的以及数量素材的检验，这些研究将更为有效。他认为人的反应、本能、能力和倾向由于日常生活而固定下来。但是人类发展了更有效的使用天赋的方法，赋予了它们制度上的特征。正是社会习惯的变化或者制度的变化使得现在的行为不同于过去。[1]

约翰·罗杰斯·康芒斯（John Rogers Commons，1862—1945 年）是旧制度学派的又一位重要的代表人物。他的《制度经济学》是第一部系统性的制度经济学著作。康芒斯师承凡勃伦，高度重视历史演进，并把制度视为社会经济进化过程的动力。不过他的制度理论已与凡勃伦有了重大的差别。康芒斯的创新之处在于，他是从人与人的社会关系，尤其是产权关系为出发点来构建他的制度经济理论、对市场经济的演进加以研究的。他认为，必须克服仅

约翰·罗杰斯·康芒斯

从人与自然的关系为基础建立经济理论的片面性，深入考察相互依存又有冲突的人与人之间的关系。

"交易"一词在康芒斯的理论中具有特别重要的意义，也是他进行制度分析的基本单位。他指出："交易是一种所有权的关系——人与人之间的关系。"[2] 交易分为三种类型：①买卖的交易，即平等人之间进行的交易（他认

① 张林，徐颖莉. 美国本土经济学的多元时代及其终结 [J]. 经济学动态，2010，598（12）：114-120.

② 约翰·康芒斯. 制度经济学 [M]. 于树生，译. 北京：商务印书馆，1962.

为这源于凡勃伦所说的"金钱利得心")。②管理的交易，即上下级的命令服从关系（他认为这源自凡勃伦所说的"作业本能"）。③限额的交易，即有权力者达成协议的谈判（如产量或价格限额的谈判）。这种区分把交易这一概念泛化为"经济社会的一切活动"，为后人分别开展市场交易关系和组织内部的交易关系的研究提供了宝贵的启示。新制度经济学中的重要概念"交易成本"得以泛化为制度成本的一般概念，不能不说与康芒斯对交易的分类有关。①

四、新制度主义学派

自 1936 年凯恩斯《就业、利息和货币通论》出版直到 20 世纪 60 年代中后期，凯恩斯主义盛极一时。而制度学派的影响曾一度大大减弱。但是 20 世纪 60 年代末以后，在主要资本主义国家，一方面，科学技术日新月异，经济迅速发展；另一方面，生产过剩的经济危机更加频繁，社会矛盾愈来愈尖锐，改革制度的呼声甚嚣尘上。② 其中约翰·肯尼斯·加尔布雷斯（John Kenneth Galbraith, 1908—2006 年）是最著名的代表人物，他的思想

约翰·肯尼斯·加尔布雷斯

十分具有代表性和影响力。从总体上来看，加尔布雷斯的主要著作既包括了对新古典经济学思想的批判，也包括了对现代资本主义的分析，几乎所有制度学派的特点在他的著作中都有所反映。在关于现代资本主义的整体理论中，有几个特别的理论对正统经济学提出了挑战。其中特别重要的两个理论是他的"依赖效应"的概念和他的企业行为理论。

按照加尔布雷斯的观点，"较高的产出水平仅有一个较高的欲望创造水平，这使一个较高的欲望满足水平成为必要。有许多场合我们可以看到欲望取决于满足欲望的过程，将其称为依赖效应是恰当的"。③ 现代资本主义为大公司所主导，其主要特点是充满了人为的欲望，这些欲望是公司计划和巨额广告的产物。加尔布雷斯否定了新古典主义的需求理论所强调的消费者的至高无上和欲望给定说，他认为是生产者决定了应该生产什么并因此塑造了消

---

① 张克难. 对美国制度学派理论和方法论的几点评述 [J]. 复旦学报：社会科学版，1998 (2)：32-36.

② 陶一桃. 制度经济学派的形成与兴起 [J]. 特区经济，2000 (12)：55-56.

③ JOHN K G. The Affluent Society [M]. London：Penguin，1958.

费者的偏好，即生产者生产某种产品，再通过广告和推销术来诱惑消费者购买这些产品。消费者的欲望在很大程度上是由别人为他设计出来的。这早已意味着欲望借以满足的过程也就是欲望赖以创造的过程。满足的欲望越多，更多的新欲望又会产生。

在对现代资本主义经济结构的分析中，他认为现代经济由两大部分构成：市场体系和计划体系。市场体系是分散的经济，由小企业和个体经营者所组成，该体系中的主体无权控制价格，也无法支配消费者，受市场力量支配，由市场波动决定其价格；计划体系是有组织的经济，由大公司组成，有权力控制价格，支配消费者，实行计划生产和计划销售。新古典经济学通过假设企业最大化其利润来更好理解企业行为和业绩，在加尔布雷斯看来，市场系统处于现代经济的边缘，而计划体系才处于现代经济的中心，但新古典主义的理论分析仅仅适合于市场系统的分析主体。与凡勃伦和米切尔的观点相同，加尔布雷斯也意识到在现代经济中发挥政府职能的重要性及必要性，以确保有效竞争。

五、制度主义学派的理论特点

美国制度主义学派并没有一个统一的主体理论，不同的学者往往自成一家。他们之所以能在制度主义的旗帜下集结起来，主要是因为都接受并采用了凡勃伦留传下来的方法论，即"演进的方法"和"整体的方法"。在这个意义上讲，美国制度主义学派就是继承了"凡勃伦传统"的制度经济学派。因为这一点，它与主流经济学长期对立，被视为异端。但也正因如此，它才与以科斯等人为代表的新制度经济学区分开来。

（1）对"经济人"持批评态度。

制度主义学派认为新古典主义的完全竞争体系，连同其洁白无瑕的"经济人"，是科学想象的功绩，不是对事实的有力表现。新古典经济学失败的根本原因，在于它那种非历史的、简化的"经济人"人性观，因此提出"社会人"的概念，以取代新古典主义的"经济人"。他们认为，经济学应该把注意力从对个人、家庭、企业的研究转向作为演进过程的社会整体系统。系统整体的经济理念在方法论上可以被转化为一种结构功能主义的分析方法（包括权力结构、利益结构、企业结构、文化心理结构等）。

（2）关注制度。

制度主义学派认为经济学是一门进化论的科学，社会经济的发展和生物的发展一样，是一个过程，而这一"过程"实际是制度的发展过程。制度是广泛存在的社会习惯，社会习惯是逐渐形成的，所以制度本身有一个历史进化的过程。制度主义学派认为经济生活是受经济制度而非经济规律制约的。

（3）方法论上的历史主义和整体主义。

凡勃伦发展了一种基于永久演进的制度分析的经济学方法，他以人的本能和心理习惯为起点，以历史演进和整体分析为方法，确定了技术性制度和礼仪性制度在经济演化中的关键角色，并以此为基本模型，提出了社会制度的起源和演进机理，绘出了经济发展的动态历史图景，即技术性制度与礼仪性制度相互作用下的社会经济的发展过程。因此制度经济学涉及社会运作过程、社会关系和社会的所有其他方面。

第三节　后发国家经济学对中国经济发展的启示

一、德国历史学派与德国崛起

德国历史学派不仅对经济理论的发展产生了重要影响，更重要的是它在德国 19 世纪末的崛起中起到了重要作用，其理论无愧于强国富民的国民经济学。19 世纪，德意志从一个分裂的、落后的农业国迅速成长为强大的、世界领先的工业强国。19 世纪后期，德国仅用 30 年就完成了英国曾用 100 年时间完成的工业革命，这与德国的国家发展战略是分不开的。在经济思想史中，亚当·斯密与弗里德里希·李斯特已经成为两种经济学的代名词，即分别代表了世界主义经济学与国民经济学。进入 19 世纪后，斯密与李斯特两人的祖国——英国与德国，呈现出完全相反的景象：一边是经济发达的"世界工厂"，另一边是发展落后的农业国。李斯特的经济理论与古典经济学针锋相对，就是为德国赶超富有邻国寻找新的发展道路。他提出的"政治经济学的国家体系"是"国家创新体系"概念的先驱，强调了一国特有因素对经济发展与经济政策的巨大影响，并提出了落后国家在先进国家技术封锁条件下所应该采取的国家战略。

李斯特国家战略的基本要点包括以下几个方面：重视科学技术和"精神资本"；强调制造业与工业对整个国家经济发展的促进作用；通过贸易保护扶持民族幼稚工业的发展等。"工业是科学与技术的成果，也是科学与技术的支持者和保护者……这类科学方面的任何发展或新发现、新发明必然会使许许多多的工业操作获得改进或革新。"① 他认识到了投资新技术，引进国外先进技术与技术人员，发展教育和提高劳动力素质对一国生产力提高和工业化进步具有重要的意义。他认为国家是个人与人类的中介，由于生产力发展水平不均衡，落后国家的利益就会受到发达国家自由贸易政策的损害，因此落后国家对内应该采用积极的经济政策，引导经济的长期发展；对外应该实行贸易保护，培育一国的工业体系，他拒绝"自由放任"的经济政策。李斯特与古典经济学之间不仅是自由贸易与贸易保护政策之间的对立，他的其他主张对德国政策与思潮的形成都产生了巨大影响。李斯特的理论关键点在于他认为经济进步取决于"精神资本"的增加与国家生产力的增长。吸收和利用各种形式的创新、发现、改良的能力变得尤其重要。在引入先进技术的各种渠道中，发展教育与培训体系可将获取与扩散世界技术的过程常规化与系统化。德国一流的培养技工、技师、技术专家的制度被看成是德国迅速发展的关键。李斯特强调财富的非物质基础、制造业、科学技术与创新、经济增长具有系统性以及在发展水平相近的国家之间进行贸易，这些都是第一次世界大战前德、日、美等国经济政策的显著特点。李斯特经济学说对于德国、美国等后进国家在 19 世纪晚期的崛起具有极其重要的意义。正如《国富论》是英国前首相威廉·皮特的手边书一样，德国"铁血宰相"俾斯麦的手边书是李斯特的书。②

二、美国经济学派与美国崛起

19 世纪美国学派几乎指导了美国的崛起，但他们的理论过于乐观地看待经济中的收入分配问题，从而低估了企业垄断所带来的危害性。他们认为，只要采取了保护主义政策阻挡进口商品的冲击，使得国内的消费者只能消费国内的商品，那么，资本家为了获得更多利润，就有动力通过提高工人工资来提高劳动生产率，进而构建一套工资与生产率之间的正反馈机制，这样就可以自发实现工人和资本家之间的利益和谐，而生产率的不断提高将带来消费品价格的下降，继而整个社会的福利都将得以提升。因此，他们对 19 世纪70 年代以后开始普遍出现的企业合并浪潮置若罔闻，从而没有正视迎面而来的工业托拉斯问题。而事实是，随着美国各大产业都开始出现垄断，美国消

---

① 弗里德里希·李斯特. 政治经济学的国民体系 [M]. 蔡受百，译. 北京：商务印书馆，1981.
② 尹朝安. 19 世纪中后期德国经济的发展与制度创新 [J]. 德国研究，2003 (1)：43-50，79.

费者逐渐发现，只要托拉斯还受到高关税的保护，贸易保护主义就不会带来产品价格的下降。这些行业托拉斯可以通过操纵经济权力来影响政治，进而以提高关税的形式来增加垄断利润，效果远比原先依靠提高劳动生产率来降低单位成本的方式更为简单快速。正是在这样的背景下，1890 年的《麦金莱关税法》将平均进口税率提高至接近 50%，成为南北战争以后关税达到的最高水平。可以说这个时候的美国学派作为一种以保护性政策为手段而发展生产力的经济学说，已经名存实亡。

失去了鼓励和发展生产力的"灵魂"以后，美国学派原本主张的高关税政策，实际上沦为了由美国托拉斯们驱使的"吸血鬼"。随之而来的是社会贫富差距的急剧扩大，美国的工薪阶层成了最大的受损者，而他们的反抗直接推动了 1900—1917 年美国"进步运动"的爆发。在全社会的反垄断风潮中，原本就已经沦为垄断资本话语工具的美国学派，被愤怒的人们不加审视地扫入了历史的"垃圾堆"[1]。

制度主义的短暂主导与最终回归的自由贸易。美国学派退出历史舞台所留下的理论空白，引发了美国本土形成的制度主义与由英国重新引入的新古典主义之间的激烈竞争。在这一过程中，制度主义学派在美国相当长一段时间中占据着主导地位，原因在于：一方面，美国当局期望通过制度、法律、规则等非经济手段，进一步解决美国学派遗留下来的垄断、贫富差距过大、社会需求不足等问题；另一方面，为了适应战争与战后发展过程中产生的经济问题，需要强化国家在经济中的地位与作用。遗憾的是，虽然制度主义在价格管制、产业调控、公共基础设施建设、失业保险、劳动津贴和社会安全方面发挥了很大作用，但是制度主义并不能有效解决美国在"二战"中因战争需要不断扩张的工业产能，更不能解决美国在战后可能面临的因供给增长过快而产生的过剩问题。因此，"二战"的结束也促使制度主义被新古典主义所取代。而美国在两次世界大战中，确立了自身的全球经济霸权地位。而对于经济霸权所带来的经济理论的影响，英国经济学家霍奇逊是这样描述的，"一个全球性的经济霸权可能会促使这样一个观点，即它权威的经济理论和政策代表了对世界整体普遍使用的一般解决方法"[2]。这就意味着 1945 年以后的

① 周文，冯文韬. 美国经济思想演变历程及其对中国经济学构建的启示 [J]. 财经研究，2019，45（7）：17-30.

② 杰弗里·M.霍奇逊. 经济学是如何忘记历史的 [M]. 高伟，等译. 北京：中国人民大学出版社，2008.

美国，可以利用这种经济霸权带来的优势和便利来解决自身经济发展的问题，而传承了古典主义思想的新古典经济学理论恰好迎合了美国的现实需求。自此美国的贸易政策彻底转向了自由贸易，并开始如同 19 世纪的英国一般，向全球推广比较优势理论与自由贸易政策。

三、美国、德国经济学与日本崛起

日本的崛起，始于 19 世纪 60 年代末的明治维新。之后，日本就以十分迅猛的速度构建起一个现代化的民族国家。在此过程中，德国历史学派和美国学派的经济理论对日本的道路选择和经济社会发展起到强有力的助推作用。

1870 年，日本明治政府大藏省官员若山则一出版了宣传德国及美国经济政策主张的《保护税说》。这是德国历史学派经济理论在日本最早的传播。在书中他明确建议日本采用贸易保护政策。这本书得到当时日本政府实权人物大久保利通的赞赏和推广。时任日本政府大藏省少辅的伊藤博文曾在 1870 年末赴美考察财政金融，深受"美国制度"启发的他在 1871 年 2 月给日本政府的意见书中提出，保护主义才是最适合日本的政策取向。他的经济政策主张可概括为三个主要方面：贸易保护、国家银行制度、国内市场和社会完善。

1911 年日本取得了关税自主权，同时强力抵制外资对本国企业的挤压。这一时期，运用国家权力扶植资本主义生产关系对日本的经济发展具有重要影响。以国家直接投资为主导，以扶植本国企业为目的的产业移植和振兴运动，掀起了日本工业革命的高潮，通过引进先进技术和管理等手段，日本自上而下地建立起合乎现代化标准的经济制度。在伊藤博文的全力推动下，日本建立起独立自主的国家银行体系，为国家财政和工业化进程提供了坚强的资金保障。

日本从 19 世纪 60 年代末发起明治维新，到第一次世界大战，国家整体实力飞速发展，在几十年的时间里就获得了西方国家用两百多年才实现的产业革命和国家崛起的成功。通过对西方政治制度和价值观念的全面学习，同时奉行历史主义经济思想的经济体制和政策主张，日本迅速成为东亚地区最早发展起来的现代化强国。之后日本在掠夺邻国的基础上继续这种快速发展的势头，直到"二战"被打败。"二战"后，日本的经济再次迅速崛起。在这次崛起中，仍然能够从其保护主义的贸易和产业政策上看到鲜明的德国历史学派经济思想的影子。

"二战"后，在美国的大力扶持下，日本经济得以喘息并快速复兴，日本政府制定了外向型经济发展战略，利用国际经济发展态势，加入国际竞争体系。但同时，日本的马克思主义经济学的研究取得了举世瞩目的成就，以宇野弘藏为代表的宇野学派大大丰富了马克思主义经济学的内涵，不仅对日本战后的经济恢复和发展有着积极的促进作用，对中国早期马克思主义经济学的引入和传播也有着启蒙意义。①

四、韩国经济学思想的发展与演变

20 世纪 60 年代以来，韩国创造了 35 年间年平均经济增长率近 10% 的"汉江奇迹"，由一个落后的发展中国家快速跃入中等发达国家。作为后发国家的典范，韩国的经济学也经历了输入、传播和发展的不同阶段。自 19 世纪末由西欧传入，经济学在韩国的发展经历了西欧化、日本化、美国化、多元化等四个时期，与李朝末期、日本殖民时期、战后经济调整腾飞时期、新经济时期大体对应。②

1876 年日本强迫朝鲜签订《江华条约》，朝鲜被迫打开国门，经济学随之由欧洲传入韩国，朝鲜全盘接受西欧的经济学知识。同时由于日本的快速殖民进程，促使韩国加强了本土经济问题的研究。因此，除西欧的经济理论之外，留日学生还学习了日本学者对韩国经济问题的研究成果，使韩国的经济学研究从西欧化开始向日本化转型。这一时期的韩国经济学研究集中在基础领域，分析货币和财政等宏观调控政策，关注本国经济发展的现实问题，涉及工业、农业、林业等多个产业领域。

1910 年《日韩合并条约》签订后，韩国完全丧失国家主权，学术研究也随之失去自由。这一时期，韩国的经济学者几乎都是在日本培训出来的。1920 年，马克思主义和历史学派成为日本的经济学研究主流。虽然贸易保护主义和凯恩斯主义后来也被引进，但它们在当时的日本影响有限。韩国学生不得不在这两种日本的经济学传统中进行选择，由此出现了日本化和反日本化两种倾向。此时的韩国经济学以研究德国历史学派和马克思主义经济为主，为反抗殖民经济提供学术支持。

"二战"后日本战败，韩国独立，美苏争霸的格局对韩国经济学研究造成

---

① 谭晓军. 研究日本马克思主义经济学的意义 [J]. 马克思主义研究, 2011, 132 (6)：83-88.

② 刘文，焦佩，张丹. 经济学在韩国的发展与演变 [J]. 经济学动态, 2016, 659 (1)：151-159.

直接重要影响。韩国在马克思主义经济学和西方经济学之间左右摇摆，最终倒向美国阵营。韩国先搭乘 20 世纪 50—70 年代资本主义经济高速增长的黄金时期，后顺应 20 世纪 80—90 年代东亚经济腾飞的趋势，走出一条由国家主导的出口导向型经济发展道路。其经济学的研究也实现由日本化向美国化的转型，马克思主义经济学被完全边缘化。

韩国经济的起飞作为一种非正统的经济发展模式，与"二战"后特殊的国际国内环境分不开。国际上，世界正处于资本主义黄金时代，市场急剧扩张，技术进步也导致产业结构升级和产业转移，大量的过剩资本需要寻找出路，韩国的站队得到了资本主义列强的优待与扶植，东西方冷战的特殊环境也使韩国在出口市场上缺乏强大的竞争对手，这保证了较高的贸易利润和资本积累率，为韩国的工业化赶超提供了良好的外部环境；韩国国内，战后兴起的非殖民化运动，民族主义与国家主义的复兴，韩国民族的单一性，殖民历史的悲情记忆，国家分裂的现实刺激，都激起韩国民众强烈的民族主义与国家主义意识，这种意识形态有效地制约了个人机会主义行为，防止了政府失灵，由此韩国政府才能抓住有利的国际环境，采取灵活的发展政策纠正市场失灵，缔造了成功的韩国模式。

五、对中国经济发展的启示

德国历史学派的理论实践意义并非只适用于德国崛起，可以看到，战后美国的经济重振、日本的崛起以及韩国经济腾飞的背后都有着历史学派的身影，李斯特学说的创新意义自然是不言而喻的。其一，李斯特首先从后发国家角度研究了国家工业化的基本逻辑，并首先提出了对几乎所有后发国家影响都相当深远的所谓幼小产业保护论。虽然李斯特学说的创新性主要集中于贸易保护问题，但正是他所揭示的先进国家与后发国家在贸易上的利益冲突，才使得如何理解处于国际竞争之中的国家经济利益显得从未有过的重要。其二，在近代资产阶级革命以后，李斯特率先强调了国家在经济发展中的重要作用，并且将国家利益明确列为能够引导本国经济发展的重要因素。从李斯特那里人们看到的已不是自由放任表象遮掩之下似乎有些暧昧的国家，而是一个对工业化和经济发展施以直接影响并直接宣扬自己利益的国家。国家之间的利益冲突已经成为影响工业化进程的一个直接的不容讳言的重要因素。其三，李斯特学说奠定了从后发国家立场分析和研究国际经济关系和工业化问题的基础。从此，国家利益观和立场的不同导致了有关国际经济理论和政策持续百年的各式各样的争论乃至对立，如所谓发展中国家贸易条件恶化论、重建国际经济秩序说和进口替代战略等无不是从后发国家立场审视工业化中国际经济关系的结果。

而从德国和美国的崛起历程中，可以揭示经济史上卓有成效的大国崛起的经济学逻辑：首先，科技进步使报酬递增，即科技进步所形成的高创新率和高水平进入壁垒所产生的高附加值创造了较高的生产率增益，从而产生高质量的生产活动，而这正是一国国民财富和就业的决定性因素。其次，通过系统协同效应在全国范围内产生并扩散高质量生产活动创造的创新和生产率增益。最后，由国家创新体系为高质量生产活动保驾护航，从而实现经济崛起和社会和谐的双重效益。从工业革命时期的英国到战后日本和韩国的经济崛起，无不印证着这种逻辑在实践上的正确性。工业特别是制造业对于大国崛起起着至关重要的作用。

然而，自20世纪90年代后，国际分工和贸易由于信息革命发生了深刻变化——生产功能在地理上的分散。过去发展中国家只要抓住工业就可以获得高增长率和高就业率，甚至获得高创新率、高附加值、高工资和提高整个国民福利的系统效应的格局被彻底改变。高知识密集型活动和高研发投入等高质量生产活动发生在核心部件的制造上，正是发达国家专业化于报酬递增的高质量生产活动，而发展中国家则专业化于绝大部分是报酬递减的低质量生产活动。在这种情况下，发展中国家即使高技术乃至全部工业制成品出口飞速增长，也无法从根本上摆脱贫困的境地，企图通过依靠外国直接投资推动本国经济发展对发展中国家的危害更大。

一旦一个国家丧失了对高质量生产活动的控制权，那么不仅在自主创新上将举步维艰，而且将丧失通过系统协同效应产生高质量生产活动使其生产率增益普惠于报酬不变和报酬递减的行业以及提高全体国民公共福利的机会。实际上，以自由贸易、加入全球产业价值链和引进外国直接投资为核心的出口导向型经济，是美元霸权蓄意剥夺中国经济的战略安排，其目标就是达到掏空并最后控制中国经济的目的。因此出口导向型的经济发展模式无疑是自杀性的，"国际大循环经济发展战略"已经使中国经济越来越陷入难以走出的死胡同之中。① 历史经验说明，以内需为核心的内向型发展战略更适合发展中大国。党的十九届五中全会提出，要加快构建以国内大循环为主体、国内国

① 贾根良. 政治经济学的美国学派与大国崛起的经济学逻辑 [J]. 政治经济学评论, 2010, 1 (3)：101-113.

际双循环相互促进的新发展格局，以应对国内外变幻莫测的形势。

阅读材料

1. 尹朝安. 19 世纪中后期德国经济的发展与制度创新 [J]. 德国研究，2003 (1)：43-50，79.

2. 沈斐. 经济学史可否脱离经济史：19 世纪美国经济学派"失踪"的启示 [J]. 经济学家，2016，214 (10)：89-95.

问题与讨论

1. 德国历史学派是构建中国经济学的理想范式吗？
2. 如何理解美国学派的"失踪"？
3. 什么是系统协同效应？

参考文献

[1] 魏丽莉. 经济思想史 [M]. 北京：机械工业出版社，2019.

[2] 斯坦利·L. 布鲁，兰迪·R. 格兰特. 经济思想史 [M]. 7 版. 邸晓燕，等译. 北京：北京大学出版社，2008.

[3] 梁建洪. 历史学派国家主义经济思想话语体系的科学转换 [J]. 经济思想史研究，2022 (00)：32-49.

[4] 杨春学. 国家主义与德国历史经济学派 [J]. 社会科学战线，2020，300 (6)：35-46.

[5] 贾根良. 政治经济学的美国学派与大国崛起的经济学逻辑 [J]. 政治经济学评论，2010，1 (3)：101-113.

[6] 周文，冯文韬. 美国经济思想演变历程及其对中国经济学构建的启示 [J]. 财经研究，2019，45 (7)：17-30.

[7] 贾根良，黄阳华. 评发展中国家贸易保护还是自由贸易的新争论 [J]. 经济社会体制比较，2008，139 (5)：47-53.

第五章

马克思主义经济学

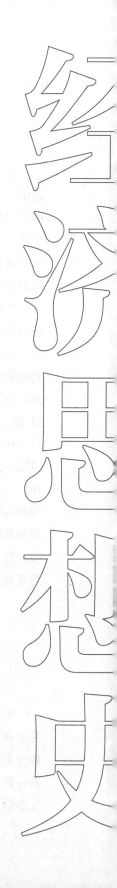

古典经济学体系建立以后，追随斯密的主流经济学家认为经济体制是和谐的，经济的良序运行只需要政府干预一部分甚至不需要政府干预。19世纪中叶以后，随着资本主义的进一步发展，对资本主义经济体制的批判声不绝于耳。古典学派的信条与政策受到了不同学派思想的批评和挑战，社会主义就是最具代表性的一支，他们否认古典经济学所认同的和谐性，并发现了其体制中的一些致命冲突。

社会主义的思想，特别是引入共同产权的呼吁，其根源可以追溯到早期的基督教思想，但直到19世纪上半叶，这些社会主义思想才真正获得了影响力，主要是因为在这一时期工业革命已经累积了相当多的社会怨恨。一是在利润最大化的指导下，资本家无所不用其极地掠夺、压榨、剥削殖民地奴隶与国内劳工；二是19世纪40年代农业歉收，史称"饥饿的40年代"，失业率超过10%，社会不公急剧上升。早期的空想社会主义学者，如法国的亨利·圣西门（Henri Saint-Simon，1760—1825年）、查尔斯·傅里叶（Charles Fourier，1772—1837年）和皮埃尔-约瑟夫·普鲁东（Pierre-Joseph Proudhon，1809—1865年），以及威尔士的罗伯特·欧文（Robert Owen，1771—1858年），还有德国的约翰·卡尔·洛贝尔图斯（Johann Karl Rodbertus，1805—1875年），大多数都是社会改革家，他们发起和支持了合作主义运动，并进行了社会主义实验。毫无疑问的是，在批判古典经济学体系和资本主义体制的众多学者中，马克思是最具影响力的人物。

第一节　马克思生平与著作

卡尔·马克思（Karl Marx，1818—1883年）出生于特里尔，一座经历了古罗马、法兰西和德意志历史、走过了两千年的古城。1814年，特里尔被普鲁士军队占领。马克思生在一个富裕的犹太家庭，他的父亲亨利希·马克思是一名律师，其思想自由到有些激进。他先后在波恩大学、柏林大学和耶拿大学学习法律、历史和哲学，在23岁时获得耶拿大学哲学博士学位。

大学期间，马克思受到路德维希·费尔巴哈（Ludwig Andreas Feuerbach，1804—1872 年）和奥托·鲍威尔（Otto Bauer，1881—1938 年）的影响，认为唯物主义观成功地批判了黑格尔（G. W. F. Hegel，1770—1831 年）。1842年 4 月，马克思开始为《莱茵报》①撰稿，同年 10 月成为主编，负责撰写社会和经济问题的评论。在此期间，马克思遇见了他的挚友兼终身合作伙伴弗里德里希·恩格斯（Friedrich Engels，1820—1895 年）。1843 年，马克思与他的青梅竹马燕妮·冯·威斯特法伦（Jenny von Westphalen，1814—1881年）结婚，她是他一生的忠实伴侣和战友。

1845 年，马克思被驱逐出巴黎，随后在布鲁塞尔开始了他的创作生涯。1845—1846 年，与恩格斯合著出版了《德意志意识形态》和《关于费尔巴哈的提纲》，1847 年发表了《哲学的贫困》。在 1847 年年底，马克思和恩格斯受刚刚成立的共产主义者同盟的委托，共同撰写了迄今为止仍有巨大影响的著作《共产党宣言》（1848 年 2 月正式出版），被誉为无产阶级的"圣经"。1849 年，马克思被驱逐到伦敦，并开始在大英博物馆钻研古典经济学和政治经济学，读尽了当时所有经济学家的著作，1859 年发表《政治经济学批判》。在这本著作中，马克思阐述了他的历史唯物主义观。

1867 年，马克思出版了他的鸿篇巨制《资本论》的第一卷。众所周知，《资本论》共有四卷，马克思在世时只出版了第一卷，第二卷和第三卷是由恩格斯整理，分别于 1885 年和 1894 年出版。恩格斯去世后，剩余手稿由当时最主要的马克思主义者卡尔·考茨基（Karl Kautsky，1854—1938 年）整理，后来出版了《资本论》的第四卷《剩余价值学说史》。《资本论》所呈现的是对资本主义经济前景的悲观分析，打破了古典经济学家渐进主义、乐观、务实而不激进的主张，是马克思决定性的贡献。

第二节　劳动价值理论与剩余价值理论

一、劳动价值理论

马克思从李嘉图的思想中继承了劳动价值论并发展了剩余价值理论，解决了李嘉图价值理论的两个矛盾。对李嘉图理论的两大难题的解决成就了马

---

① 《莱茵报》是在科隆发行的自由派报纸，但很快被普鲁士当局封禁。

克思。马克思从劳动价值论出发提出了剩余价值理论，形成了自己的剥削理论，进而发展出了不同于斯密的资本主义发展理论。

李嘉图价值理论的第一个矛盾是价值规律与利润规律的矛盾。按照李嘉图的理论，商品间进行等价交换，于是工人劳动与资本也按等价原则进行交换，但遵从等价交换规律资本家将不可能获得现实中存在的利润。那么资本家如何获取利润呢？马克思通过找到劳动力这种能够创造比自身价值大得多的特殊商品解决了这一问题。

李嘉图价值理论的第二个矛盾在于价值规律与平均利润规律的矛盾。等量资本投入不同的生产部门，如何在相同时期内获得大体相等的利润呢？这是否暗示着价值规律失灵？马克思从剩余价值说起，指出剩余价值来自可变资本的增值，利润率为剩余价值与不变成本和可变资本之和的比例。各部门利润率不同，促使资本在不同部门之间发生转移，最终使利润率趋向一致形成平均利润，因此等量资本获得了等量利润。另外，资本主义社会中价值规律的作用形式发生了改变，价值转换为生产价格，从而市场价格将围绕生产价格上下波动。尽管个别企业中价值与生产价格相背离，但就全社会而言二者总额是相等的，故二者并不矛盾。

马克思主义经济学理论中劳动价值论占据了举足轻重的地位，是马克思主义政治经济学的思想核心。马克思劳动价值论内涵丰富，主要包括商品二因素、劳动二重性、价值规律等主要内容。

（1）商品二因素。

"商品"作为马克思分析资本主义社会的起点，也是我们理解马克思主义经济学的敲门砖。马克思分析指出用于交换的能够满足人们某种需要的劳动产品为商品；作为资本主义的经济细胞，商品具有使用价值和价值两个因素。其中，使用价值是商品的自然属性，能够满足人的某方面的需要。价值是商品的社会属性，是凝结在商品中无差别的一般人类劳动，也就是人的体力劳动和脑力劳动的消耗。一件劳动产品成为商品的前提是必须同时具有价值和使用价值两个因素，商品的使用价值既是价值的物质承担者，又蕴含商品无形的价值。但商品的价值和使用价值不可兼得。

（2）劳动二重性。

劳动二重性是确立劳动价值论科学性的关键。劳动分为两类，即具体劳动与抽象劳动。马克思在《资本论》中分析了体现在商品中的劳动二重性。所谓具体劳动是指生产一定使用价值的具体形式的劳动。例如裁缝剪裁衣服、铁匠打造器具、农民种植谷物等，生产有差异的使用价值、具有独特的具体形式的劳动。所谓抽象劳动是指抛开一切具体形式的、无差别的一般人类劳动，即人类的脑力和体力的消耗。虽然人类在劳动的具体方法和形式上存在差异，但所有生产劳动均存在一个共同点，即归根结底都是人类体力和脑力的消耗，均为体力和脑力的结合物，这种消耗不存在质上的差别，只存在量上的差别。

（3）价值规律。

马克思指出，"商品的价值由生产该商品的社会必要劳动时间决定"，"社会必要劳动时间就是在现有的社会正常的生产条件下、在社会平均的劳动熟练程度和劳动强度下，生产该商品所需要的时间"[①]。即商品的社会必要劳动时间越长，其价值越高，反之亦然。价值规律有其表现形式：价格以商品价值为基准，受供求关系其他相关因素影响而上下浮动。而价格的持续波动振荡会使偏离的价值相互抵消，从而达到商品价值的平均价格。

需要注意的是，马克思的劳动价值论与李嘉图的劳动价值理论有着重要区别：马克思认为劳动时间决定商品与服务的绝对价值，李嘉图则认为不同商品的相对价值与各自包含的劳动时间成比例。马克思认为他的劳动价值论剔除了一种错觉：土地与资本所有者对商品价值的形成作出了贡献。这样，他的理论打开了劳动剥削理论的大门。

二、剩余价值理论

"剩余价值"一词不是马克思的独创，在马克思的剩余价值理论出场以前，古典经济学家与空想社会主义者都曾对剩余价值进行了研究和探索，并形成了各自的理论主张。而他们的理论都有各自的缺陷和局限，马克思正是在二者的研究成果基础上，通过对大量的资料进行分析总结，突破了二者的历史局限性与理论局限性，探寻到了资本主义生产方式下的剩余价值奥秘，提出了科学的、马克思主义的剩余价值理论。

（1）剩余价值的源泉。

马克思指出，工人的劳动可以分为必要劳动和剩余劳动。必要劳动是工人为获取自身以及其家人所需要的生活资料的劳动，剩余劳动是没有为工人自身带来任何价值，其生产出来的价值还被资本家无偿占有的劳动。例如，一个糕点师傅一天的工资是100元，一天工作8个小时，能够作出8个蛋糕，

---

① 马克思，恩格斯. 马克思恩格斯文集：第5卷［M］. 北京：人民出版社，2009.

一个蛋糕卖出的价格是 100 元。那么师傅作出第一个蛋糕且卖出去后带来的 100 元利润正好能够支付师傅的工资，那么做这个蛋糕所耗费的劳动可称为必要劳动。而之后 7 个小时作出来的其余 7 个蛋糕所创造出来的 700 元利润就属于资本家所有，这个 700 元的利润可称为剩余价值，生产这 7 个蛋糕所耗费的劳动就是剩余劳动。由此可见，剩余价值其实是来源于工人的剩余劳动。进一步地，马克思由资本在价值增值过程中执行的不同职能区分了可变资本和不变资本，可变资本是购买劳动力的资本，马克思指出，剩余价值是由可变资本创造出来的，由此揭示了剩余价值的真正来源。

（2）剩余价值的生产。

马克思认为资本进行生产的根本目的就是创造并占有更多的剩余价值，从而实现资本的渐进积累。纵观资本主义的发展过程，在资本运作中获得剩余价值或超额剩余价值的表现形式主要有两种：一是通过延长必要劳动时间以明显地增加剩余劳动时间来获得绝对剩余价值；二是通过缩短必要劳动时间以隐形地增加剩余劳动时间来获取相对剩余价值。二者的区别在于绝对剩余价值的获取方式适合于资本发展的初期，相对剩余价值的获取方式更适合资本获得长足发展以后的历史时期。最初，西方发达国家资本的原始积累就是建立在他国的痛苦之上。正如马克思在《资本论》中指出的："资本来到人世间，从头到脚，每个毛孔都滴着血和肮脏的东西。"[①] 此外，随着资本的愈加逐利及工人对这一现象的痛恨与反抗，在工业革命与科学技术水平巨大进步的共同作用下，资本或资本家获取剩余价值的方式逐渐由获取绝对剩余价值向相对剩余价值转变，但无论是绝对剩余价值还是相对剩余价值都是剩余价值，都掩盖不了剩余价值剥削的本质属性。

三、利润

在马克思构建的资本主义体系中，每件商品的买卖均严格遵循等价交换。资本主义使劳动者的劳动力变为了商品，工资即是劳动力商品的价格；而资本家之间存在着无休止的竞赛，不是自己积累资本，就是被别人积累。既然工资不低于适当的价格，没有工会力量干预工资，任意制定价格的垄断者也不存在，那么利润从何而来？在坚持劳动价值论的情况下，马克思遇到了同李嘉图一样的剩余价值问题，但他找到了一个与众不同的商品解决了这一难题：劳动力商品。因为劳动是具有生产力的，所以劳动产品的价值将超过劳

① 马克思. 资本论：第 1 卷 [M]. 北京：人民出版社，2004.

动服务的价值，即以能够保证劳动者本身及其延续的维持工资雇用一个劳动者，其通过劳动所创造的产品价值将超过维持工资，利润就来源于这部分未支付劳动，即剩余价值。正是由于劳动力商品的特殊性，剩余价值的存在与等价交换是不矛盾的。而正是在资本主义体系下，资本家得以利用资本无偿地占有利润，在此背景下，马克思论证了资本与土地不可私有。

马克思将剩余价值与可变资本之间的比率称为"剩余价值率"。在工作时间长度和强度相等的情况下，剩余价值率在经济的不同部门之间是一致的。但是，对于"资本的有机构成"，即不变资本和可变资本之比，则并非如此。由于技术差异的原因，这种构成在经济的不同部门之间是变化的。例如，在理发店，资本有机构成较低，而在核电站（需要很多其他生产方式来运转）资本有机构成较高。但是，因为剩余价值的创造与可变资本是成比例的，而不是与总资本（可变资本+不变资本）成比例，那么随之会产生一个问题：如果商品是根据劳动价值交换的，那么有着较高资本有机构成的经济部门与那些有着较低资本有机构成的部门相比，其获得的利润率水平将会比较低。但是，马克思坚持认为，如果是这样的话，将会与市场竞争不相容，竞争趋向于导致相等的利润率。

第三节 资本主义扩大再生产和资本积累

一、简单和扩大再生产模型

在《资本论》第二卷中，通过选择魁奈的"经济表"作为分析对象，马克思研究了经济中不同生产部门之间的相互依存关系。为了实现这一目标，马克思将经济划分为产出生产方式的部门、生产工资商品的部门以及生产奢侈品的部门，详细解释了简单和扩大再生产的模型，并给出了这些部门不断跟随另一个部门扩张的均衡条件，发展出了第一个多部门的经济增长模型。

这一模型有双重目标。第一个目的，它使马克思可以探索有关资本积累和经济系统扩张的复杂问题。它先将技术进步搁置在一边，假定所有部门的资本有机构成都是常数。这只是在技术进步存在的条件下分析资本积累的准备性步骤，反映在资本有机构成的提升当中。不同部门里面不同类型和不同速度的技术进步导致私有分散经济中的协调问题变得极为困难，马克思也急切地想解开潜在的协调失灵问题的根源。因此，这是该模型的第二个目的，它使马克思可以研究再生产失败和经济危机产生的原因。在马克思看来，资本主义是一个易于产生危机的系统，他将再生产理论视为理解这一经济事实的关键。

二、资本主义扩大再生产

资本主义生产的特征是扩大再生产而不是简单再生产，这是由资本主义经济规律决定的。资本主义简单再生产是指资本家把剥削来的全部剩余价值用于个人消费，使生产过程只能在原有规模上简单重复。资本主义扩大再生产，是指资本家将无偿占有的一部分剩余价值转化为资本，用来追加生产资料和劳动力，使生产在扩大的规模上重复进行。假定某资本家原有资本10000元，其中8000元是不变资本，2000元是可变资本，剩余价值率为100%，那么第一年生产的产品价值就是8000（C）+2000（V）+2000（m）= 12000元。假设资本家将全部剩余价值的一半用于个人消费，另一半按原有不变资本和可变资本的比例作为追加资本，这样，第二年的资本总额增至11000元，其中8800元为不变资本，2200元为可变资本。第二年生产的产品价值变为8800（C）+2200（V）+2200（m）= 13200元。如此反复进行下去，资本家就可以购买更多的生产资料和劳动力，生产规模不断扩大，剩余价值也会不断增加。这就是资本的扩大再生产。

资本主义扩大再生产具有以下特点：

首先，在扩大再生产条件下，不仅资本家的全部资本是工人创造的，而且用于扩大再生产的追加资本，从一开始就是资本化了的剩余价值。资本家为了扩大生产规模，需要追加生产资料和劳动力，为此，他必须把剩余价值分割为个人消费基金和资本积累基金。资本积累基金的一部分用于追加不变资本以购买生产资料，另一部分用于追加可变资本以雇用更多的劳动力。如果没有剩余价值，就不可能有资本积累基金。

其次，用于扩大再生产的追加资本不仅是剥削工人的结果，而且是进一步扩大对工人剥削的手段。资本家利用这些追加资本，就可以购买更多的生产资料和劳动力，从而榨取更多的剩余价值，使资本财富日益增大起来。

最后，劳动力买卖的实质是资本家不用付等价物来占有工人的一部分劳动，以换取更大量的工人的活劳动。资本家和工人之间进行的劳动力买卖从表面上看是等价交换关系，工人出卖劳动力商品，资本家支付工资，双方都是平等的商品所有者，但实际上资本家并没有付出任何等价物。因为资本家用来购买劳动力的资本，是由他无偿占有的剩余价值转化而来的；同时，资本家还把一部分剩余价值作为追加资本，用来购买追加的劳动力，为资本家无偿占有更多的剩余价值创造条件。可见，资本主义扩大再生产的突出特点是剩余价值转化成了资本。

三、资本积累

资本积累是将剩余价值转化为资本，即剩余价值的资本化。资本所有者把从劳动者那里赚来的利润的一部分用于个人消费，另一部分转化为资本，用于购买扩大生产规模所需追加的资本要素和劳动要素。因此，剩余价值是资本积累的源泉，资本积累则是企业扩大再生产的前提条件。资本家的追加资本来自对剩余价值的无偿占有，也就是对工人剩余劳动的无偿占有，它的每一个价值原子都是工人的无酬劳动生产出来的。资本积累不仅是资本家剥削工人的结果，反过来又成为资本家扩大剥削的手段。所以，资本积累的实质，就是"资本家用它总是不付等价物而占有别人的已经物化的劳动的一部分，来不断再换取更大量的别人的活劳动"。① 对资本积累实质的分析说明，资本主义的占有规律就是资本家阶级无偿地占有工人阶级剩余劳动的规律。

在资本主义制度下，资本积累具有客观必然性。这由两方面的原因决定。一是资本家追求剩余价值的无限贪欲，是剩余价值规律作用的必然结果。对剩余价值的不断追求，成为推动资本家不断进行资本积累的内在动力。二是由资本主义竞争规律决定的，竞争是迫使资本家进行资本积累的外在压力。所以，资本积累绝不是资本家为了"社会进步"而"节欲"的结果，没有工人创造的剩余价值，资本家无论怎样"节欲"也不能产生可供积累的资本。总之，资本积累不是由资本家的某种主观愿望决定的，而是资本主义制度下剩余价值规律和竞争规律作用的必然结果，是资本主义发展的必然规律。

四、资本主义经济危机

马克思提出了四种（可能是相互联系的）危机产生的基本原因。首先，危机可能产生于部门间的"不当比例"，即一个部门过多生产一些商品而另一个部门生产不足。其次，危机可能是收入分配不平等的上升导致的，这会使

---

① 马克思. 资本论：第一卷 [M]. 中共中央马克思恩格斯列宁斯大林著作编译局，译. 北京：人民出版社，2004：52.

工人们的购买力不足而引起有效需求的缺乏（即所谓的"消费不足"）。再次，危机可能是由一般利润率的下降所触发的，这会限制积累资本的激励。最后，在一个货币和信贷发挥着重要作用的经济当中，总是存在由于递减的利润预期所导致的流动性流失的可能性。这会带来销售的衰退和随之而来的危机。

然而，马克思坚持认为"永久性的危机并不存在"，系统自己会从其内部激发一些力量最终导致经济恢复到正常状态。例如，当利润率下降和资本积累减速的时候，由此导致的危机会损害一个经济的部分资本积累，还会增加失业，这随之会对工资产生向下的压力。结果就是，可获利能力的恢复，尽管不一定会恢复到其之前的水平（如果利润率下降的趋势占据主导地位）。这就是为什么马克思在讨论利润率下降趋势的规律的时候，要假定存在正常条件，且在另一方面加上了所谓的"实现问题"，也就是由于生产出来的商品无法找到足够大的市场能够以其生产价格吸纳它们，由此而产生利润的实现问题。

第四节　异化和商品拜物教

马克思在《1844 年经济学哲学手稿》中大量地使用异化概念分析与研究经济和异化劳动问题。[①] 马克思从如下几个方面分析资本主义社会的异化劳动：

一是劳动产品的异化。所谓劳动产品的异化，是指工人劳动所生产的劳动产品不归劳动者所有，反而成了一种同劳动者相对立的异己的东西。

二是劳动的自我异化。之所以会出现劳动产品的异化，根源在于劳动的自我异化。在资本主义私有制的环境中，劳动已不属于劳动者自己，而是属于别人，属于购买劳动力的企业主。

三是人同自己的类本质相异化。这是劳动产品的异化与劳动自我异化的必然结果。

马克思对异化劳动的分析，显示出其研究已接触到资本主义经济制度的

---

① 袁恩桢. 从异化到商品拜物教：重读马克思的商品拜物教理论 [J]. 毛泽东邓小平理论研究，2007，237（6）：7-10，21，83.

核心。正是在分析异化劳动的基础上，马克思揭示了资本主义社会的一系列异化关系，特别是人与人相异化的关系。

马克思《资本论》第一卷指出："商品形式的奥秘不过在于：商品形式……成了可感觉而又超感觉的物。"① 也就是说在商品形式之下，劳动所具有的特殊社会性质会被看作物本身带有的自然属性，因而把人的社会关系当成物的关系。由于这种性质很像宗教迷信，所以称之为商品拜物教。马克思进一步指出，"商品世界的这种拜物教性质是来源于生产商品的劳动所特有的社会性质"②，即私人劳动和社会劳动的矛盾是商品拜物教产生的根本原因。

马克思以科学的劳动价值论为依据，仔细分析了价值对象性，从而揭示出商品的拜物教性质和本质。他在《资本论》第一章第四节开篇即指出，商品的神秘性质并非源于其使用价值，也非源于形成价值的抽象劳动的性质，而是由商品形式本身产生的。首先，交换独立的私人劳动是其形成的前提条件。私人劳动只有在商品交换这一环节中与社会总劳动产生联系，才能显示出社会性。人们之间私人劳动的社会关系即人们互相交换其劳动的直接关系，会被看作互相交换其劳动产品的关系。这样人的关系被物的关系掩盖的现象就会使人们产生一种商品具有自行发生交换的神秘特性的幻觉。其次，在商品交换中取得社会等同的价值对象性是商品的拜物教性质形成的关键。价值对象性和使用对象性是完全不同的，劳动产品只有在交换过程中才会取得社会等同的价值对象性，价值必须以商品交换为前提。最后，价值规律的客观强制力是商品拜物教观念产生的重要原因。商品间的交换比例起初是依情况而定，后来逐渐被慢慢固定下来。虽然交换比例是由价值量运动规律决定的，但是从表象上看，这些交换比例逐渐被固定下来之后，人们容易误认为是劳动产品的本性决定了这些比例。事实上，只有劳动产品按价值量发生交换的时候，其价值性质才被确定下来。商品间的交换比例并不取决于生产者的意志，也不取决于个别劳动时间，它取决于社会必要劳动时间，是由客观的价值规律决定的。于是在交换者看来，他们无法控制这一过程，反而被物支配。即使能够正确发现价值规律的秘密，也无法消除商品拜物教。因为价值规律的客观性和自发性发生作用所造成的物的运动控制着人的这种幻想，仍然在商品生产者的观念意识里根深蒂固地存在着。

---

① 马克思，恩格斯. 马克思恩格斯全集：第 44 卷 [M]. 北京：人民出版社，2001.
② 马克思，恩格斯. 马克思恩格斯全集：第 44 卷 [M]. 北京：人民出版社，2001.

第五节　对资本主义和剥削的批判

在历史唯物主义的社会存在论的原则上，马克思展开了对资本主义的三重维度的批判。这里的"批判"是指"澄清前提、划定界限"：一方面要揭示资本主义的历史前提和本质真相，破除资本主义的超历史神话；另一方面要贯彻历史辩证法原则，并且与无批判的实证主义和浪漫主义的批判划定界限。"三重维度"是指马克思从现代形而上学、资本、现代技术三个维度对资本主义文明展开批判。

一、第一个维度：现代形而上学

马克思对资本主义批判的第一个维度是对现代形而上学的批判。在"感性活动"原则的历史唯物主义的社会存在论基础上，马克思颠覆了资本主义文明得以可能的形而上学基础。

历史唯物主义的社会存在论原理的核心是把实践的活动理解为社会生活的本质，从而实现哲学目标的转向，即哲学不再是静观意义上的反思和解释，而是在"感性活动"基础上对外部世界的改变和重建；意识被还原为"被意识到了的存在"，存在也不再是隐匿在现实世界背后的形而上学本质，而就是人们的现实生活过程。[①] 由此，马克思揭示了资本主义文明形态的现实基础和社会关系基础，寻找到了批判资本主义文明的根据。马克思认为，资本主义文明形态的基础并非意识、观念、精神，而是生产方式、生产力、生产关系、物质生产、经济基础等"物质文明"。从而揭示了资本主义社会的历史本质，即资本主义社会是在特定的生产方式、生产力和工业状况中产生的。这就破除了资本主义文明起源问题上的神话学——资本主义文明被看作是一种自然的、永恒的、超历史的、普遍性的文明形态。马克思指出资本主义文明体现了现代形而上学原则，是一种二元对立特征的文明。现代形而上学主要以"意识的内在性"为原则，表现为主体性哲学，是一种普遍主义的知识论路向的哲学。

在马克思看来，意识仅仅是被意识到的存在，而存在就是人的现实生活

---

① 马克思，恩格斯. 马克思恩格斯选集：第 1 卷 [M]. 北京：人民出版社，2001.

过程。这标志着马克思从现代形而上学中彻底地摆脱出来，成功地从现代形而上学所构建的超感性世界回溯至本源的现实世界，也标志着主体性哲学之基础的瓦解，还标志着马克思对资本主义文明及其二元对立性的批判。

二、第二个维度：资本

资本批判是马克思对资本主义文明批判的第二个维度。资本是资本主义社会的本质根据和基本建制，马克思指出，现代社会"就是存在于一切文明国度中的资本主义社会"。① 资本的出现意味着传统的自然人类文明的衰竭和现代文明的出场。在这个意义上，马克思认为现代文明就是资本主义文明。马克思资本批判的目标之一就是揭示资本的历史性质，破除关于资本超历史的、永恒的、普遍性的神话。这一目标是借由对资本主义生产方式的性质分析而实现的。在马克思看来，"资本主义生产方式是一种特殊的、具有独特历史规定性的生产方式；它和任何其他一定的生产方式一样，把社会生产力及其发展形式的一个既定的阶段作为自己的历史条件，而这个条件又是一个先行过程的历史结果和产物，并且是新的生产方式由以产生的既定基础"；② 它具有独特的、历史的和暂时的性质。马克思指出，资本主义绝非永恒的、自然的生产方式，而是历史的和暂时的生产方式；它有其特定的历史前提和适用范围，是"一种特殊的社会类型"；它所取得的"世界历史意义"是有历史条件的，但凡无法形成这样的历史前提和条件的非西方国家，不可能出现资本主义文明形态。

马克思对资本的批判贯彻了历史辩证法原则：资本创造了伟大的文明成果，具有重要的文明作用和世界历史意义，同时资本文明又是一种具有异化性质、破坏性和历史性限度的文明。资本文明是远远高于传统社会自然人类文明的现代文明，它创造了高度发展的生产力即物质文明；资本文明打破了各国之间的封闭状态，创造了世界历史；资本文明创造了有广泛需要和社会联系的高度文明的人。但是资本文明又具有破坏性：资本文明造成了严重的生态危机；带来了分配不公和两极分化；使现代人陷入抽象化、空虚化和异化的生存状态；等等。因此，要摆脱资本的困境和危机，不能仅仅依靠对文明、文化和精神本身的批判，而是要变革资本主义生产方式、资本主义制度和"重建社会"。

① 马克思，恩格斯. 马克思恩格斯选集：第3卷［M］. 北京：人民出版社，2001.
② 马克思，恩格斯. 马克思恩格斯选集：第3卷［M］. 北京：人民出版社，2001：24.

三、第三个维度：现代技术

现代技术批判是马克思对资本主义文明批判的第三个维度。

现代技术文明对于人的解放而言意味着什么？马克思肯定技术文明的伟大作用：其一，技术文明为人的解放和全面自由的发展提供了物质条件。其二，技术文明推动了世界历史和全球化的进程。其三，技术文明给人的生活世界和生命活动带来了质的变化。与此同时，马克思也深刻揭示了技术文明的异化性质和历史性限度。其一，技术文明是一种"技术支配人"的文明形态，它造成了人的生命本质的异化，使人陷入完全的空虚化状态，资本主义文明具有野蛮化的特征。其二，技术文明把人纳入一个可计算性世界，人的直观性和个性渐渐消失。在资本主义社会，技术文明取决于资本生产的内在本质，追求的是剩余价值生产的效率和数量原则，人变成"抽象的活动和胃"。① 其三，在资本主义社会，技术反而增加了人的劳动强度，人不仅被技术使用，而且被技术淘汰。其四，资本主义技术文明导致了人的艺术感和艺术创造力的衰退，人的特殊技能、技巧、艺术感变成多余的东西，它们被贬低为资本生产过程的客观要素，已经不再存在于人身上，而是存在于技术机器中。

四、资本主义剥削

首先，马克思以"商品二重性"学说找到了"商品交换"这把分析劳动价值的"金钥匙"。马克思分析商品二重性的目的在于揭示掩盖在商品体背后的东西——劳动。其次，马克思以"劳动二重性"学说探寻到了劳动创造价值的原理，揭示了劳动创造价值的逻辑与动力机制，肯定了活劳动在价值形成中的唯一性。再次，马克思通过对劳动价值与劳动时间关系的分析，实现了价值的"人学转换"，并进一步阐释了劳动量与劳动时间的关系。最后，马克思对市场机制下价值创造的机理进行分析，揭示了社会生产中资本盗取工人剩余价值的秘密。在马克思看来，资本主义的本质就是通过"自己的生产方式来创造一种独特的价值体系，而这个价值体系的核心和灵魂就是剩余价值"②。因此，剩余价值是资本主义存在和发展的内生性动力，如果不能创造和占有剩余价值，资本主义就会失去发展的可持续性。马克思深刻地揭露了资本家为雇佣工人支付工资背后的剥削本质。他进一步发现，资本主义生产

---

① 马克思，恩格斯. 马克思恩格斯全集：第3卷 [M]. 北京：人民出版社，2001.
② 高广旭. 马克思劳动价值论视域中的正义问题 [J]. 哲学动态，2018 (7)：27-34.

方式的不断扩张导致了资本逻辑渗透在社会生产的每个环节，导致了生产过程中出现不平等劳动，谋生性和被动性的劳动被蓄意放大，而自由性与创造性劳动被资本逻辑有意忽略，最后形成了社会生产中的等级劳动现象。马克思的劳动价值论对这种资本逻辑下的不平等劳动进行了彻底的批判。

第一，马克思认为劳动价值商品化是社会生产中不平等劳动的根源。当金钱成为衡量劳动价值量的无差别等价物之后，资本家通过支付工资的手段来购买雇佣工人的劳动，这似乎成了一种"平等"的交易，但是，这种纯粹以外界劳动报酬多少来衡量劳动价值量和劳动者地位的方式，不但掩盖了资本家剥削工人剩余价值的事实，还严重扭曲了劳动价值体系，潜藏着劳动伦理危机。劳动力成为商品后，市场机制似乎给予所有劳动力出售者以平等交易的待遇，而实际上，在资本的宰制下劳动被转换为金钱，成为一种无差别的等价物。因此，那些获利更多更快的劳动或职业被赋予了更高的地位；反之，那些不能在短时间内获得更高利益的工作或技艺就会受到歧视或拒斥。

第二，社会生产中的不平等劳动导致了物欲与权力对个体的占有。马克思劳动价值论通过对资本逻辑下不平等劳动的批判和变革来实现劳动解放与劳动自由，并以此实现全人类的解放。但是马克思发现，资本逻辑下的强制性分工使劳动在资本支配和压迫下出现异化，抽象劳动成为普遍的社会中介，劳动不能成为劳动者的内在需要，仅为生存手段而非生存目的。

第三，社会生产中的不平等劳动消解了劳动的意义，导致了社会的无意义竞争。造成这种局面的根本原因是，在资本主义生产方式下，劳动已经沦为资本增值或资本榨取剩余价值的工具，并被分为三六九等，劳动价值的创造者被资本所剥削和奴役。对于那些体力劳动者来说，他们不但没有经济地位，更没有得到应有的社会道德地位。因此，大批从事"低等劳动"的劳动者就会选择"逃避劳动"，使社会充斥着"内卷化"的、无意义的竞争感。

第四，社会生产中的不平等劳动观造成人们生活世界的消费化与空虚化。在不平等的社会生产劳动中，人们从中获得的价值和意义越少，反而越会在虚假的休闲消费中显摆出一种享受和满足，以此制造出因为劳动而获得幸福感的假象。可见，在资本的宰制下，社会生产中的不平等劳动成为必然，"劳动解放"终将无从实现。

第六节 当代中国马克思主义经济学的八大流派

20 世纪是中国经济学创立和大力发展的时期，也是中国马克思主义经济学理论成熟和发展的时期。中国经济学家对发展和创新马克思主义经济学作出了巨大贡献并取得巨大成绩，涌现出许多杰出学者和优秀著作。总的来说，当代中国的马克思主义经济学说可以分为八个主要流派。[①]

一、正统的马克思主义经济学创新流派

中国人民大学的林岗教授和张宇教授是这一流派的代表性学者。他们提出在发展和创新政治经济学中要坚定不移地遵循马克思的理论范式，并坚持几个最基本的原则：一是生产力决定生产关系、经济基础决定上层建筑。这是马克思经济理论的基本方法论原则。二是劳动价值论和剩余价值论。这是马克思主义经济学大厦的支柱，推翻这一支柱必然使整座大厦崩溃。三是社会主义公有制和按劳分配必然取代资本主义私有制和剥削。这是马克思通过分析资本主义生产方式固有的矛盾而得出的结论，放弃这一结论等于否定整个马克思主义。他们认为马克思主义经济学的现代形式是对现代经济生活客观运动规律的科学反映，要说明新现象，回答新问题，揭示新规律，要有新的主题、概念、范畴和理论观点。在上述基础和前提下，他们主张将马克思主义经济学的方法论概括为五个基本命题：从生产力与生产关系的矛盾运动中解释社会经济制度变迁；在历史形成的社会经济结构的整体制度中分析个体经济行为；以生产资料所有制为基础确定整个经济制度的性质；依据经济关系来理解政治法律制度和伦理规范；通过社会实践实现社会经济发展合规律与合目的的统一。这五个基本命题构成马克思主义经济学的"硬核"。在经济分析中遵循这五个命题，将坚持和发展统一起来就能够创造出与新的历史条件相适应的马克思主义经济学的现代形式。从根本上说，强调坚持马克思主义经济学就是要坚持以历史唯物主义为基础的分析范式、理论框架或方法论原则，而不是坚持某一个具体的观点或理论。同样，发展马克思主义也是要发展以历史唯物主义为基础的这种分析范式、理论框架或方法论原则，而

---

① 薛宇峰. 当代中国马克思主义经济学的流派 [J]. 经济纵横，2009（1）：31-40.

不是仅仅发展某一具体的观点或理论。

该流派学者主张只有把马克思主义理解成一种科学的世界观或方法论，才能抓住马克思主义的灵魂，并在纷繁复杂、急速变化的世界中，体验和发扬马克思主义旺盛的生命力和创造力，建立适应新的历史条件的马克思主义经济学新形式。该流派学者还着重强调中国特色社会主义经济理论的发展需要正确借鉴并广泛吸收西方经济理论及一切人类文明优秀成果，兼容并包，博采众长；对西方的经济理论绝不能照搬照抄，而必须以马克思主义理论为基础，并从中国实际出发，借鉴和吸收其合理成分，摒弃其错误的成分。同时，主张中国特色社会主义经济理论体系只能是以马克思主义为指导，反映中国特色社会主义经济实践并为中国特色社会主义建设服务，坚持面向广大人民群众的根本利益，创建具有中国特色、中国风格、中国气派的经济学理论。在这一流派的学者中，还包括厦门大学的吴宣恭教授和南开大学的逄锦聚教授等。

二、新马克思主义经济学综合流派

新马克思主义经济学综合流派的创立者程恩富教授阐述了现代马克思主义政治经济学应深入理论假设中来确立基本思想并展开逻辑叙述，强调现代马克思主义政治经济学理论假设的现实性、科学性和辩证性，独创性地提出了现代马克思主义政治经济学的理论创新应把"新的活劳动创造价值论""利己和利他经济人论""资源和需要双约束论""公平与效率互促同向变动论"等视为理论假设，并做了详细全面论证。他强调只有在关键性理论假设和核心理论上具有科学性和普适性的马克思主义及其经济学，才能通过中国化或本土化来真正促进中国特色社会主义市场经济的建设和发展。

新马克思主义经济学综合流派主张中国政治经济学的转型，不是从传统政治经济学转向现代西方经济学，而是在科学扬弃和超越苏联经济学与现代西方经济学的基础上转向现代政治经济学，包括现代社会主义市场经济和现代资本主义市场经济的基本理论。同时，要繁荣与发展中国的理论经济学，就应"继承现有成果，面对中国现实"；要有扬弃地科学继承已有优秀成果，既包括现代中国的马克思主义政治经济学，也包括现代西方的各种经济学流派。这一流派的领军人物还有冯金华教授和马艳教授，持相同观点的学者主要有顾钰民教授和周肇光教授、杨承训教授及何干强教授等。

三、经典的马克思主义经济学文本流派

以河南大学许兴亚教授和福建师范大学李建平教授为代表的从文本考据

出发的学者，针对当前我国马克思主义研究者面临的文本危机，强调开展马克思主义文本研究对推进马克思主义理论创新具有极为重要的意义。马克思的著作中有一部分是在他去世后由他人整理出版的，这部分著作是否符合马克思的原意值得研究。他们认为，开展马克思主义文本研究，有助于准确理解马克思的学说，认识真正的马克思主义；有助于追踪马克思主义经典作家的思想发展进程，动态地、历史地和完整地把握其思想；有助于澄清和纠正后人对马克思主义经典作家著作的一些不准确甚至错误的理解；有助于我们与国外同行进行交流和合作，并回击别有用心的资产阶级学者对马克思主义的歪曲和污蔑。

这一流派的学者着重强调研究马克思主义文本的根本目的不在于文本本身，不在于对文本如何进行考证、校勘和复原，而在于准确把握马克思主义文本所体现的基本原理和科学思想，厘清马克思主义文本的原有真意，挖掘它的内在精神意蕴以适应新时代发展的要求。他们认为，通过研究马克思主义文本可深化对马克思经济学基本原理的认识，完善马克思主义经济学理论体系，澄清对马克思主义经济学的偏见、误解，并超越客观历史条件下的某些理论上的局限，以便不断作出理论创新，以与时俱进的态度来完善马克思主义经济学基本理论，构造适应中国特色社会主义经济建设需要的新政治经济学理论体系。持这种观点的学者中，最有影响的是武汉大学的顾海良教授和颜鹏飞教授，以及中国人民大学的吴易风教授和北京大学的王志伟教授等。

四、马克思主义生态经济学流派

这一学派的代表人物刘思华教授认为，传统或现存的主流经济学理论的根本缺陷"就是它的理论框架是以生态与经济相分离为特征"，其理论范式是建立在纯经济学观念基础上的，它不仅把自然界视为一个不变因素，而且把经济看成是一个不依赖外部环境的孤立系统，只是就经济系统内部的物质资料生产与再生产的经济现象与过程来研究和揭示经济运动与发展的规律性，没有将生态环境系统和经济社会系统作为一个有机整体来揭示经济运行与发展的客观规律，没有研究生态环境与经济发展之间的辩证关系及其演进规律。

这一流派学者认为，21 世纪人类文明发展面临的最大挑战是生态环境问题，这个问题关系到整个人类的利益，直接决定和影响着每一个国家与民族的根本利益。程恩富教授认为，真正解决人类的可持续发展问题，必须把生产资料和自然生态置于人类社会的共同掌控之下。① 自然环境私有化和单纯商品化，无助于生态危机的解决，只能加剧生态危机。经济发展不考虑环境成本和把自然完全商品化，都会损害环境再生产的条件。技术进步可以提高资源环境的使用效率，可是在资本主义社会，技术进步被用于为资本积累服务，资源利用效率的提高始终伴随着经济规模的膨胀，结果加剧了资源耗竭和环境污染。只有改造资本主义生产关系，建立一个不被利润的追逐支配而以满足人类共同的、真正的、全面发展的需要及生态、社会可持续发展需要为目的的新社会，才能真正解决生态环境问题。

五、演化的马克思主义经济学流派

演化的马克思主义经济学流派强调应积极借鉴演化经济学的新成果，实现马克思主义经济学和演化经济学的科学整合，这是马克思主义经济学创新性研究的重要课题。他们认为，演化经济学的崛起为中国经济学的发展提供了一个难得的机遇。未来的经济学是马克思主义经济学和演化经济学的某种创造性的综合。中国人民大学的孟捷教授和贾根良教授是这一流派中有代表性的学者。

按照这一流派观点，从演化经济学角度看，马克思主义经济学研究至今存在两个理论误区：一是对历史唯物主义做简化论、机械论、还原论和决定论理解；二是试图从均衡范式出发研究马克思主义经济学。孟捷教授认为，与日新月异的现实相比，马克思主义经济学的解释力亟待发展。② 对现代资本主义市场经济的理解，马克思主义理论本身还存在许多盲点。如果我们在认识上没有深刻而全面地把握资本主义这个变动的对象，就无法过多地预测它在现实中被扬弃的条件。贾根良教授认为，"中国经济学"所要解决的问题与马克思要解决的问题不同，这必然会使"中国经济学"的内容和方法与马克思的经济理论在形式上有很大差异。③ "中国经济学"只有在创造性地对其基本原理进行再阐释并吸收其他经济学流派研究成果的情况下，才能形成一种以解决中国实际问题为目标并行之有效的研究纲领。

---

① 陆夏. 世界政治经济学学会第三届论坛综述［J］. 经济学动态，2008（11）：131-133.
② 孟捷. 经济人假设与马克思主义经济学［J］. 中国社会科学，2007（1）：30-42，205.
③ 贾根良，徐尚. 西方主流经济学的危机与中国经济学的自主创新［J］. 经济思想史评论，2007（2）：219-236.

六、数理马克思主义经济学流派

中国马克思主义经济学者用数理逻辑来表述与发展马克思主义经济理论已取得可喜的成绩，开始形成一个独特的创新和发展马克思主义政治经济学的分支和流派，大致已完成了从原来的以马克思主义政治经济学教科书为基本框架和范本的文字逻辑的经济学话语体系向现代马克思主义经济学的数理逻辑体系的话语体系转型。以白暴力教授、丁堡骏教授和冯金华教授为代表的这一流派学者长期致力于现代政治经济学数理逻辑体系的创新与发展，尝试运用数理逻辑来表达和构建现代马克思主义经济学体系的理论模型，不断创新、发展和完善现代马克思主义经济学。

这一流派的代表人物之一白暴力教授用充足的理论、严格的数学方程批驳了斯蒂德曼、萨缪尔森等利用"价值转形问题"对劳动价值论的否定，令人信服地论证了马克思关于"价值转形"理论的完善性。由于广泛使用了数学方法，在转形问题这一国际著名经济学课题的研究上取得了新的突破，被认为"在理论研究中，运用了微分学和矩阵代数的方法，在我国政治经济学论著之林中树立了新的风格"。[①] 他还在马克思劳动价值论基础上发展起来一个包含六个层次的价值价格理论体系，以劳动价值理论为基石，通过均衡分析和微分学等方法，构建了变量劳动价值理论，考查了劳动耗费量、价值量和交换价值量随产品数量变化而变化的情况，并分析了价格运行的状况。另一代表人物丁堡骏教授分别从价值创造、价值实现和价值分配等各个方面对马克思的劳动价值理论进行了创新性的探索和研究。从数学方程式模式来看，扩大的马克思价值转化模型的方程式是对扩大的马克思价值转化模型图表关系的现代数学表述，体现了马克思主义经济理论与现代数学方法的完美结合。

七、转型经济理论的马克思主义流派

虽然中国的转型经济学从开始就是以西方经济学特别是新制度经济学和公共选择理论为基础发展起来的，但随着其影响的扩大，一些马克思主义经济学家也加入转型经济研究的行列中。在这一流派中，代表性的学者有王振中教授、裴小革教授、冒天启教授、洪银兴教授、周冰教授等。

这一流派的学者认为，1992 年中国明确提出的建立社会主义市场经济体制的目标模式，包含两方面的重要思想：一是明确的制度约束性，即改革必

---

① 姜冰，黄立君. 白暴力教授经济学术思想述评 [J]. 高校理论战线，2005 (3)：19-28.

须以完善和发展社会主义制度为前提；二是坚持市场经济的改革方向，充分发挥市场在资源配置中的基础作用。中国经济转型的道路带有典型的"摸着石头过河"的阶段性发展特征，可划分为三个阶段：体制模式与改革方案设计的改革探索期；体制转轨与改革重点突破的转轨明确期；体制确立与改革攻坚的转型深化期。他们强调，我国朝市场经济体制的转型已走过多年的路途，不可逆转地在进行着实质性的制度创新，由传统的计划经济体制朝现代市场经济体制过渡。他们认为，在当前国内外的转型经济研究中，众多学者一直热衷于运用所谓"激进"或"渐进"的方法来进行分析，其实这种研究方法不仅极其片面，也极其有害。他们强调，动态地、实事求是地探索中国健康的经济转型道路具有重要意义。在转型经济研究中，要综合马克思主义生产关系变革理论、新制度经济学体制变迁理论、发展经济学、比较经济学等学科中最新的研究成果，对转型的实践进程进行动态的事实研究，仔细分析不同国家的不同历史进程，强化对转型过程中新制度建设的研究。这一流派认为，在转型经济研究中有三个关键的理论问题不容回避：转型经济国家之间的"改革方向差异"问题、转型经济国家之间的"指导思想差异"问题和转型经济国家之间的"政策效应差异"问题。

八、后凯恩斯主义的马克思主义经济学流派

以柳欣教授为代表的这一流派的学者着重强调的是，马克思经济学与作为西方主流经济学的新古典理论从经济分析的基础开始就是根本不同的。建立在生产函数基础上的新古典理论讨论的核心是资源配置的技术关系，需要有相对价格作为调节的手段；马克思经济学强调的则是人们之间的社会关系，尤其是资本主义的经济关系。而这种关系是一个总量上的社会关系，它不取决于任何技术上的变动。他们认为，在《资本论》中马克思只是以相对价格作为引子，其目的是说明货币的产生及产生于货币关系中的资本主义的总量经济关系。因此，从根本上讲，马克思经济学是一个总量理论，而不是相对价格理论，其总量的结构就是资本主义的经济关系。他们提倡从本质上把握资本主义经济关系的关键是必须理解马克思经济学中的货币与资本的关系。

这一流派的学者强调马克思的理论体系研究的是由资本主义的经济关系所决定的国民收入核算体系中统计变量的性质和它们之间的关系，以此来表明资本主义经济中的竞争及其运行规律。换句话说，马克思经济学所研究的问题就是目前主流经济学教科书中所要研究和解释的现实问题，而主流经济

学从技术关系的角度对这些问题的解释是完全错误的。因为这些问题只是由马克思经济学所研究的社会关系决定的。他们认为，从未有人把马克思的价值概念或劳动价值论真的抽象为社会关系，这种由价值表示的社会关系就是资本主义经济中的或我们现实生活中的货币，这种货币并不联系到任何实物和技术上的投入产出关系，而是联系到竞争和对人的支配，货币资本并不是用来购买商品进行消费的，而是通过购买劳动获得一种权利，是资本主义所特有的社会关系或游戏规则。

问题与讨论

1. 简述马克思主义经济学理论形成的历史背景。
2. 马克思的劳动价值论和李嘉图的劳动价值论有什么区别？
3. 资本主义扩大再生产和资本积累有什么关系？
4. 什么是商品拜物教？它有何危害？
5. 马克思是如何批判资本主义剥削的？
6. 简述当代中国马克思主义经济学的主要流派及其观点。

参考文献

[1] 魏丽莉. 经济思想史 [M]. 北京：机械工业出版社，2019.

[2] 赖建诚. 经济思想史的趣味 [M]. 杭州：浙江大学出版社，2011.

[3] 彼得·斯拉法. 大卫·李嘉图全集 [M]. 胡世凯，译. 北京：商务印书馆，2013.

[4] 张旭昆. 经济思想史 [M]. 北京：中国人民大学出版社，2017.

[5] 杨春学. 西方经济学在中国的境遇：一种历史的考察 [J]. 经济学动态，2019 (10)：11-23.

[6] 海因茨·D.库尔茨. 经济思想简史 [M]. 李酣，译. 北京：中国社会科学出版社，2016.

第六章

新古典经济学

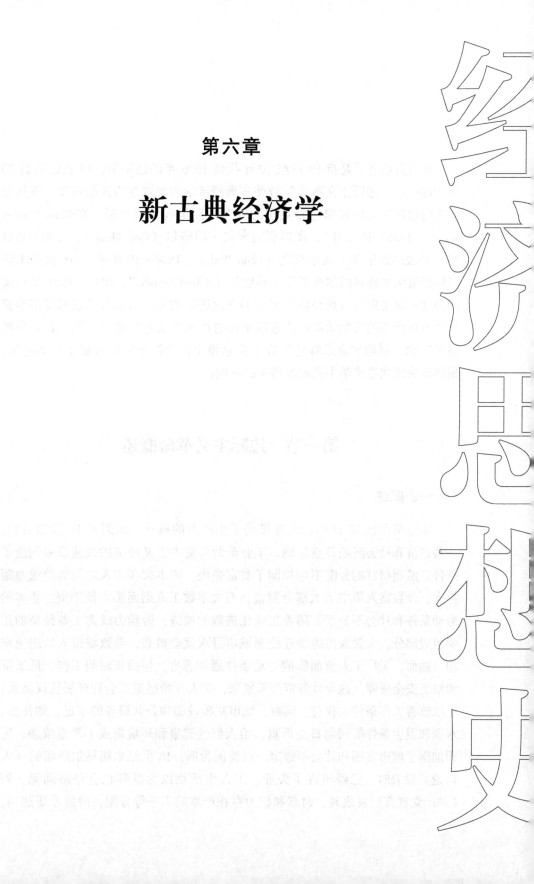

新古典经济学是指 19 世纪 70 年代到 1936 年的经济学。19 世纪最后 30 年中的一场"边际主义革命"致使古典经济学的发展方向开始转变。最具影响力的边际主义思想家包括英国的威廉·斯坦利·杰文斯（William Stanley Jevons，1835—1882 年）、奥地利的卡尔·门格尔（Carl Menger，1840—1921 年）和法国的里昂·瓦尔拉斯（Léon Walras，1834—1910 年）。19 世纪末经济思想的集大成者阿尔弗雷德·马歇尔（Alfred Marshall，1842—1924 年）试图将这一新思想与古典经济学家的旧理论进行调和。以其为代表的经济学家将注重供给面的古典学派和注重需求面的边际学派进行结合，使"新古典经济学"和"供给和需求理论"在经济思想史的后继学派中占据了重要地位，最终成为现代经济学中微观经济学的基础。

第一节　边际主义革命概述

一、概述

工业革命在 18 世纪极大地推动了生产力的提升，但到了 19 世纪后期，一些经济和社会问题日益加剧。工业革命为资本主义经济的快速发展创造了条件，然而财富的分配不均加剧了贫富差距。资本家和工人之间的阶级差距扩大，少数富人集中了大部分财富，而大多数工人则面临着低工资、恶劣的劳动条件和社会不公平。随着工业化进程的推进，劳动力成为工业经济的重要组成部分。大量农民纷纷迁徙至城市寻求就业机会，导致城市人口迅速增加。然而，工厂工人所面临的劳动条件通常恶劣，包括长时间工作、低工资和缺乏安全保障。这导致劳资关系紧张，工人开始组织工会和开展抗议活动，争取改善工作条件和权益。同时，城市基础设施和公共服务的不足，如住房、水源和卫生条件等问题日益严重，给人们的健康和环境造成了严重威胁，进而加剧了城市贫困和社会不稳定。以英国为例，18 世纪末期马尔萨斯的《人口论》发表时，已经出现了失业、工人生活难以为继等社会经济问题。到《共产党宣言》发表时，财富和权力存在严重的不平等分配，阶级矛盾加剧，工人遭受剥削和压迫，收入不足以满足基本生活需求。这些问题迫使学者寻求一种新的经济理论来解释社会中出现的经济现象。①

19 世纪后半叶，法国、德国、英国和奥地利几乎在同一时期出现了与边际主义相关的经济学著作，不同学者使用相似的工具分析了相似的主题，各自独立地阐述了类似的边际效用论，为日后新古典学派的崛起开辟出一条新路。

从思维的角度来看，新古典经济学家一方面受到古典学派思维的影响，延续了自由市场的理念，反对政府干预，反对社会主义，反对工会团体，认为它们是无效或有害的。同时，也继承了古典学派的价值理论，仍然认为劳动是价值的基础。另一方面，也提出了与古典经济学不同的思路，如注重主观、注重均衡、注重厂商的竞争和供需的变化，从偏向对宏观总体的关注转向微观个体。

二、主要观点

边际学派的主要观点可以围绕对古典经济学的继承与发展两方面展开。关于边际学派对古典经济学的继承，包括以下几点：

第一，集中关注边际。边际学派将李嘉图在地租理论中提出的边际原理拓展到了所有的经济理论中。

第二，理性经济行为。边际学派继承自边沁，假设在平衡快乐与痛苦，衡量不同物品的边际效用，平衡当前和未来需要时是理性的。

第三，抽象与演绎方法的使用。边际学派赞成李嘉图等古典经济学家提出的抽象和演绎方法的使用，将其视为经济学研究中的重要工具之一。

第四，政府干预最小化。边际学派继承了古典学派的立场，坚持自由市场的理念，认为在大多数情况下，最小的政府干预利于实现社会福利的最大化。

边际学派对古典经济学的发展，提出了以下几个观点：

第一，强调微观经济。边际学派从古典学派关注的人口、货币等宏观议题转向对微观个体的关注，将单个人和单个企业作为边际主义分析的中心，分析个体的效用、消费，厂商的竞争和产出，而不谈宏观经济。

第二，强调完全竞争。边际学派的大多数学者将其分析建立在完全竞争的假设上，如假设产品均质化、没有广告等。

第三，强调主观效用。边际学派提出需求取决于主观的边际效用，是一种心理现象。

① 马克思，恩格斯. 马克思恩格斯全集：第 20 卷 [M]. 北京：人民出版社，1971：249-250.

第四，需求导向的价格理论。不同于古典学派遵循供给创造需求，注重供给面而忽略需求面，边际学派提出需求是决定价格的主要因素，强调需求面而将供给面排除在外。马歇尔则在后来将供给与需求综合，肯定了古典学派的贡献，形成了新古典经济学。

第五，强调均衡。边际学派注重均衡的概念，相信各种经济力量最终会趋于均衡。任何偏离均衡的扰动发生，经济仍会产生趋向均衡的运动。这一观点也影响着静态分析、比较静态分析乃至后续的一般均衡分析。

第六，将土地纳入资本品。边际学派将土地视为资本品进行分析，将利息、地租和利润看作这些资源的报酬。

边际学派通过对几何图表和数学的使用，使得边际分析更加简洁明确，并且实现了局部均衡分析。图形与数学的结合让经济学成为一门精确的社会科学。局部均衡分析则打开了经济学家对复杂的现实世界进行抽象分析的大门，允许学者在一个时期内对复杂的经济现象进行分布剖析和逐步深入分析。

第二节　边际学派及其代表人物

一、边际学派的先驱者

(一) 古诺的经济思想

安东尼·奥古斯丁·古诺（Antoine Augustin Cournot，1801—1877 年），法国数学家、经济学家和哲学家，数理统计学的奠基人。古诺最先力图用数学方法解决经济问题，是数理经济学的创始人之一。他于 1838 年发表了他最著名的著作《财富理论的数学原理的研究》，这本书是他在经济学领域的重要贡献，其中提出了对垄断市场和不完全竞争的分析，著名的古诺模型正是在这一本书中首次提出。然而，在生前他的理论没有受到重视，直到他去世后，杰
文斯、马歇尔和费雪继续他的工作时他的开创性工作才引起人们的关注。

安东尼·奥古斯丁·古诺

古诺的主要贡献在于垄断理论和需求分析。他首次提出商品需求曲线的概念，表达了商品需求对商品价格的依赖性。同时，探讨了垄断的实例，并且确定了利润最大化条件，即边际收益等于边际成本。与当今首先从完全竞争开始分析的逻辑不同，古诺首先给出了完全垄断的精确数学模型，然后分析了双寡头垄断和完全竞争情况下的厂商行为。其中，完全垄断理论和双寡头理论对后续的经济理论具有重要贡献。

1. 古诺的完全垄断理论

作为边际学派的先驱者，古诺独占厂商利润最大化条件首次亮相，即把价格定在边际收益等于边际成本的那一点，企业就能实现利润最大化。1838年他如此写道："假设一个人拥有一个矿泉，这个矿泉拥有其他矿泉所没有的对人体有益的物质。他显然能将价格定位到每升 100 法郎，但他很快会发现这样的需求不足，如此的定价并非利用这份产业赚最多钱的办法。因此，他会不断降低每升水的价格，直到实现最大利润的那一点为止。即，如果用 $F(p)$ 表示需求规律，经过多次试验，他最终得到了令 $pF(p)$（总收益）达到最大值的价格 p。"[1]

在古诺的命题下，矿泉水厂商只要获取了开采权，就可以无限制地生产矿泉水，然而没有厂商会这么做。因此，重要的问题是完全垄断厂商在利润最大化时的产量是多少？此处古诺假设获取矿泉水的总成本为零，因而边际成本也为零。根据总利润在总收益实现最大化的产量上达到最大值，古诺运用微积分指出这个值是总收益函数的导数，也即边际收益为零的那一点。

2. 古诺的双寡头理论

在完全垄断理论之后，古诺又分析了两个企业进行竞争的市场，是经济学家对厂商战略性行为的首次探讨。古诺如此写道：

"为了使垄断的抽象概念易于理解，我们想象一个矿泉和一个经营者的情况。现在让我们假设有两个经营者和两个矿泉，两个矿泉的质量完全相同。由于它们的位置相近，它们为同一个市场提供矿泉水，并相互竞争。在这种情况下，每个经营者的价格必须相同。若 p 为价格，则 $D=F(p)$ 为总销售量，D_1 为矿泉 1 的销售量，D_2 为矿泉 2 的销售量，则 $D_1+D_2=D$。如果一开始不考虑生产成本，则两家运营商的收入分别为 pD_1、pD_2。

"他们各自独立地寻求最大可能的收入，这个限制是最基本的，我们很快就会看到这一点；因为如果他们达成了协议以各自获得最大可能的收入，那么结果将是完全不同的，而就消费者而言，其结果与单个垄断者的结果没有

① 安东尼·奥古斯丁·古诺. 财富理论的数学原理的研究 [M]. 陈尚霖，译. 北京：商务印书馆，1999：60.

什么不同。"①

在双寡头垄断模型中，古诺假设价格由买者决定，两个卖者根据价格来决定产量。古诺将其分析建立在两个企业之间存在策略性行为的假设基础上，其中每个企业都会估计这种产品的总需求，并试图预测另一个企业将会对其竞争者的决策如何作出反应。给定企业的最大利润期望，它们同时并相互独立地决定为市场提供的产品数量。它们所决定的产量将会影响它们的产品在市场上的均衡价格。在均衡点上，企业的利润最大化行为将会导致价格大于边际成本的价格，即高于竞争价格，并且低于垄断价格。

古诺的重要性在于其提出了竞争厂商的"反应曲线"这个概念，开辟了厂商理论这个领域，为后续的垄断竞争等理论奠定了基础。美中不足的是，古诺在分析中忽略了价格歧视的作用，也受限于产品同质化这种强烈的假设。

（二）度比的经济思想

阿塞纳·朱尔斯·埃米尔·度比（Arséne Jules Emile Dupuit，1804—1866 年，也被译为阿塞纳·朱尔斯·埃米尔·杜普伊特）是法国工程师和经济学家，他在经济学领域的著作主要在 1844—1853 年发表，包括《论公共工程的效用衡量》《论收费站与收费表》《论效用与效用的衡量》。度比的主要贡献在于运用边际分析方法研究公共工程的效益，并制定相应的价格和税收政策。他提出了边际效用递减、消费者

阿塞纳·朱尔斯·埃米尔·度比

剩余、垄断价格歧视等当下学者熟知的经济学概念。

1. 边际效用与需求曲线

度比在主观边际效用的基础上，提出一种产品对不同人的价值是不同的，且一个人从一种产品中获取的满意程度或效用会因其消费的数量不同而不同。

度比从边沁等经济学家那里继承了关于主观效用和边际效用递减的思想，但又超越了他们，将边际效用递减和"消费曲线"结合起来，表明边际效用随消费的增加而下降，并且在产品价格和需求数量之间存在一种反向关系。

---

① 安东尼·奥古斯丁·古诺. 财富理论的数学原理的研究 [M]. 陈尚霖，译. 北京：商务印书馆，1999：78.

度比确定了需求曲线的概念，在他的阐释中，需求曲线就是边际效用曲线。连续消费某一特定产品将带来越来越少的额外满足。除非价格下降，否则消费者不会购买额外的产品。

2. 消费者剩余

度比在对消费曲线的分析时提出了后来被称为"消费者剩余"的概念，他写道："只有实际效用才是人们愿意为之支付的，而相对的或最后的效用则表现为购买者为得到他所作出的牺牲，和他在交换中所需支付的购买价格之间的差额。"①

消费者的"所得"与"支出"之间的差额就是消费者剩余。其中，在需求曲线上每一单位边际效用与其价格之间的差额被称作相对效用，所有的差额相加的总和就是消费者剩余。

3. 垄断价格歧视

在思考了如何从消费中获取"消费者剩余"后，依照什么标准收费才能既使得收入最大化又使得消费者满足程度最大化？如果目标是效用最大化，那么价格应当设定为零。然而当价格为零时，提供产品或服务的成本无法得到补偿。如果价格高于零，那么部分效用会从消费者处转移到卖者，同时部分效用会消失。度比意识到这个问题，提出了垄断下的价格歧视。

度比建议应该执行这样一个价格使得产品或服务的成本能得到补偿，同时总效用损失最小。他提出一个双重或多重价格方案使总效用的损失小于总成本。对这些消费者实行的高于成本的价格不会导致总效用的损失，它只是将一部分消费者剩余转移给了卖者的额外收益。

(三) 屠能的经济思想

约翰·海因里希·冯·屠能（Johann Heinrich Von Thünen，1783—1850 年），19 世纪德国经济学家和农学家，被认为是现代区位理论的奠基人之一。他于 1783 年出生在德国梅克伦堡-前波莫瑞州。屠能在经济学和农业领域作出了重要贡献，并通过他的著作《孤立国》（全名为《孤立国同农业和国民经济的关系》）而闻名。在 1826 年出版的本书第一卷中，他提出了一种理论，主要考虑各种形式的

约翰·海因里希·冯·屠能

① DUPUIT J. On the Measurement of the Utility of Public Works ［J］. International Economic Papers, 1844 (2)：83—110.

农业生产的位置与出售产品的市场之间的关系。在 1850 年出版的《孤立国》第二卷中，他扩展了他的分析，并且在这个过程中建立了一个初步的工资和资本的边际生产力理论。

在屠能的区域理论中，他提出以下假设：

"设想一个巨大的城市，它位于一个肥沃的平原的中央，平原没有可以通航的河流或运河通过。整个平原的土地都适宜耕种并且具有同等肥沃程度。远离这个城市，平原逐渐变成了没有耕种的原野，它将这个国家与外面的世界完全隔绝开来。

"这个平原上没有其他的城市。因此，这个中心城市必定为农村地区提供所有的制造业产品，而作为回报它将从周围的农村地区获得一切粮食供给。"①

进一步屠能提出了他的核心问题：

"我们想要解决的问题是：在这些条件下会形成什么样的耕作模式。不同地区的耕作制度是怎样受到它与城市的距离的影响的？通篇我们都假设耕作行为是完全理性的。

"从总体上看，很明显靠近城市的地方应该种植那些相对于它们的价值来说很笨重或者体积很大的产品，因为运输费用太昂贵以至于较远地区不能提供它们。在较近的地区我们也能发现非常容易腐烂、必须尽快消费掉的产品。随着与城市距离的不断增加，土地逐渐被用来生产其运费相对于价值来说较便宜的产品。

"仅仅由于这个原因，在城市的周围会形成非常不同的同心圆圈或地带，每个圆圈都有其自己特定的大宗产品。

"从一个圆圈到另一个圆圈的大宗产品和与之相应的整个耕作制度都会发生变化，在不同的圆圈内我们会发现完全不同的耕作制度。"②

图 6-1 描述了屠能的农业区域理论，围绕着城市的多个同心圆，每个同心圆内都被用于某一特定类型的农业用途。离城市的距离越远，生产越稀疏，产品越不容易腐烂，其承担运输成本的能力也越高。

---

① J. H. V. THÜINEN. The Isolated State：1 [M]. Oxford：Pergamon Press, 1966：7.
② 约翰·冯·屠能. 孤立国同农业和国民经济的关系 [M]. 吴衡康，译. 北京：商务印书馆，1986：192-193.

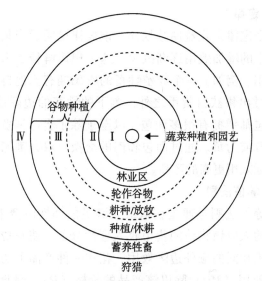

图 6-1　屠能的农业区域理论

　　屠能基于认真的农业位置类型思考，提出了一种资源使用的边际生产力理论。该理论建立在劳动单位不断增加导致农产品总产量递减的原理上。他进一步推广了这个规律的适用性。他指出，按照这个规律，农场主应该将雇佣劳动力控制在使最后一名雇工的成本与增产的价值相等的程度上。屠能的观点是雇主应该增加劳动力数量，直到劳动的边际收益产物的收益等于雇工的工资支出。此外，屠能认识到最后一名雇工的边际产品决定了所有工人所获得的"自然工资"。这种经济学推理为约翰·贝茨·克拉克和阿尔弗雷德·马歇尔的后续贡献奠定了基础。

　　（四）戈森的经济思想

　　赫尔曼·海因里希·戈森（Hermann Heinrich Gossen，1810—1858 年）是边际主义的先驱者。他辞去基层公务员的岗位后，用 4 年时间写成了他发表过的唯一作品——1854 年出版的《人类交换规律与人类行为准则的发展》，该书面世之后在 25 年中几乎没有得到任何关注，仅售出了寥寥数本，因此戈森失望地召回并销毁了剩余的书籍。不过其中已经包含了对于边际效用理论的公式化，他超前的思想直到他去世之后才得到了真正的赏识。威廉·杰文斯在出版《政治经济学原理》之后，偶然发现他的边际效用理论其实早就被戈森预见到了。在以后的版本中，杰文斯将其归功于戈森。这位先驱理论家在去世后得到了声望，他的书也在 1889 年得以重印。

1. 戈森第一定律

戈森的第一个定律是收益递减规律。该规律说明了当某种产品的消费量增加时，其所带来的增加效用逐渐减少。这一规律解释了为什么自愿交换能够提高双方的效用。例如，一个养殖牲畜的农民拥有比他自身消费需求更多的牲畜，除了通过出售获得货币之外，剩下的牲畜的边际效用较低或为负。同样地，一个面包师傅拥有很多面包，以至于除了自己消费之外，每块面包的边际效用也较低或为负。通过面包和肉的交换，双方都能获得比他们最初的产品提供的边际效用更高的产品。

2. 戈森边际等值法则

戈森的边际等值法则是通过获取最大满足的理性消费来平衡边际效用。戈森认为，理性的人应该将他的货币收入理性分配，使花费在每一种商品上的最后一元钱产生相同的额外边际效用。花在一件产品上的每单位货币的边际效用等于边际效用（MU）除以该产品的价格（P）。因此，戈森效用最大化的条件用公式表示就是：

$$\frac{MU_1}{P_1} = \frac{MU_2}{P_2} = \frac{MU_3}{P_3} = \cdots$$

其中，MU_1 和 MU_2 等为产品的边际效用，P_1 和 P_2 等分别为它们的价格。

二、边际主义的发扬者

（一）杰文斯的经济思想

威廉姆·斯坦利·杰文斯（William Stanley Jevons，1835—1882 年）是英国利物浦的一位学者，也是早期边际效用理论的先驱之一。他在澳大利亚一家造币厂担任了 5 年的试金师，积攒了足够的资金后返回英格兰继续深造。因为未能赢得伦敦大学学院政治经济学奖学金，他对此深感失望和痛苦。他认为教授们对自己的新思想产生了偏见。杰文斯出版了几本关于逻辑学的著作，并先后在曼彻斯特大学和伦敦大学学院担任逻辑学、政治经济学和哲学教

威廉姆·斯坦利·杰文斯

授。1870 年，他在皇家学会展示了他发明的一种逻辑机器，该机器能够根据一系列前提自动得出结论。此外，杰文斯还是一位著名的科学史学家，对指数的发展作出了杰出的贡献。

杰文斯对李嘉图的评价是"头脑错误的有才能之人",认为他在经济科学的发展方向上犯了错误。杰文斯还认为亚当·穆勒进一步将经济学领域引向了混乱,他更倾向于支持西尼尔的经济分析理论。与李嘉图不同的是,杰文斯认为珍珠之所以有价值,是因为购买者可以从中获得效用,而人们潜入水中寻找珍珠是因为它们具有这种价值。与具体的珍珠相关的效用水平取决于个人现有的珍珠数量。

赋予威廉姆·斯坦利·杰文斯持久声誉的是他在 1871 年发表的卓有影响力的著作《政治经济学理论》。在这本举足轻重的书籍中,杰文斯宣布对传统的、古典的经济学理念进行了深切的断裂与反思,他的决定主要源自对古典经济学模型和假设的强烈指责,他认为这些模型和假设既扭曲又荒谬。

杰文斯最为人熟知的攻击对象,是古典学派的价值理论。在杰文斯的观念中,一个商品的价值并非取决于生产它所需的劳动投入量,而是由被他定义为"最终效用"的程度所决定,或者更精准地说,是由他所创造的"边际效用"的理论概念所决定。

因此,为了全面理解和解释杰文斯的价值理论,我们需要从他构建的边际效用递减规律的理念出发,这个法则充分解释了为何随着消费单位的增加会带来递减的满足感。只有深刻理解了这个主要概念,我们的观察焦点才能转移到相关的理念上,其中包括理性消费者的行为模式、个人交换与市场交换之间的互动,以及最优的劳动力分配要素等主题。

1. 边际效用递减理论

杰文斯的边际效用递减理论类似于此前戈森和度比的思想。杰文斯认为,效用不能直接度量,至少不能用现成的工具来度量。这种主观快乐或满足程度只能通过观察个人的行为和注意个人的偏好来估计。他还反对任何试图比较不同人之间的快乐和痛苦强度的尝试。但是杰文斯认为,对于单个人能够比较某一产品的连续个单位的效用,并且能够比较几种商品的边际效用。"我们几乎不需要考虑效用程度,只需考虑消费的最后一单位增加量的效用,或者相同的是,即将消费的最后一单位增加量的效用。因此,我们通常用最后的效用程度这一表述方式来表达增加最后一单位所带来的效用程度,或者是对现存数量的一个非常小或者无限小的下一单位可能的增加所带来的效用程度。"[1]

杰文斯使用图形和数学方法表达了总效用与边际效用之间的区别以及边际效用递减规律。他用 u 表示消费 x 数量某商品带来的总效用,用总效用对 x 的

---

[1] W. S. JEVONS. The Theory of Political Economy [M]. 3rd ed. London: Macmillan, 1888: 51.

一阶导数表示边际效用，边际效用也会随着 x 的增加而减少，即二阶导数为负。

杰文斯的边际效用递减规律解决了困扰古典经济学家的水和钻石悖论。亚当·斯密认为，尽管水的总效用远远大于钻石的总效用，但钻石的边际效用却远远大于水的边际效用。这意味着虽然水对我们的生存至关重要，但在我们已经拥有足够的水的情况下，我们更愿意获得一颗额外的钻石而不是额外的一单位水。这表明效用与交换价值之间没有直接关系，虽然水比钻石更有用，但钻石的价值却更大。边际效用递减规律提供了对这种现象的解释。

2. 交换理论

杰文斯运用效用最大化原理解释了交换所带来的利益。他以一个只有牛肉的团体 A 和一个只有谷物的团体 B 为例。他探究了交换如何使双方受益，并且确定了交换将在何时停止。由于团体 A 只有牛肉，牛肉的边际效用与价格比将很低，而谷物的边际效用与价格比将很高。根据等边际效用原则，团体 A 通过放弃牛肉获取谷物而获得利益。团体 B 也面临类似情况，放弃谷物所带来的效用损失将远小于获得牛肉所带来的效用。

交换将在何时停止？杰文斯认为，当每个团体商品的边际效用比率与价格比率相等时，交换将停止。换句话说，当贸易团体不再从交换中获得额外效用利益时，交换将停止。

3. 劳动理论

杰文斯效用理论的兴起意味着古典劳动价值论的终结。古典学派认为，商品之所以有价值是因为生产该产品所包含的劳动，产品的价值反映了生产商品和服务的价值。杰文斯在反驳劳动价值论时认为："我认为劳动是完全可变的，因此它的价值必须由产品的价值来决定，而不是产品的价值由劳动的价值来决定。"[1]

回想一下，杰文斯认为效用是交换价值的决定因素。在其《政治经济学理论》中的某处，他这样来表达他的思想：

"生产成本决定供给。

"供给决定效用的最后程度。

"效用的最后程度决定价值。"[2]

---

[1] W. STANLEY JEVONS. The Theory of Political Economy [M]. 3rd ed. London: Macmillan, 1888: 166.

[2] W. STANLEY JEVONS. The Theory of Political Economy [M]. 3rd ed. London: Macmillan, 1888: 166.

杰文斯反驳了劳动价值论，坚信生产成本不能决定价值。他认为劳动本身的价值是不相等的，因为劳动在质量和效率方面存在巨大差异。劳动本身是一种主观的、心理上的成本，一种被描述为"痛苦的努力"的现象。经济学的问题在于如何以最少的劳动数量满足我们的需求。为了实现这一目标，工人们必须在工作的痛苦和收入的快乐之间作出权衡。

（二）门格尔的经济思想

卡尔·门格尔（Carl Menger，1840—1921 年）出生于加里西亚的一个律师家庭。其学术之路开始于在维也纳大学和布拉格大学的深造，之后他在克拉科夫大学取得博士学位，并最终进入维也纳大学执教。1871 年，门格尔发表了他的关键著作《国民经济学原理》，此书具有里程碑式的重要性。显然，门格尔的野心并不仅止于此，他的长期目标是编撰一部涵盖经济学全貌的综合性著作，同时创建一部全面解析社会科学领域核心方法与本质的关键性作品。1903 年，门

卡尔·门格尔

格尔决定放弃他的教授职务，以便能全身心地投入他的写作事业中。然而，在他余生的 30 余年时间里，他发表的作品却相对有限，这主要是由于他对自己的写作水平和成果感到不满。离世后，他留下了大量的手稿，这些手稿尽管未完成且混杂，但反映了他较广泛的研究兴趣和探索范围。

1. 主观价值论

像杰文斯一样，门格尔也基于效用概念建立了他的价值理论。然而，与杰文斯不同的是，门格尔故意避免使用数学，并且不将他的理论建立在边际主义的基础上。门格尔首先对价值进行了主观意义上的定义："价值就是经济人对于财货所具有的意义所下的判断。因而它绝不存在于经济人的意识之外。"[①]

门格尔认为消费者在每个时点上都有多种欲望需要协调满足，并且各种欲望的满足对消费者而言具有不同的重要性，门格尔用欲望分级表表达了这一思想。表 6-1 中显示了 10 件商品或 10 类商品，分别用罗马数字 Ⅰ 到 Ⅹ 表示；各个单位边际效用的假设价值，如商品 Ⅰ 的边际效用 1 到 10 表示。每一列向下的连续数字代表由于指定商品消费的增加所引起的总满足程度的连续

---

① 门格尔. 国民经济学原理 [M]. 刘絜敖，译. 上海：上海人民出版社，1958：67-68.

增加。最重要的消费品是Ⅰ，最不重要的是Ⅹ。假设消费的第 1 个单位的消费品Ⅰ提供的效用为 10，如第 1 列所示；如果同一天又消费了第 2 个单位的消费品Ⅰ，它的效用将是 9。10 个单位的消费品Ⅰ中最后一单位所提供的满意程度为 1。从第 1 列中可以看到，第 11 单位的消费品Ⅰ对这个人的总效用没有增加。

表 6-1　门格尔的欲望分级表

Ⅰ	Ⅱ	Ⅲ	Ⅳ	Ⅴ	Ⅵ	Ⅶ	Ⅷ	Ⅸ	Ⅹ
10	9	8	7	6	5	4	3	2	1
9	8	7	6	5	4	3	2	1	0
8	7	6	5	4	3	2	1	0	
7	6	5	4	3	2	1	0		
6	5	4	3	2	1	0			
5	4	3	2	1	0				
4	3	2	1	0					
3	2	1	0						
2	1	0							
1	0								
0									

假设一个人想花掉 10 元，且所有商品每单位都是 1 元，这 10 元将如何分配？利用等边际规则可以确定答案是 4 单位的商品Ⅰ，3 单位的商品Ⅱ，2 单位的商品Ⅲ和 1 单位的商品Ⅳ。在这个组合上，全部的 10 元都将被花掉，而每件商品的边际效用与价格的比率将是 7/1 元。

在门格尔的上述假设中存在一个隐含假设，即每一单位的商品都代表着等量的货币支出、努力或者牺牲。另一项隐含的前提则是经济主体能够不只以序数方式排列其满足感，还能以基数的形式来对满足感进行排序。门格尔坚信，价值的衡量应完全属于主观范畴。因此，对某一人构成极大价值的商品，对于另一人可能只有微小的价值，甚至在第三个人眼中毫无价值。这完全取决于个人的偏好差异以及所获得的收入情况。由此，可以得出一个结论：价值本质的主观性和价值量化的主观性是相互对应的，与生产成本无关。

交换价值的根基在于不同经济主体对同一产品的不同的相对主观评价。亚当·斯密认为，交换价值是因为交易、贸易、以物换物的趋势，贸易本身就是目标，因其带来了愉快感。而门格尔持相反的观点，他认为贸易的目的在于提升交易者获得的满足程度。贸易行为能提高双方的总效用。"从总体上看，催动人们进行交易的原则和驱使他们进行经济活动的原则是一样的，这就是尽可能满足他们的需求。"

2. 归因理论

门格尔的归因理论源于他对生产要素定价的思考。边际主义者注重强调消费者需求，特别是其主观心理因素在价格决定上的关键作用。边际效用与总效用的概念指向消费者需求，因此，这些概念主要应用于消费品与服务的领域。然而，那些被应用于生产过程中的"高阶"产品，例如机器设备、原材料、土地等的价格是怎样决定的呢？

在门格尔的归因理论框架下，他主张这类"高阶"产品也在满足消费者的需求，尽管这种满足更多的是在间接的层面上，即通过辅助生产那些直接满足消费者需求的产品来实现。以铁为例，消费者对铁的边际效用是由铁制成的最终产品（如针）的边际效用所驱动的；铁的价值在于其被归因于针的使用价值。

边际效用原则被门格尔扩展到了完整的生产和分配领域。例如，地主获得的地租是由其土地上所种植的作物的边际效用所决定的。各种生产要素的价值被追溯至其使用价值，而这些使用价值最终决定了它们的交换价值。生产资料的现值等同于它们预计产生的消费品的未来价值（基于边际效用），再减去两项额外扣除：一项是"资本服务的价值"（利息）的边际扣除，另一项是赋予企业家行动的报酬（利润）。所以说，门格尔的分配理论和价值理论都根植于边际效用的观念，这在经济学史上是一项重要的创新。

门格尔的归因理论是对劳动价值论和实际成本价值论的一次重要批判。门格尔主张，坚持认为产品对我们具有价值是由于在它们的生产过程中已经使用了对我们具有价值的物品，这种观念本身是一个根本性的错误。他认为这种错误的观点无法解释土地服务、劳动服务和资本服务的价值。

换言之，门格尔认为生产过程中所使用的物品的价值，必须由它们所辅助生产的消费品的预期价值决定，而这项规则不能有任何例外。他排斥了劳动价格由劳动者及其家属最低生存费用决定的观点。在他看来，劳动服务的价格，像所有其他产品一样，是由其价值决定的，而这些价值是由"在没有劳动服务的情况下，我们不能获得满足的那些需求的重要性"所决定的。

(三) 瓦尔拉斯的经济思想

里昂·瓦尔拉斯（Léon Walras, 1834—1910
年）出生于法国的埃夫勒（Evreux）。他的父亲
奥古斯特·瓦尔拉斯是一位著名的经济学家，曾
任法国卡因皇家学院的哲学教授，于 1831 年出
版了《财富本质和价值起源》一书，并对小瓦尔
拉斯产生了重大影响。年轻的瓦尔拉斯在阅读古
诺的《财富理论的数学原理的研究》后受到启
发，开始对经济学产生兴趣，并决定专门研究经
济学。从 1858 年起，他在父亲的指引下开始自

里昂·瓦尔拉斯

学经济学。1860 年，他因在瑞士洛桑参加的一次赋税会议上宣读的一篇论文
获得了奖项。

1870 年，瓦尔拉斯成为洛桑大学的政治经济学教授，开启了他的学术生
涯。在洛桑大学，他创建了著名的洛桑学派，并强调将数学应用于经济学分
析。在他的推动下，洛桑大学还成立了数理经济学派中心。1892 年退休时，
瓦尔拉斯推荐意大利经济学家帕累托作为他的继承人，帕累托进一步发展了
无差异曲线的应用。

瓦尔拉斯对经济学的贡献得到了广泛的认可。他免费向他人发送自己关于
经济学的论文，因此他的研究获得了世界范围内的赞誉。他被聘为美国经济学
会的名誉会员。在他生命的最后阶段，他成为经济学界备受尊重的人物。

1. 稀少性价值论

尽管瓦尔拉斯的主要著作公开比杰文斯和门格尔的著作晚了三年，但他
们的基本理论概念仍具有很大的相似性。三位经济学家都从物品效用递减和
供应有限的前提出发，来分析和解释"价值"。唯一的区别在于，瓦尔拉斯没
有使用"边际效用"或"最后效用"的概念，而是选择使用"稀缺性"这个
词。这显示，尽管在词汇表述上有所不同，但他们的理论主张基本是一致的，
都强调了供需平衡与稀缺资源的重要性。

"经济科学对价值起源问题提供了三种解答：第一种是亚当·斯密、李嘉
图和麦克库洛赫所做的英国的解答，他们把价值的起源追溯到劳动。这个解
答太狭窄了，没有把价值归到实际有价值的东西上。第二种是孔狄亚克和萨
伊所做的法国的解答，他们把价值的起源追溯到效用。这个解答太广泛了，
将价值归到了实际上没价值的东西上。第三种是由让·勃拉曼克和我父亲

奥古斯特·瓦尔拉斯提出的，把价值的起源追溯到稀少性，这是正确的答案。①

"我把被满足的最后欲望强度叫作稀少性，英国人把它叫作最后的效用程度，德国人称之为边际效用。"②

瓦尔拉斯的理论强调将欲望满足的强度作为商品供给量的函数，这个强度随着商品供给量的增加而递减。他将这个最后一单位商品带来的欲望满足的强度称为"稀缺性"。瓦尔拉斯认为，需求曲线的下降是由效用递减趋势所决定的。随着物品数量的减少，欲望的满足强度增加，边际效用也就增加，而需求量则相应降低。总效用表示一定数量的商品消费所满足的欲望总和，而边际效用则表示最后一单位被消费的商品所满足的欲望的强度。

瓦尔拉斯用价格来代表交换价值并代替价值，这样，他就用价格理论取代并取消了价值论。他从两种商品交换的场景开始分析价格的形成。在他设想的完全竞争市场中，甲乙双方都对各自拥有的商品没有需求，却对对方的商品有需求，因此产生了交换的动机。交换的目的是达到最大程度地满足。这样，经过交换，双方认为他们持有的两种商品的"稀缺性"的比率正好等于这两种商品的价格或交换价值的比率。

2. 一般均衡理论

瓦尔拉斯的"一般均衡理论"是他理论体系的核心部分和最显著的贡献。他的理论是基于"稀缺性价值论"构建的，从讨论两种商品的交换情况扩展到各种商品的"一般"交换情况，以此提出一般交换下价格决定的原理。

瓦尔拉斯的理论强调所有商品的价格是相互联系、相互影响、相互制约的。任何一种商品的供求，不仅取决于该商品本身的价格，也受到所有其他商品价格的影响，因此，所有商品的价格必须与其他商品的价格一同确定。当所有商品的价格恰好使供需达到平衡时，市场就会达到均衡状态，也就是所谓的一般均衡状态。这时的价格被称为均衡价格，这就是瓦尔拉斯所描述的价格。这种均衡状态，瓦尔拉斯称之为"一般均衡"，而驱动它的最终原因便是"稀缺性"。

瓦尔拉斯的一般均衡视角与杰文斯、门格尔以及后继的马歇尔所采用的部分均衡法则显著不同。瓦尔拉斯主张，最初在某一单独市场内引发的变动

---

① LÉON W. Elements of Pure Economics [M]. London：Allen &Unwin, 1954：201.

② LÉON W. Elements of Pure Economics [M]. London：Allen &Unwin, 1954：463.

会通过经济体系的整个连带网络进行传导，直至所有市场一同达到均衡状态。瓦尔拉斯的一般均衡理论形塑了一种框架，此框架允许从更宏观的视角——即涵盖商品和生产要素——来探讨价格与产量之间的基本相互作用。瓦尔拉斯的目标在于，通过数学模型证实所有价格和产量能够适应并达成一致的水平。此理论构成了一种静态分析，因为它假定了所有基本决定因素均为固定的，这包括消费者偏好、生产函数、竞争形式以及供给要素等。

瓦尔拉斯的理论揭示了在市场经济中，所有价格均互相联系、互相影响和互相制约，并通过数学方式决定。依托于等式数量等于未知量数目的原则，瓦尔拉斯阐述了市场交换下一般均衡问题可确定解的论证过程，并得出了一般均衡条件下的价格决定公式：边际效用比等于价格比。

（四）维塞尔的经济思想

弗里德里希·冯·维塞尔（Friedrich von Wieser，1851—1926 年）是奥地利学派知名的三位代表人物之一。他出生在维也纳一个公认的贵族家庭，该家庭有通向公共服务部门的历史传统。他选择在维也纳大学攻读法律并完成学业，在此期间，他深读了门格尔的经济学作品，其中的思想着实使他震撼，激发了他赴德国进一步研究经济学的决心。受门格尔支持，他最终在德国布拉格大学获得经济学教授的职位。在此后的岁月里，他回到维也纳大学

弗里德里希·冯·维塞尔

任教，并在奥地利政府中担任了重要职务，曾一度出任商务部长。他将边际效用这一概念融入经济学的术语体系之中。

1. 交换价值与自然价值

冯·维塞尔是边际主义理论的坚定信奉者，他否认存在"客观的"交换价值，坚持认为这一价值基于个体的主观判断，并由一个由个体组成的群体来决定。"真正的边际价格是否准确反映了一件商品的边际效用？"这是一个可能的问题。比如，考虑一名富有的艺术收藏家和一名普通的艺术爱好者。富有的艺术收藏家可能愿意为一幅名画支付数百万美元的高价，而普通的艺术爱好者只能支付几百美元。然而，这并不意味着富有的艺术收藏家获得了比普通艺术爱好者更多的边际效用。对于这两个人来说，哪一个确实获得了更大的边际效用？冯·维塞尔对这类问题有着非常清楚的认识。

冯·维塞尔论述道，钻石和黄金价格之所以居高不下，是由于它们的豪

华属性，其估价和支付是根据最富裕的社会阶层的购买力来进行确定的。而像粗粮和铁之类的普通品价格偏低，原因在于它们是日常必需品，其价格主要受到较为贫困者的购买力和对其商品价值的估计所影响。

冯·维塞尔引入了自然价值的概念，自然价值是所获得的全部产品的边际效用之和。"就自然价值而言，产品仅仅按照其边际效用评估；就交换价值而言，它们按照边际效用与购买力的组合来评估。按照自然价值来评估，奢侈品就会被大大低估，而按照交换价值进行评估，必需品却被相对大大高估了。交换价值即使被认为是完美的，也是自然价值的一种扭曲，如果我们可以这么说的话；它干扰了经济的对称性，扩大了小的而缩小了大的。"①

冯·维塞尔认为，对于同一种类型的产品来说，每单位的效用等于最后一单位的边际效用，原因在于，任何一个单位都可以被视为边际单位。按照他的观点，如果需求不变但供应增加，那么边际效用一定会下降，这是他的"供给定律"。同时，他的"需求定律"认为，如果需求增加而供应保持不变，边际效用会上升。

对于门格尔的观点，冯·维塞尔表示赞同：一个商品的总价值等于其边际效用乘以可获得的单位数量，这引发了"价值悖论"。每增加一单位产品会带来递减增量的效用。在我们拥有零产品或超量产品时，价值以及由此产生的效用都将等于零。在某一点，边际效用与产品的数量相乘，将导致总价值的下降。尽管冯·维塞尔并未明确这点，但在需求无弹性的情况下，这种情况就会出现。

因此，当需求无弹性时，我们是否会发现较大的产品供应比较小的产品供应更无利，因为它只能以更低的价格售出？为了创造和增加价值，我们是否应该将过剩的产品转化为需求，并进一步将需求扩大？冯·维塞尔的回答是否定的。他认为所有经济活动的至高无上原则是总效用（自然价值）。当总价值与总效用对立时，效用必定获得支配地位。

然而，他自信地认为，人类的经济活动几乎全都在一个区域内进行，即在那里，产品供应的增加会同时提升总价值和总效用；换而言之，需求是有弹性的。"对于大部分产品来说，我们远未达到产品过剩的程度，因此几乎每次产品增加都会带来相应总价值的增加。"同时，"价值是计算效用的一种方式"。自由竞争能够阻止企业通过限制产出以提高价格。如果有垄断企业通过

---

① FRIEDRICH VON WIESER. Nature Value [M]. London：Macmillan, 1893：62.

限制产出来提高价格，那么政府就必须介入，"但这种情况非常少，社会并不需要采取社会主义的组织模式"。社会的自由经济秩序只需要得到"政府适当的补充性干预"。

2. 机会成本

冯·维塞尔以后来称为"机会成本理论"或"选择成本概念"而为人所知。这个理念将生产成本转化为一种主观的心理成本，定义了为生产特定产品而放弃生产和销售其他产品的企业家的决策。

一名企业家在考虑引致成本时，会考虑达成特定目标所需要的生产资料的数量。但在此过程中，他意识到他的选项需要一种"牺牲"。这种牺牲在哪儿呢？当一名生产者将一定数量的材料，如铁，投入生产某一特殊产品中时，他的成本是什么？这种牺牲在于他放弃了其他的可能性，即这些原材料如果没有投入这个特殊产品的生产中，可能会被用于生产其他的产品。我们可以清楚地看到，生产成本实际上是由许多广泛分散、多用途的生产要素构成的。这些要素保证了多方面的营利性产出。但是，为了实现其中一个目标，就必然意味着牺牲在其他方面的可能收益，这就是成本概念所指的"牺牲"：即生产某一特殊产品所需的生产成本或生产要素成本的数量，这部分生产成本或要素成本原本可以用来生产其他的产品。

企业家通常会通过比较一个产品的利润与成本来比较两种效用的数量。经济学家普遍认为机会成本原理广泛适用于经济生活中。例如，当一个人拥有一杯水时，他可以选择将其喝掉以满足自己的口渴感，或者用它来浇灌植物。一个国家决定将资金用于建设基础设施，比如修筑道路和桥梁，这可能会导致在其他领域，比如教育和医疗，资源的减少。一个人决定将他的时间花费在工作上，以获得额外的收入，但这可能会减少他用于休闲和家庭活动的时间。一个农民决定将他的土地用于种植小麦，而不是种植水果，这意味着他放弃了种植水果所带来的潜在收益。当企业家考虑他们的隐含工资、利息和租金成本时，也会涉及机会成本，因为这些要素都可以通过其他方式获得收益。

机会成本原理有助于揭示个人、企业甚至国家在经济中必须面对的基础问题。然而，这一理论无法清晰地解释交换价值的基本特性。它暗示了一个商品的价值就是所放弃的商品的价值，但是，并没有明确到底是什么决定了我们放弃的那些商品的价值。

(五) 庞巴维克的经济思想

欧根·冯·庞巴维克 (Eugen von Böhm-Bawcrk, 1851—1914 年) 是奥地利的一位经济学家，以其对资本理论和利息的贡献而闻名。他是奥地利学派经济学的重要成员之一，也被誉为边际效用理论和一般均衡理论的先驱之一。庞巴维克于 1851 年出生于奥地利的布伦。他在维也纳大学学习法学，并在 1875 年获得了博士学位。尽管他的专业是法学，但他对经济学产生了浓厚的兴趣，并开始研究经济理论。庞巴维克受到卡尔·门格尔的影响，成为门格

欧根·冯·庞巴维克

尔的支持者。他的研究集中在资本理论和利息上，他的兴趣在于解释资本形成、资本积累和利息的起源与决定因素。他在 1889 年出版的《资本实证论》(*The Positive Theory of Capital*) 一书中阐述了自己的资本理论和对利息的分析，该书被认为是利息理论的重要里程碑。庞巴维克的工作受到了广泛的关注和尊重。他的思想对后来的奥地利学派经济学家，如路德维希·冯·米塞斯和弗里德里希·哈耶克产生了深远影响。

1. 利息理论

庞巴维克在利息理论方面的主要贡献有三个方面：一是利息的时间优选理论；二是他将生产作为一个迂回的过程进行分析；三是基于经济增长的预期。庞巴维克的利息理论是对经典利息理论的重要补充，并形成了奥地利学派利息理论的主要部分。

第一，庞巴维克的时间优选理论基于一个核心假设，即人们对当前消费的偏好大于未来消费。这就意味着人们愿意为现在的消费支付溢价，这个溢价就是庞巴维克的利息理论中的利息。根据庞巴维克的理论，人们倾向于更早地享受消费，这种倾向被称为"时间优选"。然而，如果人们愿意推迟他们的消费，并愿意在未来进行消费，那么他们会期望有一种报酬，这种报酬就是利息。因此，利息被庞巴维克视为由时间优选造成的。为了推迟消费，投资者需要被赔偿，这种赔偿就是利息。这样的理论解释了为什么在没有通货膨胀的情况下，利率依然存在。只要人们倾向于现在而不是未来消费，利息就会存在。

第二，庞巴维克提出的理论中，时间成为影响厂商决定生产商品或职能服务的主导要素。他认为，厂商能够采取迂回的生产策略，通过延长生产周

期的方式，实现最终产出的增加。迂回生产是一种在提供最终产品给消费者的过程中，更大程度地动用工具和资本，扩大中间产品的产出，并使生产过程通过多个阶段完成的方法。以庞巴维克经常引用的例子来说，我们借助于手、桶或管道从泉水中提取饮用水，这些方法逐渐变得更加间接，但也相应地提高了效率，能够获取更多的水。尽管评估生产过程的迂回程度在实际操作中显得略有挑战，但迂回生产的理论体现了平衡选择的核心思想：在现阶段即刻取得有限的产品和在远期获取更多的产出之间作出选择。

第三，它源自一个关于个体对现在消费与未来消费的偏好和权衡的思想。根据这个基础，个体准备借钱并支付利息用于满足当前的消费需求，因为他们预期将来会拥有更多的财富。这个基础表明，个体对现在与未来的消费作出了优先选择，并愿意支付利息以获得现在的满足。他们可能认为通过当前的消费，他们可以享受生活并提高生活质量，而未来的财富增长可以帮助他们偿还借款和支付利息。

2. 对社会主义的批判

庞巴维克批评了马克思学说中的劳动价值理论，特别是对价值理论和剩余价值理论提出了质疑，并提出了以边际效用为基础的替代理论。他主张，资本形成和积累是通过个人的时间首付和未来利益的贴现来实现的。他的资本理论也强调了资本的时期性和异质性，认为不同期限的资本具有不同的边际效用和价值。

庞巴维克在《卡尔·马克思及其体系的终结》（*Karl Marx and the Close of His System*）一书中提出了一系列批评和论点，对马克思主义经济学的理论和分析进行了详细的讨论和质疑。

（1）剩余价值理论。

庞巴维克认为马克思的剩余价值理论存在严重的问题。马克思主张工人的劳动力创造了商品的价值，而他们接受的工资则小于他们创造的价值，从而为资本家创造剩余价值。但是庞巴维克批评称，这个理论忽视了资本家的投资、风险承担和经营管理等重要因素对价值创造的贡献，也忽视了其他非劳动要素对产品价值的影响。

（2）价值法则和价格理论。

庞巴维克反驳了马克思的价值法则，即商品的价值完全由劳动时间决定。他认为，价格不仅由劳动力创造的价值决定，还受到市场供求、消费者偏好、生产成本等多种因素的影响。庞巴维克进一步指出，卡尔·马克思在解释商品的交换比例时陷入了自相矛盾：商品价格不能同时由劳动价值和供需决定。

（3）历史唯物主义。

庞巴维克拒绝了马克思关于社会和经济的变迁都由生产力决定的历史唯物主义观点。他认为，社会发展并非只取决于物质生产力的发展，还取决于人类的道德和精神发展，这些因素都可以对经济和政治产生重大影响。

（4）无产阶级革命。

庞巴维克对马克思主张的无产阶级革命和社会主义社会的理想提出疑问，他认为这种理想无法实现。而且他对马克思主张的阶级斗争观点表示反对，他认为通过和平的改革，而非暴力的革命，社会更可能实现更公平的分配。

庞巴维克的《卡尔·马克思及其体系的终结》一书对马克思主义经济学产生了重要影响，并促使后来的经济学家对马克思主义理论进行了深入的研究和回应。他的批评和质疑为经济学领域提供了新的思考和理论发展的动力。

（六）埃奇沃思的经济思想

弗朗西斯·伊西德罗·埃奇沃思（Francis Ysidro Edgeworth，1845—1926 年）出生于爱尔兰，是英国经济学家和统计学家，被公认为 20 世纪初数理经济学的先驱之一。他的贡献主要集中在数学经济学、边际效用理论和福利经济学方面。

埃奇沃思曾在牛津大学基督堂学院学习数学和哲学。毕业后，他通过了印度公务员考试并获得了一个政府职位。在印度期间，他对农村收入

弗朗西斯·伊西德罗·埃奇沃思

和土地所有权进行了研究。他的这些研究奠定了他将数学方法应用于经济学的基础。

回到英国后，埃奇沃思成为牛津大学的经济学和统计学教授。他与同行们密切合作，为经济学注入了更多的数学分析。他致力于发展边际效用分析，提出了著名的埃奇沃思盒状图（Edgeworth box），展示了两个消费者之间的交换关系。这成为后来一般均衡理论的基础。他是英国皇家经济学会的创建者之一，担任《经济学杂志》（*Economic Journal*）编辑长达 35 年，曾担任了一个任期的统计学会主席，并且是英国科学院的成员。埃奇沃思的学术贡献还包括福利经济学的发展。他对社会福利最大化的理论进行了深入研究，提出了一些核心概念，如帕累托改进和帕累托优化。他的作品影响了后来福利经

济学和社会福利理论的发展。

1. 无差异曲线与交换理论

在埃奇沃思的《数学心理学》中，他提出了"无差异曲线"（indifference curve）的概念，他说，无差异曲线表示能够给一个人带来同等效用水平的两种商品的各种组合。

埃奇沃思的杰出贡献在于引导经济学家将其视野从基数效用转移到序数效用，也就是说，消费者对商品的偏好可以通过商品各自带来的效益的有序性等级来判定，而不需要精确计量效用的数量。埃奇沃思将序数效用的理念挪移到无差异曲线的形成上。在无差异曲线中，一系列的点代表了为特定个体提供等量效用的两种商品的组合。他还进一步通过边际效用递减的原则，阐述了在固定效用下的无差异曲线实际上呈现出与杰文斯总效用曲线相似的图形。

他将无差异曲线理论应用于交换分析，形成独特的交换理论。他以鲁滨孙·克鲁索与他的侍从星期五的交易为例，阐述了交换理论的实质。他首先通过绘制克鲁索和星期五的无差异曲线集，然后在同一坐标系下将二者予以叠加，从而得到了契约曲线。这条曲线实际上是两个人的无差异曲线相切点的路径。然后，他们在这条契约曲线上通过协商达成交换。

2. 边际产量与平均产量

埃奇沃思对边际产量（Marginal Product，MP）与平均产量（Average Product，AP）的区分是他的重要思想之一。他提出了一个短期经营的竞争性企业的总产量、边际产量与平均产量之间的关系，并通过图表来表示这种关系。这里暗含的假设是生产过程只需要两种投入：可变资源劳动（L）与固定资源资本（K）。图 6-2（b）则展示了与图 6-2（a）中的总产量（TP）曲线相对应的劳动的边际产量与平均产量。

边际产量（MP）是由劳动投入变化引起的总产量的变化。通过使用微积分或者简单地画一条直线与曲线相切然后确定直线的斜率，可以得到边际产量。平均产量曲线可以通过几何图示方法得到，即从原点出发到总产量曲线任一点画一条直线，然后得到所画直线的斜率，就是平均产量曲线。

图 6-2 以具象化的方式，揭示了埃奇沃思在区分总产量、边际产量以及平均产量方面的洞见。在总体产出呈递增趋势上升的过程中，边际产出也伴随着增长且大于平均产出。由于 MP 大于 AP，平均产出也表现出上升趋势。这基于一个简单的逻辑：将一个大于平均值的数值添加到总和中，会推动平

均值的提高。然而，当总体产出增加幅度递减时，边际产出开始表现出下降的趋势，那我们可以说开始出现边际收益递减的现象。最终，当边际产出下降至平均产出以下，平均产出也会随之下降。

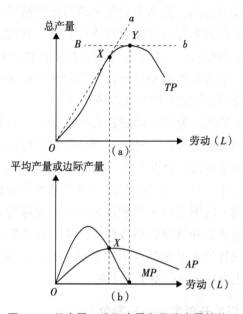

图6-2　总产量、边际产量和平均产量的关系

如图6-2（a）所示，当劳动增加到固定数量的资本时，总产量最初以递增的速度上升，达到 X 对应的产量后以递减的速度上升，达到 Y 对应的产量后开始下降。因此图6-2（b）中劳动的边际产量与平均产量先是上升一段时间，然后开始下降。当边际产量大于平均产量时，平均产量上升；当边际产量小于平均产量时，平均产量下降。

这些关系在现代微观经济理论中是非常重要的。例如，它们能够解释典型企业的短期成本曲线的形状，它们是资源需求的边际生产力理论的基础，并且也为收入分配的边际生产力理论奠定了基础。

第三节　马歇尔与局部均衡理论

微观经济学思想已经在边际主义学派的影响下，逐渐演化为新古典经济学的学派。新古典经济学家在很大程度上可被视为"边际主义者",主要是因为他们强调在边际水平上进行决策和价格确定的重要性。然而,在先前的边际主义者和后来的新古典经济学家之间,至少在三个主要方面存在显著差异。首先,新古典派在确定商品、劳动力和资源的市场价格时,强调需求和供应两方面的作用,而早期的边际派仅注重需求的作用。其次,几位新古典经济学家——如威克塞尔和费雪——对货币在经济体中的作用比早期的边际主义者更为关注。最后,新古典派的经济学家将边际分析扩展到除完全竞争、完全垄断和垄断双头市场结构之外的其他市场类型。

以阿尔弗雷德·马歇尔为代表的新古典经济学家一方面借鉴了古典派以生产成本理论为基础的供应理论;另一方面也吸纳了边际主义派以边际效用理论为核心的需求理论和边际分析方法,从而形成了其独特的均衡价格理论。马歇尔的总体合成工作构建了现代微观经济学的基本分析框架,这使他成为经济思想史上自约翰·斯图亚特·穆勒以来的第二位综合大师。这场理论融合使得经济学的理论体系和科学分析方法更加丰富和活跃;马歇尔的继承者们不断地完善原有的理论并开拓新的研究领域。因此,马歇尔作为新古典学派的最重要代表,也就成为我们本节的主题。

一、新古典学派的开创者——马歇尔

(一)人物生平

阿尔弗雷德·马歇尔(Alfred Marshall,1842—1924年)被誉为新古典经济学派的奠基人,且对现代微观经济学的分析框架起到了关键塑造作用。马歇尔诞生于1842年的英国伦敦,他的父亲在英格兰银行任出纳员职务。自幼,马歇尔对数学充满了热情,尽管他的父亲曾尝试引导他走向与数学无关的传统牧师职业。然而,哪怕是牛津教堂为他提供了深造奖学金和潜在的牧师职业,也并未

阿尔弗雷德·马歇尔

改变他对所谓"死板的语言"的厌倦与他对数学的执着。1861年,马歇尔赴剑桥的圣约翰学院攻读数学,并在1865年以优异的成绩毕业后留校任教。在教学过程中,马歇尔对哲学的研究兴趣日益浓厚,并开始专研经济学领域。到了1877年,与他的学生玛丽·佩利决定共度生活的马歇尔不得不面对当时

剑桥大学的规定——研究员不能结婚，因此他选择离开剑桥，前往新建立的布里斯托尔大学担任院长及政治经济学教授。1885 年，马歇尔重返剑桥，担任多年前福西特教授的政治经济学教职。

1890 年出版的《经济学原理》中的大部分主要观点早在 10 年前或更早一些时候就已经在马歇尔的头脑中形成了。在这部著作后来的版本中，马歇尔又在原本的体系里增加了许多条件和例外，这就削弱了许多人乐意信赖的原理的清晰性和确定性。马歇尔批评杰文斯还没有准备好就急于发表观点。马歇尔的《产业与贸易》（1919 年）中的一部分内容校对了 15 年才得以出版。因为他总是延缓出版他的著作，所以他的思想到问世之时似乎显得很普通。但他却是他那个时代最有影响力的经济理论家，毫无疑问也是最伟大的经济理论家。

（二）学术贡献

19 世纪末，古典经济学在面对日益恶化的经济和社会环境时陷入困境，受到来自各方对其理论和方法的攻击。在这样的背景下，阿尔弗雷德·马歇尔作为一位伟大的综合家，试图把古典经济学的精华与边际主义思想结合起来，以此创立了新的领域——"新古典经济学"。

马歇尔也是英国学术界"教父式"的人物，对英国经济学的发展有着巨大影响。1885 年马歇尔回到剑桥，担任经济学院教授，在经济学教学、学院管理和课程设计等方面进行了大刀阔斧的变革。起初经济学还蛰伏于其他学科的羽翼之下，没有自己独立的地位。但是 1903 年，在马歇尔的努力下，剑桥大学单独设置了新的政治学和经济学荣誉学位考试，把经济学从伦理学中分离出来。经济学慢慢成为一门有着自己的学科基础和科学精度，与自然科学一样独立的学科。马歇尔也积极推动剑桥大学经济学的发展，他每年为一两位年轻的经济学讲师提供 100 英镑的私人津贴，以增加教师队伍的稳定性。他还自费支持一个小型的本科生公共图书馆，并建立了一个每三年颁发一次的优秀论文奖。在马歇尔的领导下，剑桥大学逐渐成为英国的经济研究中心，剑桥学派也因此诞生，其在经济学理论领域中的影响至今仍然可见。马歇尔还培养了大量的优秀学生，最著名的两位即阿瑟·赛西尔·庇古和约翰·梅纳德·凯恩斯。早在 1888 年，福克斯韦尔教授就宣称"在英国的经济学家中，马歇尔的弟子占一半，而他们对英国经济学教学的贡献则要比一半高很多"。

二、马歇尔的主要经济思想

(一) 需求理论

1. 边际效用

根据马歇尔的理念，需求理论的产生正是基于边际效用递减的前提。他解释道："当消费者对某种商品或服务的拥有量不断增加，其对于该商品或服务的边际效用会相应地减少。"为此，马歇尔特别探究了两个关键的限制条件。

他首要表明，他所进行的分析是以一个微观的时间瞬间为准线，这种瞬间极其短促，消费者的特定特征和偏好的变动对此几乎没有影响。以对音乐感知的提升为例子，随着时间的流逝，个人通过体验更广的音乐范畴，可能使得他们对音乐的理解变得更深入。然而这并不对边际效用递减原则产生威胁，由于涉及的时间瞬间太短，个人对音乐的长期偏好变化在该分析中被忽略。在这种微观水平上，偏好的变动几乎无法觉察。

马歇尔提到的边际效用递减原则的第二个重要限制是商品的不可分性。他提出："较少的消费品可能不能满足特定需求，但是当消费者获得足够数量以满足他的需求时，将导致更大幅度的满足感。"以用墙纸装饰一间房间的例子来阐述，如果墙面需要 12 张墙纸，那么拿到全部 12 张墙纸带来的满足感，将比只获得 10 张而无法完成装饰的满足感要强烈得多。

马歇尔的经济观点中，效用的运用是用以探究乐趣与痛苦、欲望与需求，以及行为动机。问题在于，我们如何衡量这种无形的效用？马歇尔大胆地提出："使用货币。"早期的边际效用主义者认为，一个人的偏好强度决定了这个人愿意支付多少货币以获得特定的商品，或者愿意付出多少劳动以实现特定的目标。然而，为了使用支付的货币数量来衡量效用，马歇尔翻转了这种关系。早期的边际效用主义者会说，假如一双鞋子的价值对你来说是一顶帽子的两倍，你就会愿意为鞋子支付两倍的价格——例如，你愿意花 40 美元购买鞋子，而花 20 美元购买帽子。但是，马歇尔会这样说，正因为你愿意为鞋子支付帽子两倍的价格，我们就可以推断出鞋子为你带来的效用是帽子的两倍。

在经济活动中，对于偏好或动机的精准的货币度量使得经济学成为最精确的社会科学。这种经济学上的度量法虽然粗糙和有缺陷，但是它却是用于度量人们在市场行为中的心理驱动力的最好工具。我们不能直接比较两个人从吃汉堡中得到的满足程度，也不能比较一个人在两个不同时刻吃同一种汉堡所得到的满足程度。然而，如果我们发现一个人在犹豫是否将钱花在汉堡、软饮料，甚至是公交车票上，我们就可以得出这个人预期从这几项消费中获得的快乐程度是相同的。

2. 消费者剩余

马歇尔认为一个商品的总效用是其每一单位的边际效用逐渐累积的结果。因此，一个人愿意支付的价格绝不会超过他能为了获取某种商品（而不是选择放弃）所愿意付出的价格，大多数情况下，也不会等于它。只有在边际的情况下，价格可能等于一个人的支付意愿。从而，一个人从连续购买某商品中所获得的整体满足，通常会超过支付这些商品所必须作出的牺牲。

马歇尔写道："如我们所知，一个人为某样商品支付的价格，绝不会超过他为了不失去它所愿意支付的价格，而且大部分情况也达不到这个价格。因此，他从购买该商品所获得的满足度，通常要超过他因为购买此商品而付出的代价的牺牲；因此，他在购买过程中获得了一种剩余满足。他愿意支付但实际没有支付的价格的部分，就是这种剩余满足的经济衡量。我们也称其为消费者剩余。"①

这个概念，即超出支出产生的额外满足感，最早在1844年被度比提出，但是"消费者剩余"这一个术语以及对它的系统性研究，却是由马歇尔引入和深化的。消费者剩余可以作为一个度量市场中消费者福利变动的工具，并且这一概念为后续的福利经济学的发展打下了基础。

3. 需求弹性

尽管在马歇尔之前的经济学家已经研究过需求弹性，但在处理需求弹性的方法上，使用文字、图形和数学进行需求弹性分析，马歇尔无疑超越了他的前辈们。在《经济学原理》中，马歇尔这样描绘了市场需求弹性："需求弹性的大小，是根据需求量在价格下降一定程度时增加的多少，以及在价格上升一定程度时减少的多少来确定的。"②

马歇尔认为，关于一个人对特定商品的欲望的唯一通用的原则是，其他条件不变，随着该商品供应数量的逐步增加，个人的欲望会逐步减少。因此，商品价格越低，消费者购买的数量就会越多，这就是需求曲线向右下方倾斜的原因。需求弹性告诉我们，随着商品数量的增加，边际效用降低的速度是快还是慢。它将价格下降的百分比和需求量增加的百分比联系在一起，并建

---

① 马歇尔. 经济学原理：上卷 [M]. 朱志泰，译. 北京：商务印书馆，2005：142.
② 马歇尔. 经济学原理：上卷 [M]. 朱志泰，译. 北京：商务印书馆，2005：122.

立在商品的边际效用递减法则的基础上。需求弹性系数（E）等于需求量变动率除以价格变动率。当需求量的变动率大于价格的变动率时，需求就被视为有弹性；当需求量的变动率小于价格的变动率时，需求就被视为缺乏弹性；当两个变动率相等时，需求就被认为是单位弹性。

马歇尔对我们今天所说的需求弹性的决定因素进行了深入讨论。他指出，当一个商品的价格相对于购买者的收入很高时，市场的需求弹性就会变大。马歇尔认为降低价格能使更多的买家支付得起这种商品，并且他们可能会增加购买量。相反，当一个商品的价格相对于购买者的收入水平很低时，即使价格下降，可能也不会引起购买量的大幅度增加，因为市场上已经有大量的买家。

此外，马歇尔也关注到某些特定商品的需求弹性，他观察到那些可替代性高的商品的需求弹性通常较大。比如使用现代的例子，如果鸡肉的价格下降，购买数量可能会迅速增加，增幅甚至可能超过价格下降的百分比。因为消费者可以轻易地用价格下降的鸡肉替代价格保持不变的其他替代品，例如羊肉和猪肉等。这是因为对于许多消费者来说，这些肉类商品是相互替代的。

当涉及经济、社会和政治问题时，需求弹性原理可以帮助我们理解和分析许多问题和政策。比如必需品的需求往往是缺乏弹性的。食品是一个需求缺乏弹性的商品，因为无论价格上涨还是下降，人们通常都需要购买食品来满足基本的生活需求。即使价格上涨，大多数消费者也不会停止购买食品，而是可能会减少其他非必需品的购买。另外，当商品需求富有弹性时，价格变动对需求的影响较大。奢侈品，如高端手袋或豪华汽车的需求富有弹性。当价格上涨时，一些购买者可能会寻找替代品或减少购买数量。相反，当价格下降时，需求可能会大幅增加，吸引更多消费者购买。

需求弹性可以通过价格变化对商品的需求反映程度来衡量。需求缺乏弹性的商品对价格变化不敏感，而需求富有弹性的商品对价格变化非常敏感。这种理解可以帮助企业制定产品定价策略和市场推广策略，并帮助政府评估政策对不同类型商品的影响。

（二）供给理论

1. 生产要素

古典学派确实将生产要素划分为土地、劳动和资本，但马歇尔进一步拓宽了这个概念，坚持将工业组织也纳入生产要素。在土地要素方面，马歇尔对李嘉图的理论予以认同，并特别强调土地边际报酬递减的意义。这意味着，随着投入土地的资源数量增加，单位资源所能产生的效益逐渐降低。在资本要素方面，马歇尔与西尼尔的看法不同。马歇尔认为储蓄产生资本，视储蓄为消费的"延期"，而不是需求上的"节省"。按照他的理论，利息就是对储蓄的报酬。关于劳动，马歇尔肯定了马尔萨斯的人口论，但也批评了其忽略了技术进步的影响。他认为，技术进步可以提高生存资源的供应，因此可能被马尔萨斯所低估。此外，马歇尔还强调了人口的健康和素质，主张国家在教育上加大投资，以提高生产率。

马歇尔的最大创新之一就是将工业组织视为生产要素。在马歇尔看来，工业组织的定义相当广泛，包括分工、机器技术水平、工业生产的地理集中、大规模生产以及企业管理等各方面。他的观点在当时提供了一种创新的角度，对后来的经济理论和政策产生了深远的影响。

2. 供给

在分析最终市场供给时，马歇尔将时间因素分为了现期、短期和长期三个时期。

市场价格，也就是我们说的现期价格，会随着需求的波动而改变。然而，上下对应供给数量的调整并不是瞬间完成的事情。在许多情况下，市场时期可能短至一天，此时，如果面临需求猛增，供给数量并无法立刻跟上。同理，当需求出现下滑时，供应数量也无法瞬间削减，因为调整产出和减少库存都需要一段时间。

在短期内，供应是在生产设备数量固定的约束下进行的。为了更好地研究这一时期，马歇尔把成本分为了辅助成本（也就是我们现在所说的固定成本）和主要成本（也就是可变成本）。可变成本，包括劳动力和原材料的购买成本，会随着生产水平的变化而有所调整。在短期中，所有这些可变成本都需要被支付，然而部分固定成本则无须如此。固定成本，如生产设备的折旧等，在短期内保持不变。因此，短期供给曲线主要根据可变成本建立，这条曲线通常向右上方倾斜——商品价格越高，产量供应就越大。在现代经济学理论中，这种短期供给曲线常被视为边际成本曲线。

至于长期，所有成本都是可变的。为了企业的持续运营，所有成本都必须得到补偿。如果商品价格上涨到能使总收入超过总成本，便会吸引更多资本涌入该行业，形式通常是通过建立更多新企业来扩大市场供给，于是供给曲线会向右移动。然而，一旦价格下降到平均成本以下，资本将开始流出，可能导致企业退出市场。因此，市场供给量会减少，供给曲线也会相应向左移动。

(三) 局部均衡理论

马歇尔的局部均衡理论对经济学领域产生了深远的影响。他的理论主张通过研究单个市场或部门来理解和解释整个经济体系，这种方法为经济学的研究提供了一种实用且直观的框架。马歇尔的理论强调了供需力量在决定价格和产量中的关键作用，这一理念至今仍然是微观经济学的基础。

马歇尔的均衡价格理论综合了古典学派和边际学派的主要理论成果，融合了这两个学派的观点，艺术地提出了均衡价格理论，解决了两个学派的矛盾。他认为商品的价格主要由需求价格和供给价格共同决定。边际学派的边际效用论决定了商品的需求价格，古典经济学派的生产成本论决定了商品的供给价格。商品最终的价格还要取决于需求与供给的均衡。马歇尔的局部均衡理论就是其中一个重要的里程碑。

首先，马歇尔的局部均衡理论丰富并优化了对供求关系的理解。他通过引入边际效用和边际成本的概念，推动了微观经济学的发展，提供了一个从微观角度理解和解释宏观经济现象的工具。其次，马歇尔的局部均衡理论搭建了一个能够预测价格和产量变化的模型。他使用供需曲线分析供需平衡，通过这个理论模型，可以预测当供给或需求条件发生改变时，价格和产量如何相应调整。最后，他的局部均衡理论还为经济政策提供了理论基础。例如，通过对单个市场的局部分析，可以预测价格控制、税收、补贴等政策对市场、价格和产量的可能影响。由此可见，他揭示了价格和产量如何由市场力量达成均衡，这种原则形式至今仍是微观经济学研究的核心部分。

1. 局部分析

马歇尔认为，由于其所涉猎的研究领域异常复杂，经济学与受控实验是分离的。他带有独创性地构建了分析方法，其包含的理念是不浪费精力去制定一些冗长的推理链条，应聚焦于形成许多正确而精炼的短链条。这种方法论的定位凸显了它与一般均衡理论———一种依赖"长推理链条"的理论——形成的对立范式。在此方法论的指引下，马歇尔在所有其他商品和生产性服务的价格不变的设定下，专注于单个市场的研究。这就是他所倡导的"局部均衡的方法"。马歇尔将其研究焦点集中在完全竞争的模型上，这也是许多后来的边际主义学者对经济进行分析的基准。随后，他为局部均衡方法的应用设定了严格的条件：①需求和供给曲线必须保持相互独立；②只允许价格和数量的微小变化；③通过某些变量引发的调整，必须局限在观察范围内的某一市场，并不能显著地影响其他市场的状态。然而，值得关注的是，这些条件常被普遍忽视，这可能导致局部均衡分析方法的解释性被过度理想化，从而衍生出的政策建议可能并不具备足够的可靠性。

2. 均衡价格与均衡数量

对于市场价格的决定因素是什么，马歇尔认为需求与供应在市场交易中找到的平衡，是古典学派的供应价格与边际学派的需求价格经过买卖双方的博弈得到的均衡价格。事实上，市场价格既受到需求的影响，也受到供应的影响，我们难以确定到底是哪一方对其产生了决定性的影响。不过，时间的长度会对价格决定的主导因素产生影响。马歇尔提出："在短期中，价值主要受效用的影响，而在长期中，价值主要受生产成本的影响。"最后，马歇尔用剪刀裁纸的比喻生动地说明了需求与供应对价格决定的相互依赖。"我们讨论价值是由效用所决定还是由生产成本所决定，和讨论一块纸是由剪刀的上边裁还是由剪刀的下边裁是同样合理的。的确，当剪刀的一边拿着不动时，纸的裁剪是通过另一边的移动来实现的，我们大致可以说，纸是由第二边裁剪的。但是这种说法并不十分确切，只有把它当作对现象的一种通俗的解释，而不是当作一种精确的科学解释时，才可以那样说。"①

在图 6-3 中，当某一商品的需求价格大于供给价格时，生产者就会增加供给，推动需求价格下降，使得供求达到平衡；同样，当某一商品的需求价格小于供给价格，生产者就会减少供给，使需求价格上涨，最终也会达到平衡。当需求价格与供给价格相等时，需求曲线与供给曲线相交于 E 点，生产者供给和消费者需求不再变化，达到均衡状态。此时的价格就是均衡价格，数量就是均衡数量。

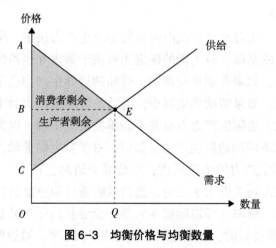

图 6-3　均衡价格与均衡数量

---

① 马歇尔. 经济学原理 [M]. 陈良璧, 译. 北京: 商务印书馆, 2005: 40.

在对比马歇尔的局部均衡分析与瓦尔拉斯的一般均衡理论时，我们可以明显看出两者的根本差异。瓦尔拉斯的一般均衡理论认为，某一商品的均衡价格不仅受到该商品本身供给与需求的影响，而且还受到社会上其他商品价格和供求关系的影响。例如，传统汽车的价格不仅受其本身需求的影响，还与互补品汽油、替代品电力汽车等商品的价格产生关联。一般均衡理论试图将所有这些因素纳入考虑范围，寻求整体的均衡价格。马歇尔的局部均衡分析关注单个市场的微观行为，假定其他商品价格保持不变，专注于某一具体商品的需求和供给进行研究，使用简化的条件和形式，着重考虑供求曲线的交互作用。他认为完全竞争市场可以达到均衡状态，但他的方法在解释实际经济系统中复杂的相互关联和反馈机制上存在局限。

此种方法有其优势，即可以使问题简化、解决起来更为简洁明了；然而，它的缺陷在于可能忽略了现实世界中的复杂性。实际上，马歇尔本人也承认并讨论过局部均衡分析的优点与局限性："在将问题划分为若干部分的过程中，一些麻烦的扰动因素对于分析可能产生的不便往往会被暂时沉默在'全其他条件保持不变'的前提条件之下。对于某些趋势的研究基于'全其他条件保持不变'的假设，这并不否认其他趋势的存在，但暂时忽略了它们可能产生的影响。这种方式的优势在于，它使得问题被化简为可管理的程度，从而可以进行更精确的处理。但反之，它也使研究结果的实际对应性变得更为有限。"[1]

3. 均衡工资

马歇尔认为，工资水平不仅由劳动的边际生产力决定。尽管边际生产力构成了劳动需求的基础，但工资的确定还取决于需求和供给的相互作用。假设其他条件不变，如果劳动供应增加，劳动的边际生产力会下降，导致工资水平下降。相反，如果劳动供应减少，劳动的边际生产力会上升，推动工资水平上升。因此，边际生产力本身并不能单独决定工资，因为劳动力供应的不同水平会导致不同的边际生产力。然而，对于特定的劳动力供应水平，工资可以视为边际生产力的衡量尺度，并且等于边际生产力。对于雇主来说，工资率是固定在市场工资水平上的，他们只能通过调整雇员数量来实现最佳的雇佣水平。当工资率（即边际成本）等于企业从边际产品获得的额外收益（即边际产出的收益）时，企业达到了最优的雇佣水平。这说明工资的确定涉及边际生产力以及需求和供给力量的相互影响。

---

① 马歇尔. 经济学原理 [M]. 陈良璧，译. 北京：商务印书馆，2005：56.

第四节 马歇尔综合体系的意义

新古典经济学的诞生确实是古典经济学和边际学派思想相融合的结果，这是在面对马克思主义、德国历史学派和边际学派的挑战与质疑之下的自然进化。古典经济学在持续收集优点和弥补短处的过程中不断寻求新的生存之道。在不同见解的经济学家的争论声中，经济思想史上的第二次大融合在各种经济思想冲撞的火花中应运而生。

在这一浪潮中，马克思主义和德国历史学派的主张并未被主流观点接纳，反而以需求和消费为主轴的边际学派的思想被吸纳，填充了传统古典经济学的框架，由此诞生了新古典学派，这一思潮从此之后继续蓬勃发展并影响着这个学术领域的动向。

马歇尔因其三个主要贡献，被称为"当代经济学之父"，并在经济学史上享有特殊地位。

①集大成者。马歇尔完成了经济学历史上的第二次大综合，他将边际效用论与古典学派的理论相融合，厘清了需求和生产费用哪个作为决定价值力量的争论，并将时间因素引入价格理论。他创造的消费者剩余概念推动了福利经济学的产生和发展。他的理论体系具有可分解的特性，使得他的后继者可以独立研究其某一部分，如福利理论、厂商理论、消费理论等。

②科学化的优雅表达者。马歇尔的表述方法，简洁而雅致，适合当时经济学界的知识素质，令他在当时赢得了众多追随者。虽然瓦尔拉斯的体系更严格、更全面、更能满足逻辑美感，但因其深奥难懂，初期较少受到广大公众接纳。而马歇尔的表述更贴近大众，容易理解，赢得了更多人心。

③引领一代精英。马歇尔在1903年设立了独立的经济学荣誉学位，使经济学从伦理学和历史学中独立出来，并在剑桥大学设立了首个经济学系。他培养出了如阿瑟·塞西尔·庇古、约翰·梅纳德·凯恩斯和琼·罗宾逊等杰出经济学家。他们在马歇尔的指导下，进行了广泛而深入的研究，极大地推动了西方经济学的发展，同时也使剑桥成为英国经济研究的中心，催生了马歇尔传统，即剑桥学派。

马歇尔的成就不仅在于他本身丰富而系统的理论体系，更重要的是，他培养及影响了一批优秀的经济学家，使他们在其理论基础上进行深化研究，并开创新的研究方向。

但马歇尔的综合性体系，从发展西方经济学的角度来看，也并非没有缺陷。有两点不足降低了这一综合性体系的价值：一是这个体系的需求理论是建立在基数效用论的基础上的，没有吸收后来的序数效用论的成果，而这一成果在马歇尔在世时已经出现。这就使这一部分理论无可避免地具有基数效用论的各种不足。二是这个体系过于偏重局部均衡方法，从短期来看，这是这个体系比瓦尔拉斯的体系能够得到更广泛传播的一个优点，但从长期来看，这无论如何都是一个缺点。这两点不足表明，马歇尔实际上是将边际革命的初期成果与古典理论进行了综合，并没有对边际革命所产生的各种成果进行综合。对边际革命的几乎全部成果加以总结的工作，是由后来的希克斯和萨缪尔森完成的。

第五节　不完全竞争理论

不完全竞争理论是边际主义或新古典学派的一部分，填补了完全竞争和完全垄断之间的理论空白。这一理论尽管直到 20 世纪 30 年代才得到全面发展，但它有深厚的历史根源。完全竞争，虽然在农业上大多适用，但在其他场合，如地方市场和政府干预下，适用性大大降低。新古典的完全竞争理论对现代工业生产和贸易的直接适用性也被认为比农业更低。

不完全竞争的研究透过新古典学派的方法论来分析，坚守了边际主义和微观经济方法。这些研究揭示了垄断如何抬高价格以长期获得利润，从而推动了更严格的反托拉斯政策的出现和公用事业的垄断利润管制。

完全竞争的概念已经被"行得通的竞争"所取代，这代表了完全竞争与寡头垄断的妥协。新的不完全竞争理论揭示了在垄断竞争下，价高量少的情况是可能的，即使无法实现垄断利润，并且指出在垄断竞争和买方垄断的条件下，生产要素得到的报酬未必与它们的边际贡献价值一致。

作为这些新观点的引领者，英国的皮耶罗·斯拉法、美国的爱德华·哈斯丁·张伯伦及琼·罗宾逊分别提出了他们的理论。

一、斯拉法的经济思想

皮耶罗·斯拉法（Piero Sraffa，1898—1983 年），出生于意大利都灵。他在都灵的大学就读并获得法学学位，但在第一次世界大战爆发时，他转向研究经济学，并深受马克思主义和经济学家威廉·配第的影响。1919 年，斯拉法前往英国剑桥大学进修经济学，并在这里结识了一些重要的经济学家，如约翰·梅纳德·凯恩斯和弗兰克·拉姆齐。在剑桥大学期间，斯拉法开始对马克思主义的劳动价值论提出疑问，并开展了一系列针对价值理论和分配理论的研究。

皮耶罗·斯拉法

斯拉法在 1926 年的重要论文中指出，随着企业生产规模的扩大，单位成本会显著降低。这可能源于企业产出的增加导致的内部经济，或者由于更大的生产量分摊了日常管理费用。不过，单位成本的下降和完全竞争不兼容，极端情况可能导致自然垄断。如果规模扩大使企业更高效，会造成企业数量减少，竞争减弱，因此需要从完全竞争转向垄断模式。

斯拉法最重要的作品是他于 1960 年出版的《用商品生产商品》（*Production of Commodities by Means of Commodities*），这本书对经济学产生了深远影响。他在书中提出了一种以生产标准的方式解释价格和分配的理论，批判了纯粹的边际生产力理论，并通过斯拉法生产系统模型对经济体进行了建模。

斯拉法的理论贡献及其对经济学的影响在他的生命中的大部分时间里都未被广泛接受。然而，他的思想逐渐在经济学界和马克思主义圈子中产生影响，并在 20 世纪后半叶引起了广泛的讨论和研究。尤其是斯拉法的生产标准理论以及他对资本理论和价值理论的重新思考，对马克思主义和新古典经济学之间的辩论产生了深远的影响。

斯拉法于 20 世纪 60 年代后期返回都灵，但他并未停止学术研究和写作。他在晚年期间继续对经济学进行思考，并与当时的经济学家保持联系。斯拉法于 1983 年在意大利去世，享年 85 岁。尽管他的贡献直到他去世后才获得广泛认可，但他的思想和方法论对现代经济学的发展产生了深远的影响。

二、张伯伦的经济思想

爱德华·哈斯丁·张伯伦（Edward Hastings Chamberlin，1899—1967 年）出生于华盛顿州的拉康纳，在爱荷华大学获得学士学位，在哈佛大学获得博士学位，后来成为哈佛大学的教授。张伯伦对市场竞争的观点与当时主流的新古典经济学有所不同。他认为，市场上的企业并不完全是竞争的，而是存在着一种叫作垄断竞争的结构。他将垄断竞争定义为一种情况，市场上存在一些相对独特的产品和有限数量的竞争对手。相比之下，传统的新古典

爱德华·哈斯丁·张伯伦

经济学假设市场上的企业是完全竞争的，所有企业都生产几乎完全相同的产品，不存在任何垄断力量。

张伯伦的学术贡献主要体现在他于 1933 年出版的著作《垄断竞争理论》（*Theory of Monopolistic Competition*）中。这本书对垄断竞争进行了系统的分析和阐述，对经济学理论和实证研究产生了重要影响。他提出"产品差异化"概念，认为企业可以通过产品差异化来创造一种竞争优势，从而能够在市场上设定较高的价格并保持一定的利润率。他还解释了竞争对手之间的非价格竞争，如广告和品牌推广。

垄断竞争理论的核心观点是，市场上的企业生产的产品具有一定程度的差异。这种差异可能来自产品的品质、功能、设计、包装、服务或品牌等因素。这样的差异使企业之间在一定程度上能够设置不同的价格，并吸引不同的消费者群体。因此，垄断竞争市场上的企业并不是完全互相取代的竞争关系，而是通过产品的区别来做多样化的竞争。

在垄断竞争市场中，企业在一定程度上能够通过产品差异化来建立自己的市场份额和独特的定位，从而在一定程度上具备定价权。这种定价权使企业能够实现一定的利润，并使市场价格和生产成本之间存在一定的差距。除了产品差异化，垄断竞争还包括相对较少的市场参与者。相比完全竞争市场，市场上的企业数量较少，但仍有足够的竞争来避免单个企业能够完全主导市场。

垄断竞争市场中，企业之间存在非价格竞争。企业通过广告、品牌塑造、销售促销等手段来吸引消费者，建立品牌认知和忠诚度。这种非价格

竞争是垄断竞争市场中的一种策略，通过差异化和品牌塑造来获得竞争优势。

根据张伯伦的理论，只有企业具有明显的垄断地位，其价格才会在短期和长期中高于平均成本。如果许多企业在垄断竞争条件下运行，长期而言，行业的自由进入将消除垄断利润。随着越来越多的企业出售那些虽然不完美但相当接近的替代品，每个生产者都只能以更低价格卖出比以前更少的产品。当每个销售者的总收益恰好等于总成本（也就是说，平均收益等于平均成本）时，会达到长期均衡。在计算中，正常利润被视为一项成本，因此，企业只能获得正常利润。这种利润无法吸引更多企业进入行业，也不会导致企业退出行业。

张伯伦的这些观点可以在图 6-4 中用几何图表示。

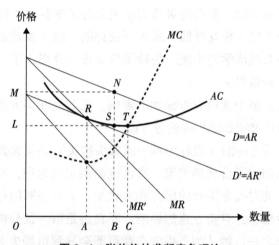

图 6-4 张伯伦的垄断竞争理论

在垄断竞争中，企业会在边际收益曲线 *MR* 与边际成本曲线 *MC* 交点对应的 *B* 数量处进行生产，实现经济利润 *LMNS*。这会吸引新参与者进入行业，导致企业的需求曲线和边际收益曲线下移至 *D'* 和 *MR'*。在长期均衡下，企业通过生产数量 *A* 的产品实现最大利润，只获得正常利润（P=AC）时，数量低于竞争状态的产量（*A* 点）。售价（*R*）高于边际成本和最低平均成本，因此导致产能过剩和资源配置效率低下。

三、琼·罗宾逊的经济思想

琼·罗宾逊（Joan Robinson，1903—1983 年）曾是剑桥大学经济学教授，是阿尔弗雷德·马歇尔的学生。她的作品《不完全竞争经济学》（*The Economics of Imperfect Competition*）中，发展了部门不平衡模型，这些模型在凯恩斯经济学的发展中起到了重要作用。这部著作在张伯伦的相关著作出版几个月后发布，内容大致相同。自 1933 年该书问世以来，罗宾逊在几十年的学术生涯中，扩展了她的研究领域，在包括凯恩斯以及后凯恩斯主义经济学、经济发展、国际贸易等方

琼·罗宾逊

面都作出了重要的贡献。罗宾逊对马克思主义经济学提出了深刻且有影响力的批评，尽管她是以一种友好的方式进行批评的。琼·罗宾逊是一位坚定的社会主义者，她对经济学的主流思想持批判态度，并提出了一些与当时经济学界观点不同的新颖想法。

琼·罗宾逊在多个领域有着深远的影响，尤其是在买方垄断、部门不平衡模型、增长理论和市场结构理论等方面。

买方垄断：买方垄断（也称为单一或寡头购买）是买家具有足够的市场力量，能够影响到购买价格的情况。在传统的供求理论中，经常关注卖方垄断或垄断竞争，而对买方垄断的研究相对较少。买方垄断的存在意味着买家可以操纵市场价格，并对卖方施加影响。罗宾逊是第一批分析买方市场力量影响的经济学家之一。她认为，买方垄断可能会导致市场失灵，产生低效的资源配置。一个常被提及的例子是大型零售连锁店，例如沃尔玛。由于它们的销售量巨大，供应商必须遵循它们的价格要求，否则可能会失去重要的销售通道。

部门不平衡模型：罗宾逊在此模型中讨论了差异化和每个部门的生产规模变化如何导致整体经济结构的不平衡。她指出，由此产生的不平衡可以对经济发展产生重大影响。在现代经济中，技术行业的快速增长可能导致与其他部门之间的不平衡，例如制造业或农业。技术行业的利润和工资往往比其他部门高，引发了经济中的结构性不平衡，这正是罗宾逊部门不平衡理论的一个生动例子。

增长理论：在其增长模型中，罗宾逊强调积累和创新的重要性，并指出

技术进步和资本积累如何推动经济增长。值得注意的是，她特别关注了怎样确保增长对社会广泛层面的福利产生正面影响。

市场结构理论：罗宾逊的著作《不完全竞争经济学》就核心地探讨了市场结构理论，她强调了市场的不完全竞争性质，并分析了这种不完全竞争如何影响企业行为和市场结果。她的理论对理解垄断、非完全竞争和寡头市场结构的影响有深远的意义。例如手机行业，尽管有很多参与者，但像苹果等大公司控制了相当大的市场份额。它们开发的产品具有独特性（例如，iOS 和 Android 操作系统），使消费者不能简单地从一个品牌转换到另一个品牌。因此，这种市场结构并不完全是竞争性的。

第六节 马歇尔主义的传播及其对中国的影响[①]

鸦片战争之后，中国的半殖民地半封建的社会地位和急剧增强的民族危机促使一部分敏锐的中国知识分子接触和接纳西方的学问，其中包括经济理论。西方经济理论输入中国的主要渠道包括开明士大夫、留学生群体以及在华西方人士。20 世纪上半期的中国，农业的商业化程度在稳步提升，工业化进程大力加速，商业现象呈现出全新的特征，同时金融业的蓬勃发展为经济增长提供了有力支持。这些瞬息万变的现象为经济理论研究提供了全新的观察视点与深度启示。那些先进的国人认识到，只有借鉴和吸纳西方的理论成果，才能有效解决国家现阶段的困局，有鉴于此，从晚清时期起，大批留学生开始由浅入深地学习和解析西方的经济理论。阿尔弗雷德·马歇尔提出的新古典经济理论，对于中国的影响力主要在 1978 年改革开放后显现。新古典经济学的理论观点，诸如供给和需求的平衡定理、成本理论等，对于中国经济的全面改革具有核心的指导价值，尤其在市场经济运行模式、资源配置优化及国际贸易规则等方面。然而，新古典学派的理论系统同时也面临着部分挑战和批判，例如过于强调单一化思维和僵化的理论，以及过度压制其他经济学派的发展空间。这种现象导致了经济学在某种程度上失去了其关键性的批判性思考和反思性琢磨。

---

① 赵晓雷. 中国经济思想史 [M]. 大连：东北财经大学出版社，2007.

一、历史背景

在经济学研究中，理论与实践总是相互交织、相互影响的。尤其当我们试图理解一个特定时期的经济理论时，这就像是在深入探索一片丰富而复杂的地形。某一时期的经济理论并非孤立存在，而是深深地嵌入经济社会的发展背景之中。经济和社会环境提供了产生并发展某一理论的土壤和背景。与此同时，改革的进程、决策者的选择、公众的需求，以及技术的发展等因素，都可能导致新的经济现象的出现，从而推动或引导新的理论洞见和创新。理解这一背景，可以使我们更好地理解那时的经济理论为何出现、其特性为何，以及它是如何对当时即将到来的经济社会问题提供解答或方案的；帮助我们更好地揭示经济理论与经济社会实践之间的复杂关系，以及它们相互影响、相互塑造的过程。

在马歇尔的经济理论诞生和壮大的同一时期，20世纪前半叶中国经济社会发展的主要表现有以下几方面：

①农业的商业化程度不断提高。这一时期除了经济作物的种植面积持续扩大，农产品贸易量也不断增长，其商品化率大大提高。此外，农业商业化还表现为货币在农民经济收支中所占的比重也在逐渐提高。

②工业生产得到大力发展。本时期民间投资兴办的工矿企业数量和质量都有所增长，不仅工矿企业的分布范围有所扩大，而且发展比较均衡全面，各门类基本都有涉及。

③商业发展呈现出了新的特点。进入20世纪后，中国市场呈现逐步扩大的趋势，商品流通速度加快，交易种类增多，流通的范围也得到拓展。城市的商业中心地位更加突出，大型的商业资本集团基本设于城市。商业分工进一步细化，商业行业增多，工商业间形成了良好的互相促动的形势，商业资本和工业资本开始互相投资参股。

④金融业的发展为经济发展提供了有力支持。20世纪前半叶的金融发展的主要成绩：一是初步建立起近代金融市场体系，二是政府根据国际、国内金融环境的变化而适时地对中国币制做了富有成效的改革。这些在客观上对近代中国经济的稳定和发展起到十分巨大的作用。[①]

---

① 赵晓雷. 中国经济思想史 [M]. 大连：东北财经大学出版社，2007：199-200.

二、西方经济理论在中国的发展

1840 年鸦片战争后，中国被迫开始了半殖民地半封建化社会进程，强烈的民族危机和外国资本主义的坚船利炮让一部分先进的中国人开始突破天朝上国的局限，睁眼看世界。和西方商品输入同来的还有其先进的知识和观念，经济学说亦包括在其中。西方经济学说在我国的传播大致从 19 世纪 60 年代就已经开始（见表 6-2），早期的传播主体一般有三类人：一是中国士绅官僚内部思想较开明者。中国通商口岸的陆续开放和洋务运动的兴起为其接触和了解西学提供了条件，晚清更有部分官员得以以使节身份出国，这无疑大大开阔了中国传统士人的眼界。二是留学现象从洋务运动后期开始出现，一直延续至民国，留学生们在外国对经济理论的系统学习使得其在回国后传播经济思想时更加深刻、具体和专业。三是来华的外国人，包括传教士，中国政府的外国雇员、商人等。五四运动爆发后，掀起的思想解放的热潮推动了西方经济学说在中国的传播。[①]

表 6-2　1840—1949 年西方经济学理论在中国的传播

时间	著作数量	特点
1840—1919 年	启蒙阶段，累计至少出版了 2000 部经济著作，发行 100 多种经济杂志	原著主要来自日本；内容多数为经济学一般原理
1919—1925 年	著作数量虽有所增多，但仍然处于对西方理论的吸收消化阶段	原著来源经历了从日本到欧美的转变过程；经济学译著的内容方面也大大拓宽，涵盖了理论经济学和应用经济学两大类；出现国人自撰经济学著作，但主要介绍 19 世纪末和 20 世纪初西方流行的经济学说
1925—1937 年	著作数量大幅增加	国人自撰的著作逐步增多；出现了 20 世纪 30 年代的西方经济思想，论及范围也从经济学一般原理扩展到财政、货币等应用经济学内容
1937—1949 年	著作出版受到影响，进入衰退期	内容涉及经济原理、财政学、货币学、会计学、工业、农业等方面

在面对帝国主义的坚船利炮时，部分先进的知识分子开始意识到西方文明的优越性，他们主张向西方学习。随着认识的加深，学习的内容也从器转

① 赵晓雷. 中国经济思想史 [M]. 大连：东北财经大学出版社，2007：209.

变为制。晚清留学思潮兴起后，更多青年开始走出国门，积极主动地向西方寻求真理以谋治国之道。应该说，经济思想的传播始终是中国学人积极主动探求的结果，向欧美包括日本在内的先进国家学习成为当时国人的共识。

1950—1978 年这一阶段的经济理论主要表现为马克思主义经济学的发展线索，对西方经济学的引进基本上以马克思主义经济学的评价为指导，对资产阶级古典经济学进行介绍以及对资产阶级"庸俗"经济学的批判。20 世纪50—60 年代，一些学者还从政治经济学说史的角度对西方一些经济学家和经济学流派的理论进行了批判性的研究。从研究的方法来看，由于受当时中国经济学界对西方经济理论掌握的程度所限，未能从分析方法（如实证分析）、基本假设条件（如"理性人"假设）、基本概念（如马歇尔的"需求定律"）等方面去理解西方经济理论。

20 世纪 50—60 年代，中国除了从古典政治经济学这一角度对西方经济理论进行引进和研究，还从政治经济学史的角度对西方一些重要经济学家和经济学流派的理论做批判性研究。当时出版的一些"资产阶级政治经济学史"较为系统地介绍了西方重商主义经济理论，古典政治经济学的产生、发展和终结，"庸俗经济学"的产生和发展。除了重商主义和古典政治经济学，"资产阶级政治经济学史"的研究范围还包括边际效用理论、马歇尔的经济学说等。当时对这些西方经济理论进行研究的目的是进行批判。[①]

三、马歇尔新古典经济理论对中国的影响

(一) 1978 年以前

民国时期（1912—1949 年）：马歇尔的理论在民国时期并未对中国经济产生显著影响，因当时中国的经济模式更多地受到国际政治局势、国内战争以及其他非经济因素的影响。

新中国成立后开启了计划经济体制，其间马歇尔的新古典经济理论也未曾在中国产生重大影响。

(二) 1978 年至今

1. 改革开放后

改革开放以后，中国经济转向市场经济，马歇尔的经济理论开始体现出其应有的重要性。对供求规律的深入理解有助于中国的改革者们更好地理解

---

① 赵晓雷. 中国经济思想史［M］. 大连：东北财经大学出版社，2007：208—210.

市场经济的运行机制，并据此制定相应的政策。马歇尔的供求法则和成本理论与边际效应原理对这一阶段的中国经济发展产生了重大影响。

第一，供求法则。马歇尔的理论强调了市场经济中供求关系的重要性。改革开放后，中国逐渐朝向市场经济转型，放弃了计划经济的定价方式，转而采用市场机制来决定商品和服务的价格。此时，马歇尔的供需法则开始在中国广泛应用，商品价格由市场供需关系决定，这大大增加了经济活动的活力和效率。

第二，成本理论与边际效用原理。在生产决策过程中，企业开始领会和应用马歇尔的成本理论，通过比较边际成本和边际收益，使生产和投资决策更为科学和高效。同时，消费者在消费决策中同样也开始关注商品的边际效用，使资源配置更趋向于最优化。

2. 加入 WTO 后

第一，国际贸易方面。加入 WTO 后，中国开放了更多的市场，更深入地融入世界经济。在此环境下，马歇尔的供需法则和成本理论对帮助中国理解和适应国际竞争、优化资源配置、提升国内外市场的经济效率有着显著作用。

第二，政策制定方面。加入 WTO 意味着中国要遵守国际贸易规则，马歇尔的理论为中国提供了在国际贸易中定价、竞争和贸易政策制定方面的指导。马歇尔的理论强调了国际贸易的互利性和效率性，这对于中国在国际贸易中的立场和策略起到了指导作用。中国逐渐利用马歇尔的新古典经济学理论引导其政策制定，着重于创造一个健康的竞争环境，以利用市场的力量来推动经济增长和发展。成本的管控、优化生产力的分配、促进生产效率的提高等原则的引入，为中国的经济持续高速发展奠定了基础。

马歇尔的新古典经济理论对中国的经济学理论建设和社会经济实践都产生了深远的影响。它在推动中国的传统经济思想向现代化转型上发挥了重要作用，并鼓励中国学者以全球性的范式去建立和规范带有现代特性和科学要素的经济学。在实践操作中，大量新古典经济学的应用文献不仅在宏观层面上指导了国家经济策略的设定和执行，同时在微观层面上也为众多经济主体提供了实实在在的商业管理和财务操作的指引。

四、对新古典学派的质疑

自 20 世纪 30 年代起，在西方经济学的演变过程中，新古典经济学以实证主义科学哲学为立足点，通过对教育体系、研究组织、资源分配和奖励制度的单一制度化，对其他经济学派进行了持续的压制。这导致了许多非正统学派在经济思想历史上的原创性思想长期处于封闭不发展的状态，从而导致当前主流经济学的思辨力和反思能力的减退。这大大违背了生物多样性的基本原理，对经济学的学术自由已经构成了严重损害，而转变这种现状也异常艰难。虽然我国经济学界尚未全部被西方主流经济学所吞噬，但此类威胁是实实在在的，我们应对此保持高度警惕，积极推动一种多元化的科学学问文化。作为一种学术制度构建，多元论科学气氛的形成将推动我们尊重并容忍自身并不赞同的学说，我们还可以发现一些初看似乎对立的学说实则是相互补充的。即便在某些学说之间存在真正的理论冲突，如海特怀特所言，这亦可视作一种突破和机会，而非单纯的灾难。多元化的科学学问文化将会使那些端倪精微、深具思考的经济理论脱颖而出，进而避免对于教条理论的过度崇拜。我们只有以此方式，才能孕育出一种百花齐放、百家争鸣的理想学问生态，迎接中国经济学的空前繁荣。①

阅读材料

1. 张东辉. 经济学研究方法的变革与现代经济学发展 [J]. 东岳论丛，2004 (1)：45-49.

2. 金碚. 试论经济学的域观范式：兼议经济学中国学派研究 [J]. 管理世界，2019，35 (2)：7-23.

3. 琼·罗宾逊. 琼·罗宾逊文集：经济哲学 [M]. 安佳，译. 北京：商务印书馆，2018.

问题与讨论

1. 如何理解边际学派在经济思想史中的地位？

2. 简要说明古诺、度比、屠能、戈森对于经济思想史的重要性。

---

① 贾根良. 中国经济学发展的西方主流化遭遇重大质疑 [J]. 南开经济研究，2003 (2)：3-12.

3. 与边际学派的先驱者相比，边际主义的发扬者在哪些方面有所进步？请选取一位经济学家进行论述。

4. 马歇尔为何被称为集大成者？马歇尔推动了哪些经济学领域的发展？

5. 请列出垄断竞争的特点。其中哪些特点与垄断更为相似？哪些特点与竞争市场更为相似？

6. 试述马歇尔主义在中国的传播及其对中国经济学发展的影响。

参考文献

［1］赵晓雷. 中国经济思想史［M］. 大连：东北财经大学出版社，2007.

［2］海因茨·D.库尔茨. 经济思想简史［M］. 李酣，译. 北京：中国社会科学出版社，2016.

［3］张旭昆. 经济思想史［M］. 北京：中国人民大学出版社，2017.

［4］斯坦利·L.布鲁，兰迪·R.格兰特. 经济思想史［M］. 8版. 邸晓燕，等译. 北京：北京大学出版社，2014.

［5］魏丽莉. 经济思想史［M］. 北京：机械工业出版社，2019.

［6］贾根良. 中国经济学发展的西方主流化遭遇重大质疑［J］. 南开经济研究，2003（2）：3-12.

第七章

凯恩斯主义经济学

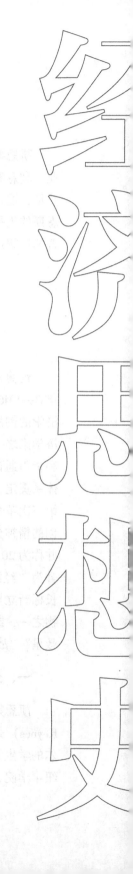

凯恩斯主义经济学（也称"凯恩斯主义"）是建立在凯恩斯著作《就业、利息和货币通论》思想基础上的经济理论，主张国家采用扩张性的经济政策，通过增加需求促进经济增长。本章介绍了凯恩斯主义经济学创始人凯恩斯的生平、著作及其经济思想，并对后来发展了凯恩斯主义经济学的贡献者的思想进行了概述。

第一节　凯恩斯的生平、著作与学术思想

　　约翰·梅纳德·凯恩斯（John Maynard Keynes，1883—1946年），现代西方经济学中凯恩斯主义经济学的创始人，现代西方经济学最有影响力的经济学家之一。凯恩斯于1936年出版《就业、利息和货币通论》一书，为现代西方宏观经济学理论体系奠定了基础，并实现了西方经济学演进中的第三次革命。他创立的宏观经济学和弗洛伊德所创的精神分析法以及爱因斯坦发现的相对论一起并称为20世纪人类知识界的三大革命。同时，被誉为"经济学界的哥白尼"的凯恩斯还是一位擅

约翰·梅纳德·凯恩斯

长标新立异的理论创新者和社会活动家。作为现代经济学界最具影响力的人物之一，凯恩斯一生对经济学作出了极大的贡献，一度被誉为"资本主义的救星""战后繁荣之父"。

一、生平与著作

　　凯恩斯出生于英国剑桥，他的父亲约翰·内维尔·凯恩斯（John Neville Keynes）是剑桥大学著名的经济学家和逻辑学家，并且是著名经济学家马歇尔的学生和同事。他的母亲弗罗伦丝也是一名杰出的女性，毕业于剑桥大学纽罕学院，一生热心公共事业，曾任剑桥市参议员和市长，因此凯恩斯在少

年时代就有机会接触到一些经济学家和哲学家，良好的文化氛围和家庭教育为凯恩斯的学术道路奠定了基础。

除了家庭熏陶，凯恩斯在伊顿公学接受了全英国最好的教育，他的多方面兴趣在中学得到了启蒙和发展。毕业后，他因获得数学和古典文学的奖学金而进入剑桥大学国王学院，主修数学。在剑桥学习阶段，他对政治产生了浓厚兴趣，为了准备英国文官考试，跟从马歇尔、庇古等人学习经济学。1906 年，凯恩斯以第二名的优异成绩被分配到印度事务部工作，不过两年任期一满凯恩斯便辞去了印度事务部的工作，后经马歇尔推荐回到剑桥大学任经济学讲师，讲授货币学，并深入研究印度的货币和金融，并于 1913 年出版了他的第一本专著《印度通货与金融》。1913—1914 年他被任命为皇家委员会调查印度通货和财政的委员，其后调任财政部顾问。

1919 年，凯恩斯以英国财政部首席代表身份出席巴黎和会，会上他强烈反对协约国对德国提出的战争赔款标准，后又愤而辞去代表职务回到剑桥，并开设"和约的经济意义"这门课程，为此，他撰写了《和约的经济后果》（1919 年）一书，从经济学的角度剖析了和约的不公正性和危险性，一时成为欧洲经济复兴问题的中心人物。在此之后，即 1922 年年末和 1923 年年初，凯恩斯的兴趣逐渐转向货币金融问题。此外，凯恩斯自 1911 年起便开始担任权威刊物《经济学杂志》（*Economic Journal*）主编，一直到 1945 年为止；他还从事证券投资活动，获利数十万英镑，并兼任不少公司的顾问或董事；同时，他还参加一些自由党的党派活动，被聘任为政府一些有关经济会议的委员或顾问。

其后，凯恩斯针对当时英国处于战后经济萧条期且整个资本主义经济发展存在的问题，不断探索，层层推进。1923 年出版了《货币改革论》，凯恩斯在书中提出用适度的货币扩张政策去稳定物价、实现经济均衡，并在此基础上于 1930 年出版《货币论》，战略目标与前一本书相同，提出投资和储蓄是影响收入水平的关键因素，国家通过调节利率可以控制投资和储蓄，进而达到稳定价格和发展生产的目的。

1930 年，凯恩斯担任英国经济顾问委员会主席，为了寻找 1929—1933 年资本主义大危机根源及应对之策，凯恩斯于 1936 年出版了具有里程碑意义的著作——《就业、利息和货币通论》（*The General Theory of Employment, Interest and Money*）。这本书为凯恩斯赢得了世界性的声誉，奠定了他在经济学说史上的地位。1941 年他又出任英格兰银行董事，1942 年被英皇授予"勋爵"，这是对他一生为英国鞠躬尽瘁给予的最高荣誉。凯恩斯1944年率领英国代表团出席布雷顿森林会议，并担任国际货币基金组织和国际复兴开发银行的董事。1946年4月21日，凯恩斯因操劳过度猝死于心脏病，时年63岁，就这样匆匆地，凯恩斯走完了自己短暂但光辉灿灿的一生。

凯恩斯不仅在经济学上造诣深厚，在其他学科也有很深刻的洞见，比如数学、哲学、逻辑学、统计学、历史学等，并且在收藏、现代油画评论、芭蕾舞评论方面颇有心得，他的夫人就是一位芭蕾舞演员[①]。凯恩斯一生著作颇丰，英国皇家经济学会将他的全部作品编辑成《凯恩斯选集》，共计30大卷，较有影响的著作有《印度通货与金融》（1913年）、《和约的经济后果》（1919年）、《概率论》（1921年），《货币改革论》（1923年）、《自由放任主义的终结》（1926年）、《货币论》（1930年），以及最具影响力的《就业、利息和货币通论》（1936年）。《就业、利息和货币通论》是凯恩斯的代表作，该书的出版标志着凯恩斯主义经济学完整理论体系的形成。

二、学术思想的形成

在凯恩斯主义经济学产生和传播之前，在西方经济理论界占统治地位的经济学是以马歇尔、庇古等人为代表的新古典经济学。新古典经济学在完全竞争的假设下研究价格机制怎样通过消费者追求效用最大化和生产者追求利润最大化实现资源的有效配置以及实现充分就业。在经济政策方面主张自由放任和国家不干预经济的原则，认为资本主义经济通过市场机制的自动调节可以达到充分就业的均衡。新古典经济学无论在理论方面还是政策方面，都支配着统治阶级和学术界的经济思想，凯恩斯本人也是在新古典经济学的熏陶下成长起来的。

在他早期的著作中充斥着主张并相信市场的自动调节效果的言论，《货币改革论》和《货币论》都是沿袭传统经济学的思维模式。对于凯恩斯这样一位长期在新古典经济学的熏陶之下且曾长期深信并传播这一学说的人，是什么促使他在后来又站到了这一学说的对立面？是什么促使了凯恩斯从主张经典经济学的自由放任到《就业、利息和货币通论》中的国家干预思想的转变

---

① 1921年凯恩斯陷入了与俄国著名芭蕾舞演员莉迪亚·乐甫歌娃的热恋之中，两人在1925年成婚，被认为是智慧和美丽的结合，在这之后的二十多年婚姻生活里，凯恩斯和莉迪亚相亲相爱，生活得非常幸福、满足。当凯恩斯因心脏病去世后，莉迪亚过上了隐居的生活，她拒绝见记者、不写回忆录、不谈凯恩斯，也不再关心芭蕾舞。

呢？任何经济思想都离不开当时的社会、经济和学术环境，并与现实情况紧密相连。同样，凯恩斯思想的发展也不能离开当时英国的政治经济环境和学术环境。

第一次世界大战是英国经济发展的转折点，此后整个 20 世纪 20 年代英国面临着萧条与动乱，工农业生产萎缩，大量企业和设备闲置，对外贸易额下降，工人失业率高达 10%。作为一位现实感很强、一向关注实际问题的经济学家，凯恩斯开始逐渐脱离传统的经济理论，探究经济萧条的原因并寻找相应的对策，其思想也开始发生变化：一是在 1924 年，凯恩斯提出了将《货币改革论》中的通货管理转向政府直接投资主办公共工程的主张；二是由贸易自由主义到贸易保护主义的转变；三是由早期的信任自由放任主义到有管理的资本主义的转变。作为一个务实的经济学家，凯恩斯不拘泥于现存的固有理论，而总是把他那锐利的目光投注于现实生活之中的实际问题，以他虚怀若谷的胸怀，去探索问题的根源并寻找解决问题的办法，实现了自己思想上的转变和理论上的超越。

凯恩斯的经济思想从学术渊源上继承了重商主义的国家干预学说、马尔萨斯的有效需求不足学说、曼德维尔的高消费促进繁荣学说、霍布森的过度储蓄和消费不足导致失业和经济萧条学说。凯恩斯通过对各种经济思想的梳理整合和发展，建立起自己特有的经济学体系。正如萨缪尔森所说："新古典经济学缺乏一个完善的宏观经济学来与它的微观经济学相配合，自凯恩斯出版了《就业、利息和货币通论》后，经济学就不再是以前的经济学了。"

第二节　从《货币论》到《就业、利息和货币通论》

从《货币论》到《就业、利息和货币通论》，反映了凯恩斯的经济思想从主张经典经济学的自由放任到提出国家干预主义的转变，从深信并传播新古典经济学到站到这一学说的对立面进行批判的转变。在《货币论》中，凯恩斯一方面想打破传统理论的束缚，另一方面又对其恋恋不舍，而在《就业、利息和货币通论》中，凯恩斯便是彻底与传统自由主义决裂了。

一、《货币论》——通向《就业、利息和货币通论》的过渡性著作

《货币改革论》《货币论》《就业、利息和货币通论》是凯恩斯最重要的三本学术性专著，虽然《就业、利息和货币通论》是其中最重要、影响最大的著作，但他本人是研究货币经济理论起家的。实际上，在《货币改革论》和《货币论》这两部著作中，偶尔也能看到《就业、利息和货币通论》的影子。

第一次世界大战后英国虽然赢得了战争，但已经输掉了帝国，英国在前一阶段资本主义发展过程中所积存的各种矛盾，到"一战"胜利结束之际，都通通暴露出来，并且日益尖锐，英国经济陷入萧条的泥淖之中。凯恩斯面对英国历史上最严重而漫长的萧条困境，深感救治这种痼疾的迫切性，而《货币改革论》中提出的货币调节方案，忽略了应该考虑的一些复杂因素，对日益严重的慢性萧条痼疾解释得不够深透，必须进行修正。于是，《货币改革论》出版后不久，凯恩斯就着手撰写《货币论》，编制新型的货币调节方案。他把传统的货币数量论改换成物价水平基本方程式，将原来被忽略了的因素增补进去，从而使以此为基础而推导出来的货币调节政策在内容上、格调上都相应地扩大化、复杂化了。在《货币改革论》序言中他简要提到了"储蓄—投资"关联问题，而在《货币论》中则深入地分析了储蓄和投资两者之间的均衡和矛盾，构成"新"型货币调节理论中十分重要的组成部分。在《货币论》中，原属单一的利率范畴被分解出市场利率和自然利率，利润也被分解为企业家正常报酬和意外利得。

从凯恩斯的经济思想发展历程来看，《货币论》是一本通向《就业、利息和货币通论》的过渡性著作，尽管它基本上属于新古典学派的理论模式，但其中包含了一些新的经济思想，后来发展成为《就业、利息和货币通论》理论体系的重要组成部分，两本书在分析结构方面存在着某些至关重要的差异，但其中的基本观点仍保持不变。如在该书中有关人们持有货币的动机分析，后来在《就业、利息和货币通论》中发展成了著名的三类货币需求动机（交易动机、谨慎动机和投机动机）。又如该书中提到关于投资和储蓄的分离与矛盾的三个论点：一是没有一个市场机制能够促使储蓄全部自动转化为投资，必须求助于市场机制以外的调节力量进行干预；二是投资比储蓄更重要；三是在经济萧条情况下，若储蓄不能转化为投资且不用于消费，则节约便成了罪愆。这三个论点在《就业、利息和货币通论》中得到了发展，形成了"投资支配储蓄"理论、"投资社会化"的政府干预方案及关于鼓励消费的论点。再如，该书中关于新资本的预期收益即后来《就业、利息和货币通论》中所谓的资本边际收益率。

二、《就业、利息和货币通论》——西方宏观经济学的基石

凯恩斯的《就业、利息和货币通论》的出版，标志着现代西方宏观经济学的开始。在西方经济学理论界，凯恩斯的宏观经济理论是一个流行的研究主题；在西方国家经济政策上，它是一个重要的理论依据；在西方思想界称它为思想言论的基础。尽管 20 世纪 60 年代中期以后，凯恩斯经济学的地位有所削弱，但直到目前为止，《就业、利息和货币通论》仍然是百年来最重要的西方经济学著作之一，凯恩斯仍然是百年来影响最大的西方经济学家之一。

《就业、利息和货币通论》并不是一部通俗易懂的著作，甚至很多"凯恩斯主义"经济学家没有读过它，其涉及的理论范畴很多，下面探讨一些该书中的主要理论。

（一）有效需求原理

《就业、利息和货币通论》中的理论创新和核心问题是有效需求原理，这是凯恩斯研究失业原因的新视角，是凯恩斯经济学的理论基础，也是凯恩斯对经济理论的最大贡献——"发展了有效需求理论：决定了整个产量水平的理论"。[①]

其主要内容为：产出和就业取决于总需求，失业是由于需求不足造成的。具体来说，总需求包括两个部分——居民消费支出和厂商投资支出，对消费品的需求取决于消费者的收入，而投资的需求则取决于企业家对未来获利的可能性的预期，获利的可能性预期大则投资多，反之，投资少。凯恩斯借助总供给函数和总需求函数来说明有效需求，简单地说，有效需求就是社会总供给和总需求平衡时的社会需求量，是投资和储蓄相等时的社会总需求。凯恩斯认为，当总需求小于总供给时，厂商不仅不能按照包含预期的最低利润的价格出售产品，而且有可能出现商品卖不出去的情况，在这种情况下，厂商就会减少雇用工人的数量，减少产量。反之，若总需求大于总供给时，产品会供不应求，厂商在获得利润的同时，也会扩大生产，增雇工人。只有总需求等于总供给时，企业家才不会增雇工人或缩减生产，于是生产和就业就达到了平衡。

然而，虽然总需求曲线与总供给曲线的交点对于厂商来说是最有利的点，此时厂商可以获得最大的预期利润，但是它却并不一定与充分就业一致，即

---

① 克莱因. 凯恩斯的革命 [M]. 薛蕃康，译. 北京：商务印书馆，1962.

总供给和总需求可以在充分就业时相等，也可以在非充分就业条件下实现均衡。凯恩斯认为，如果没有国家宏观调控，市场机制自由调节所达到的均衡一般都是低于充分就业的均衡，这种未实现充分就业水平的均衡即非自愿失业的均衡，这是经济的常态，着重研究"小于充分就业的均衡"理论是具有普遍意义的。

（二）乘数原理

凯恩斯利用边际消费倾向建立了投资乘数理论①，即投资支出的增加必然会导致国民收入的成倍增加。投资乘数公式为：$K = 1/(1-b)$，这里 b 表示边际消费倾向。投资乘数的大小与边际消费倾向有关，边际消费倾向越高，投资乘数就越大。投资乘数理论表明，就业与收入的增加也与边际消费倾向成正比。所以凯恩斯引用曼德维尔《蜜蜂的寓言》，指出"浪费"固然是道德上的"可耻行为"，对社会却大有好处；节约固然是"美德"，但对社会却很不利。

乘数效应的发挥是两方面的，凯恩斯通过"乘数"来强调"有效需求"的作用，既将经济衰退或危机的发生归结为有效需求的缩减（投资支出、消费支出或政府开支的缩减会引起社会总需求成倍缩减），又认为扩大总支出（投资支出、消费支出或政府购买支出）以成倍地扩大有效需求是消除经济危机或促进经济增长的有效手段，从而为自己倡导国家干预经济提供理论依据。

凯恩斯还提出投资乘数发挥作用需要具备一定的条件：①如果在所投资的生产部门中将增加的收入用于偿还债务，则乘数会变小；②如果将增加的收入用于购买消费品的存货，则乘数会变小；③如果将增加的收入用来购买消费品，但因生产条件的限制，消费品并未如期生产，这时货币收入增加而实际收入不能同比例增加，则乘数会变小；④如果将增加的收入用来购买外国商品，则乘数会变小。考虑到这些限制条件，凯恩斯认为投资乘数会大于1，但也不会过大。

（三）利息理论和工资理论

新古典经济学认为，出现经济危机时，利息率的充分伸缩性和货币工资的伸缩性是资本主义经济社会充分就业的两个保障机制，只要利息率或货币工资率能够及时、充分地下降，就可以引起对投资的巨大刺激和增加就业量，

---

① 乘数概念是凯恩斯的学生卡恩在《国内投资与失业的关系》一文中为了确定净投资增量与总就业增量之间的实际数量关系而首先提出来的，凯恩斯接受了这一概念，将卡恩的就业乘数发展为投资乘数。

进而阻止经济危机的蔓延。凯恩斯不赞同这一观点，他提出的利息和工资理论明确指出，资本主义经济不可能自动实现充分就业。

第一，凯恩斯的利息理论是以"流动性偏好"为基础的，对于流动性偏好的形式即人们持有货币的动机，凯恩斯认为主要有三种。①交易动机：个人或企业为了进行正常交易活动而持有现金；②谨慎动机：为预防意外支出需要所持有的现金；③投机动机：持有现金以便从预期的有价证券变动中获利。凯恩斯认为新古典学派只看到交易性的货币需求，而忽视了最重要的投机性的货币需求。人们为投机而持有现金时，会对利率的变动特别敏感，特别是当经济衰退发生时，利息率已经降到很低，投机性货币需求弹性可以变到无穷大，从而阻止利息率的进一步下降，且利率很低时，证券价格较高，预计后来上涨的可能性很小，而下跌的可能性很大，投资者不愿再购买证券而选择持有现金，这个过程自然阻止了利息率的进一步下跌，这种情况被人们称为"流动性陷阱"，也叫凯恩斯陷阱。

第二，凯恩斯反对在经济衰退时降低货币工资率的主张，认为这种做法不仅无效，而且有害。降低货币工资率对个别企业来说在某种程度上起到了刺激投资的作用，但从全社会的角度来看会相应地降低社会的总需求，使市场进一步萎缩、投资减少，从而失业增加。不仅如此，在现实生活中，工人的反抗和工会的作用也会阻碍货币工资率的下降。凯恩斯认为工资是刚性的，在经济衰退时，不是降低货币工资率，而是实行"温和的"通货膨胀，使物价上涨以降低实际工资的政策会更加容易实行。

（四）经济政策主张

凯恩斯认为，资本主义社会单纯依靠私人经济和市场调节已无法保证社会资源的使用达到充分就业水平，必须依靠政府力量来提高消费倾向和引诱投资。在面临大量失业和严重经济危机的情况下，政府介入经济生活，实施全面的干预政策以刺激消费和投资，而投资是经济能否走向繁荣的关键环节。凯恩斯政策主张最本质的地方就是国家干预，面对有效需求不足、失业等一系列危机，唯有国家政府担负起责任才能避免现存制度的全部毁灭，从而解决现实生活中的经济难题。

凯恩斯认为国家调节的重心在于管理有效需求，为此他设计了一套调节机制：刺激消费；提高资本边际效率，刺激投资；反对传统预算平衡观念，实行财政赤字；扩大商品与资本输出等政策。后来，凯恩斯的追随者发展、归纳出一套管理有效需求的财政政策和货币政策（有时也被称为有效需求管理）。其财政政策的主要内容是：在经济衰退时，政府应扩大政府开支和减税，甚至实行财政赤字和发行公债，以扩大总需求；在经济高涨时，政府则应紧缩政府开支和增税，以减少总需求。至于货币政策，则应配合、支持财政政策，即在经济高涨时减少货币发行、提高利息率、抑制私人投资，以达到减少总需求的目的；而在经济衰退时，则增加货币供应量、降低利息率、刺激私人投资，以达到扩大总需求的目的。凯恩斯的国家干预主张是以财政政策为主、以货币政策为辅，两者共同配合来稳定经济体系。

凯恩斯的国家干预主义思想，向人们展示了一种崭新的思想方向，对思想理论界和世界各国政府产生了强烈的影响。他的经济主张在他生前和死后的相当长一段时间内，受到很多西方国家政府的青睐，为解决当时实际经济生活中的难题起到了至关重要的作用。

第三节　有效需求与"凯恩斯革命"

凯恩斯主义经济学的核心思想就是有效需求理论，这是凯恩斯就业理论的出发点以及整个经济理论的基础。而面临有效需求不足导致的经济危机或衰退，凯恩斯创建了以需求管理的政府干预为中心思想的宏观经济学，在西方经济学界引发了"凯恩斯革命"，使经济学进入一个新时代。

一、有效需求

（一）从马尔萨斯到凯恩斯

有效需求问题是市场经济或现代资本主义经济的核心问题，从西方经济学说史的发展历程来看，最早提出有效需求对收入水平起决定作用的是马尔萨斯。马尔萨斯的有效需求不足论是建立在价值论和利润论基础之上的。他反对萨伊等人所主张的"供给能自动创造出它自己的需求"这一观点。他认为，在短期内，生产能力不断增长，而人们消费欲望有限制，短期内易得到满足，因此整个社会就会出现"有效需求不足"的现象，使资本主义生产普遍过剩，出现经济危机。凯恩斯在《论马尔萨斯》一文和《就业、利息和货币通论》一书中，大量引证了马尔萨斯的有关论述，并进行重新阐述、论证，逐渐形成了自己的"有效需求不足"观点。凯恩斯认为，在一个封闭经济中，有效需求由消费需求和投资需求组成，其中，消费决定于收入和边际消费倾向，投资决定于资本边际效率和流动性偏好。

凯恩斯的有效需求理论一方面继承了马尔萨斯的诸多观点；另一方面还进行了大量的创新，并形成了一个独立的理论体系。例如，马尔萨斯的有效需求只包括消费需求而没有投资需求，他也没有把收入水平作为决定消费需求的主要自变量，而凯恩斯在《就业、利息和货币通论》中认为有效需求由消费需求和投资需求两部分构成，并更强调后者的作用。马尔萨斯认为有效需求指供求一致时的需求，供求均衡点决定的是产出和商品的价格，而凯恩斯有效需求模型中的供求均衡点决定的是均衡的就业量和产出水平。

（二）三大心理规律

凯恩斯认为由于"消费倾向""对资本未来收益的预期"以及对货币的"灵活偏好"这三个基本心理因素的作用，资本主义社会不存在自动达到充分就业均衡的机制，将出现有效需求不足。凯恩斯将之总结为三大心理规律。一是消费倾向递减：凯恩斯认为居民的消费倾向会受到客观和主观两方面因素的影响，居民收入增长和其用于消费方面的支出增长并不是同步的，而是呈现递减的倾向。二是资本边际效率递减：凯恩斯把"资本边际效率定义为一种贴现率，而根据这种贴现率，在资本资产的寿命期间所能提供的预期收益的现在值能够等于该资本资产的供给价格"。凯恩斯认为，影响资本投资的因素主要有两个，一个是资本边际效率，另一个是利率。资本边际效率是递减的，而利率的下降是有限度的，因此当资本边际效率等于利率的时候，资本家出于逐利的本性就会停止投资，于是便造成有效需求不足。三是灵活偏好规律：灵活偏好又称为流动偏好，它是指一种心理动机，在这种心理动机下，人们更愿意以货币形式或存款形式而不是以股票、债券等形式来保持他们的财富。

二、凯恩斯革命

凯恩斯的著作《就业、利息和货币通论》于1936年发表，这标志着凯恩斯的以分析"有效需求不足"和主张政府干预为理论特质的"新经济"理论的诞生。这一"新经济"理论在西方经济学界引起了一场革命，后人称为"凯恩斯革命"。这场革命的意义在于，凯恩斯建立了以经济总量为分析对象的宏观经济理论体系，现代宏观经济学由此成为一个独立的经济理论体系并发展起来。

（一）研究方法革命：总量分析法

新古典经济学以完全自由竞争假定为前提，故他们关心的不是经济总量而是单个经济单位的经济行为和个别商品市场的交换过程及其价格机制，因而普遍采用个量分析方法。而凯恩斯所考察的对象是整个国民经济体系的运行状况，其创立了总量分析方法和一套衡量宏观经济活动的指标体系。在《就业、利息和货币通论》中凯恩斯提出了衡量国民收入的三种方法——成本法、支出法、收入法，还区分了总收入和净收入，定义了消费、储蓄、投资等总量以及它们与国民收入的数量关系。他所关注的是围绕社会商品总量所发生的供求关系，研究的是社会总需求和社会总供给。虽然《就业、利息和货币通论》中的总量分析方法还存在不完善之处，但他开创了总量经济分析的先河，为宏观经济分析提供了方法。

（二）经济危机原因探索革命：内因论

凯恩斯面对 20 世纪 30 年代西方经济大危机的猛烈冲击，开始研究何种因素决定总生产量和国民收入这个实际问题，对失业严重、"富裕中的贫困"的矛盾现象作出解释，并寻求解救对策。在经济危机这个严重病症的洞察和根源探索方面同传统经济学说相比，他有着一些突破性的新观点和新见解：

一是传统经济学信奉萨伊定律："供给能自动创造出它自己的需求"，否认普遍意义的生产过剩经济危机，而凯恩斯明确承认经济危机确实存在，且坦率地承认：经济危机已经严重到了使现行社会濒临"全面毁灭"的极端危险境界。

二是在经济危机的性质上，传统经济学根据亚当·斯密"看不见的手"机理，认为这是局部失衡的、由均衡失调而趋于均衡的暂时现象，坚信资本主义市场机制的完善性和协调性可以自动调节而使经济运行重新恢复正常，于是主张自由放任、消极等待，反对政府干预。而凯恩斯则根本不相信市场机制的完善性和协调性，否认经济危机能通过市场机制自动调节而恢复均衡，他坚决主张：采取强有力的政府干预，对严重的经济危机进行拯救。

三是在经济危机的根源或原因方面，由传统"外因论"转向"内因论"，这是西方经济学危机理论史上的一次重大突破。传统经济学的经济危机和周期理论大都从外部因素去寻找经济危机的原因：有的归因于太阳黑子的周期变化而影响气象；有的归因于心理因素——乐观情绪和悲观情绪的交替变化；还有的归因于工会、战争、政府干预对经济进程的干扰。而凯恩斯的研究重点从寻求有规律的外部冲突转变到寻求经济不稳定的内在结构，解释"繁荣内部何以孕育着使其自身趋于毁灭的种子"。他确认"有效需求不足"为经济危机的根源，从考察生产、就业和收入的决定因素入手，编制有效需求原理以及消费倾向、资本边际效率和流动偏好三个基本心理规律，进而分析消费和投资两方面有效需求不足的内在结构，这样，包含在就业一般理论体系中的一个统一的综合性内因型经济危机理论由凯恩斯创建出来了。

（三）政策革命：国家干预主义

在政策方面，凯恩斯提出有效需求管理政策，由于有效需求不足，经济自发运行通常处于非自愿失业的非均衡状态。他反对新古典经济学主张的"自由放任"经济政策，主张扩大政府机能对经济加强干预，认为政府应运用以财政政策为主、货币政策为辅的宏观需求管理政策体系，扩大消费需求和投资需求，以实现充分就业均衡。他否定古典经济学奉行的平衡财政收支的原则，进一步主张扩大政府开支，允许出于国家基础设施（如道路、河流和港口等）、教育和医疗系统等的建设而进行的公共投资所导致的预算赤字。国家干预并非凯恩斯的首创，凯恩斯的贡献在于他为国家干预提供了有利的理论支持。

第四节　新古典综合派与新剑桥学派

凯恩斯主义经济学建立后，一大批学者沿着凯恩斯的理论思想不断研究探索，在宣传、解释凯恩斯理论的同时，也试图将凯恩斯的短期比较静态分析长期化和动态化，促进了凯恩斯理论的不断发展。对于《就业、利息和货币通论》的不同理解，使凯恩斯主义经济学沿着不同的方向发展，并且出现了不同的派别。20 世纪 50—70 年代逐渐分裂成两个尖锐对立的主要流派，一派是以美国麻省理工学院（地处麻省的剑桥）教授萨缪尔森、托宾、索洛等人为代表的新古典综合派，另一派则是以英国剑桥大学经济学家琼·罗宾逊、卡尔多、斯拉法及意大利学者帕西内蒂为代表的新剑桥学派[①]（又称后凯恩斯主义），因此，他们之间的分歧和争论又称"两个剑桥之争"。

---

① 英国剑桥学派是因学派主要代表人物在英国剑桥大学工作而得名。英国剑桥学派有"旧剑桥学派"和"新剑桥学派"之分，"旧剑桥学派"是以马歇尔为代表的新古典经济学派，"新剑桥学派"是在"凯恩斯革命"后形成的，其理论以背离马歇尔的新古典经济学派为特征。

一、新古典综合派

在《就业、利息和货币通论》出版后的几年内，凯恩斯的大多数研究发展都是围绕解释《就业、利息和货币通论》展开的。到了 20 世纪 50 年代初，以阿尔文·汉森与保罗·萨缪尔森为代表的经济学家们开始着手将凯恩斯的宏观经济理论与传统的新古典主义的微观经济学原理结合在一起，形成了新古典综合派。这是现代西方经济学在世界范围内流传最广影响最大的一个经济学流派，其理论观点和政策主张对资本主义国家经济政策的影响，远远超过其他经济学流派。

（一）新古典综合派的形成和发展

新古典综合派的形成过程，实际上就是凯恩斯的经济理论在美国传播并占据主流地位的过程。这个学派的代表人物有阿尔文·汉森、约翰·希克斯、保罗·萨缪尔森、詹姆斯·托宾、罗伯特·默顿·索洛、罗伊·福布斯·哈罗德、埃弗塞·多马等。从新古典综合派历史演变过程来看，大致可以分为三个阶段。

第一阶段：新古典综合的萌芽阶段（20 世纪 30 年代后期）。

凯恩斯的《就业、利息和货币通论》出版后，最早的一批凯恩斯主义经济学家希克斯、汉森等人对其进行了解释、修补和延伸，逐渐形成了凯恩斯学说的理论体系。他们在解释和修改的过程中并没有放弃以马歇尔为代表的新古典经济学，而是试图将二者融合。他们采取简化凯恩斯理论的手段建立所谓具有一般性的经济模型，最为突出的成果是希克斯—汉森模型，即著名的 IS-LM 曲线，这一阶段成功地为新古典理论和凯恩斯理论的结合奠定了基础。

第二阶段：新古典综合的发展阶段（20 世纪 40 年代至 50 年代）。

希克斯提出一般均衡理论后，帕廷金和萨缪尔森在此基础上更深入、广泛地进行了凯恩斯理论和新古典经济学的沟通融合工作，如帕廷金在《货币、利息和价格》一书中，既运用了凯恩斯的收入—支出法分析经济活动，又保留了新古典学派的货币数量论观点。

第三阶段：新古典综合的巅峰阶段（20 世纪 50 年代以后）。

萨缪尔森是新古典综合派的集大成者，其第五版《经济学》(1961 年) 一书中首创 "新古典综合" 一词，在第 6 版《经济学》（1964 年）中则对此进行了精辟的阐释，所谓 "新古典综合" 就是 "总收入决定理论的要素与早先的相对价格和微观经济的经典理论相结合"。一直到 20 世纪 60 年代中期，新古典综合派作为西方经济学的主流持续了 20 余年，其权威理论和政策主张很大程度上影响了资本主义国家的经济思想和政策取向。但是到了 20 世纪 70 年代，以美国为首的西方资本主义国家纷纷出现了严重通货膨胀和大量失业并存的"滞胀"危机，对此新古典综合派既不能从理论上对这一现象进行诊断，也无法给出解救处方，新古典综合派饱受批判，深陷理论危机。为了摆脱这一困境，萨缪尔森在第 8 版《经济学》（1970 年）中取消了"新古典综合"这一术语，并将自己的经济理论改称为"后凯恩斯主流经济学"。之后萨缪尔森又对其第 12 版《经济学》（1985 年）做了一次彻底的修订，在原有的新古典综合理论基础上，进一步综合了后来形成的主要宏观经济学派如货币学派、供给学派和理性预期学派思想，企图建立一个能为各派所普遍接受的折中体系。

（二）代表人物和理论思想

1. 阿尔文·汉森

阿尔文·汉森（Alvin Hansen，1887—1975 年）是新古典综合派的先驱者和奠基人，被称为"美国的凯恩斯"。他生于美国南达科他州，1910 年从雅克顿学院毕业，1918 年获得威斯康星大学哲学博士学位，之后到布朗大学和明尼苏达大学任教。曾任美国国际经济关系政策委员会研究主任、联邦储备局特别经济顾问。他的主要著作有：《经济周期理论》（1927年）、《财政政策与经济周期》（1941 年）、《国民经济中的国家与地方财政》（1944 年）、《凯恩斯学说指南》

阿尔文·汉森

（1953 年）、《美元与国际货币体系》（1957 年）等。

汉森对凯恩斯经济思想的发展体现在三个方面：一是提出了"补偿性财政政策"，要求根据商业周期的不同阶段，为实现充分就业而采取不同的财政政策。汉森认为，政府应根据实现充分就业的目标来决定支出，而非致力于本期的财政收支平衡。这种政策的原则是在经济萧条时采取扩张性财政政策增加支出，减少税收，以刺激经济需求；在繁荣时期则采用紧缩性财政政策，减少支出，增加税收，以抑制通货膨胀。这种财政政策不需保持逐年财政预算平衡，萧条年份赤字，繁荣年份盈余，从而实现"长期预算平衡"或"周期预算平衡"。二是与萨缪尔森一起提出了揭示经济周期的乘数—加速数原理模型，证明了政府干预的必要性。即在市场机制自发调节时，消费、投资和国民收入之间通过乘数效应和加速数效应相互作用和不断累积，必然形成经济周期，这是新古典综合派商业周期理论的核心。三是发展了由英国经济学家希克斯提出的 IS-LM 模型，被称为希克斯-汉森模型。这个模型使用一般均衡的方法说明在产品市场和货币市场同时均衡时国民收入和利率的关系。IS-LM 模型被称为对凯恩斯主义理论的标准解释，汉森在此基础上将政府支出和税收引入 IS-LM 模型，并以此来分析财政政策和货币政策的效果。

2. 约翰·希克斯

约翰·希克斯（John R. Hicks，1904—1989 年）是英国著名经济学家，宏观经济学微观化的最早开拓者，对宏观经济学和微观经济学发展都具有较大的影响，特别是在均衡理论方面有开创性的研究，1972年被授予诺贝尔经济学奖。

希克斯在序数效用论的基础上建立了一般均衡理论，着重研究各种经济因素之间的相互关系，采用联立方程式，用数学模型分析整个经济体系的均衡。他将均衡分为静态和动态，其中静态一般均衡

约翰·希克斯

是超时间的，包括交换的一般均衡、生产的一般均衡和市场均衡；又在静态均衡基础上引入时间因素，建立了动态的一般均衡模型。希克斯的一般均衡理论是把马歇尔的局部均衡分析同瓦尔拉斯和帕累托的一般均衡分析相结合的产物。

希克斯根据他的一般均衡理论对凯恩斯的收入模型做了修正和完善，建立了代表商品市场和货币市场一般均衡的 IS-LM 模型：

（1）$s = s(y)$——储蓄函数

（2）$i = i(r)$——投资函数

（3）$s(y) = i(r)$——产品市场均衡条件

（4）$L = L_1(y) + L_2(r)$——货币需求函数

（5）$\dfrac{M}{P} = m = m_1 + m_2$——货币供给函数

（6）$m = L$——货币市场均衡条件

根据（1）（2）（3）可以求得 IS 曲线，根据（4）（5）（6）可以求得 LM 曲线，求解 IS-LM 联立方程可得 IS 曲线和 LM 曲线的交点即产品市场和货币市场同时均衡时的利率和收入。

IS-LM 模型的意义在于：第一，它成为新古典综合派传播凯恩斯主义思想的主要分析工具；第二，它是新古典综合派经济政策主张的主要理论依据。因此，新古典综合派认为，它不仅实现了新古典理论与凯恩斯理论的综合，以及凯恩斯的收入决定论与货币理论的综合，而且完成了财政政策和货币政策的综合，甚至体现了凯恩斯主义和货币主义的综合。

3. 保罗·萨缪尔森

保罗·萨缪尔森（Paul A. Samuelson，1915—2009 年）是美国著名经济学家，1935 年毕业于芝加哥大学，1941 年获哈佛大学博士学位。在哈佛求学期间，师从约瑟夫·熊彼特、华西里·列昂惕夫和阿尔文·汉森研究经济学。1970 年，他因发展了动态和静态经济理论，提高了经济科学的分析水平而成为第一个获得诺贝尔经济学奖的美国人。其主要著作有：《经济分析基础》（1947 年）、《经济学》（第一版，1948 年）、《线性规划与经济分析》（1958

保罗·萨缪尔森

年），他还写了 300 多篇论文收录于《萨缪尔森科学论文集》中。萨缪尔森所著的《经济学》开创性地综合了宏观经济学和微观经济学，建立了新古典综合的理论体系，自 1948 年出版以来，随着世界经济形势的变化和经济理论的发展，不断得到修改和补充，被誉为世界上最实用和畅销的经济学教科书，至今仍备受追捧。新古典综合的产生和发展便是主要通过各版《经济学》反映出来，萨缪尔森曾声明："星期一、三、五我是萨伊的随从，而星期二、四、六我是凯恩斯分子。"可见新古典综合既不完全赞同马歇尔和瓦尔拉斯的自由放任下能实现充分就业的观点，也不完全赞同凯恩斯萧条经济学中有些悲观的论调，而是乐观地相信，在凯恩斯政府干预手段下，完全可以使古典主义充分就业的目标恢复光芒，这就是"新古典综合"的实质。

萨缪尔森的经济理论体系建立在数学分析的基础之上，他认为经济学研究无非可以归纳为两个问题：一是最大值和最小值问题，即在有限条件下，如何使社会或经济单位获得最大的福利和利润或如何使成本最小；二是均衡问题，即如何使总供给和总需求达到均衡状态以及如何维持均衡状态的问题。而这两个问题都可以归结为研究不同变量之间相互作用的数学问题。萨缪尔森除了对新古典综合学派的发展作出了突出贡献，其对微观经济学、宏观经济学以及国际经济学等绝大部分领域均作出了代表性的贡献。如微观经济学中的显示偏好理论、福利经济学理论、公共产品理论和金融理论；宏观经济学中的实际效率与大道定理、消费—信贷模型以及乘数—加速数理论等。由于其影响在经济学领域可以说是无处不在，萨缪尔森甚至被称为经济学界的最后一个通才。

4. 哈罗德、多马与索洛

罗伊·福布斯·哈罗德（Roy Forbes Harrod，1900—1978 年）是英国著名经济学家，在剑桥大学曾师从凯恩斯学习经济学，后长期在牛津大学任教，他致力于凯恩斯的理论动态化和长期化，主要贡献是经济增长模型。

埃弗赛·多马（Evsey D. Domar，1914—1997 年）是美国著名经济学家，1947 年获哈佛大学哲学博士学位，他对经济增长理论进行了深入研究，主要著作是《经济增长理论论文集》（1957 年）。

哈罗德和多马对经济增长理论的研究成果被人们称为"哈罗德—多马模型"。哈罗德—多马模型采用了凯恩斯的储蓄—投资分析方法，其基本方程为 $G = s/v$，即经济增长率（G）等于边际储蓄率（s）与资本产出比（$v = K/Y$）的比率。哈罗德还将经济增长率分为实际增长率 G_A、有保证的增长率 G_W 和自然增长率 G_N。他认为实际增长率和有保证的增长率发生偏差会导致经济短期波动，而有保证的增长率与自然增长率发生偏差会导致经济长期波动，而且一旦偏差发生，就有自我加强的趋势。因此实现长期稳定均衡的充分就业增长的条件是实际增长率、有保证的增长率、自然增长率均相等，即 $G_A = G_W = G_N$。但这种情况几乎是不可能的，故这种经济增长常被形象地称为"刃锋式"的经济增长。

罗伯特·默顿·索洛（Robert Merton Solow，1924—2023 年）是美国著名经济学家，1951 年获哈佛大学博士学位，长期在麻省理工学院任教，主要贡献是提出了新古典经济增长模型（又被称为索洛模型），于 1987 年获得诺贝尔经济学奖。

索洛模型建立在哈罗德—多马模型的基础之上。索洛认为哈罗德—多马模型假设劳动和资本比例固定是不合理的，资本和劳动之间存在替代性，有不同的比例。为了解决"刃锋"式的困难，他提出了一个生产者通过调节资本和劳动的配合比例来影响产出的总量生产函数：$Y = f(K, L)$，即产出量（Y）是资本（K）和劳动投入量（L）的函数，此时考虑经济增长率（G）为资本和劳动的增长率分别乘以它们各自的边际生产力之和。这样，就可以通过调节生产要素投入的边际生产力，即资本劳动配合比例来实现均衡增长。而生产要素的边际生产力又通过要素市场供求作用于要素价格——利息率和工资率的变动来实现。

索洛还进一步解释了资本和经济增长的关系。当假定劳动力按一个不变的比率 n 增长，且不考虑技术进步时，经济增长率就仅由资本增长率来决定。对一系列公式变形和推导后，得到索洛模型基本方程：$\Delta k = sy - (n + \delta) k$，即人均资本的增加（$\Delta k$）等于人均储蓄（$sy$）减去装备新工人的资本（$nk$）和替换折旧的资本 δk。$(n + \delta) k$ 可以理解为资本的广化，Δk 是资本的深化，则此公式又可表述为：资本深化＝人均储蓄－资本广化。通过基本方程，索洛得出结论：储蓄（投资）的增加会促进经济增长；人口的过度增加会降低资本深化的程度，从而影响经济增长；技术进步会增加总产出。

新古典综合学派作为凯恩斯主义的主流学派，有效地传播和发展了凯恩斯主义经济学理论，实现了西方经济思想的"第三次大综合"，指导和促进了"二战"后美国经济的高速发展。新古典综合派经济学家们一直坚持不断地修正和补充自身的理论体系，力图将更多新观点兼容并蓄。如由英国经济学家威廉·菲利普斯提出的菲利普斯曲线与托宾的市场结构理论组成的通货膨胀和失业理论；莫迪利安尼提出的生命周期理论扩充了凯恩斯的消费储蓄理论；蒙代尔和弗莱明开创的开放经济下的总需求模型——蒙代尔—弗莱明模型等。由于篇幅限制，在此不再详述，有兴趣的同学可以去深入了解相关内容。

二、新剑桥学派

新剑桥学派又称后凯恩斯主义，是在理解和继承凯恩斯主义的过程中，提出了与新古典综合派对立的观点，它试图在否定新古典综合派的基础上，重新恢复李嘉图的传统，建立一个以客观价值理论为基础、以分配理论为中心的理论体系，并以此为根据，探讨和制定新的社会政策，通过改变资本主义分配制度来调节失业与通货膨胀之间的矛盾。

（一）新剑桥学派的形成和发展

新剑桥学派是在与新古典综合派的论战中发展起来的，并建立了自己的理论体系。其理论渊源主要有三个方面：一是凯恩斯的《就业、利息和货币通论》。凯恩斯的《就业、利息和货币通论》中的观点和分析方法、强调投资对就业和国民收入水平的决定作用以及收入分配理论均为新剑桥学派的理论奠定了坚实的依据。二是卡莱斯基的经济理论。1935 年，波兰经济学家卡莱斯基出版了《经济周期理论大纲》，他在文中提出了关于资本主义经济周期波动的理论，并把不完全竞争、垄断价格等因素的作用引入到国民收入理论中，同时他也强调了投资对国民收入分配的影响。新剑桥学派代表人物琼·罗宾逊对此十分赞赏和推崇："卡莱斯基所作的说明在一定程度上比凯恩斯更富于逻辑上的一贯性，是真正的'通论'。"① 三是斯拉法的理论。1960年，斯拉法出版了《用商品生产商品》一书，重新恢复了李嘉图的价值理论和分配理论，并成为新剑桥学派批判新古典经济学的理论基础，新剑桥学派也因此宣称要通过斯拉法的理论来返回李嘉图的古典传统。

1956年罗宾逊出版了《资本积累论》一书，卡尔多也在《经济研究评论》上发表了论文《几种不同分配理论》，各自提出了自己的经济增长理论模型。两者的共同点是从凯恩斯的投资—储蓄分析出发，把经济增长理论与分配理论结合起来，这一观点标志着新剑桥学派的形成。新剑桥学派的方法论和理论前提与新古典综合派有着明显的区别。新剑桥学派方法论有两大显著特点：一是坚决主张抛弃均衡概念，树立历史的时间观念；二是强调社会制度和阶级分析的方法。新剑桥学派批判新古典综合派抛弃了凯恩斯经济理论的根本，他们认为，新古典综合派将马歇尔的局部均衡论和瓦尔拉斯的一般均衡论重新塞入和移植到凯恩斯的理论中是对凯恩斯理论的一种"庸俗化"。

（二）代表人物及其理论思想

1. 琼·罗宾逊

琼·罗宾逊是新剑桥学派的主要代表人物和实际领袖，英国著名经济学家。她于1925年毕业于剑桥大学经济系。凯恩斯的《就业、利息和货币通论》问世后，琼·罗宾逊由马歇尔的信徒转变为凯恩斯理论的积极拥护者，她与皮耶罗·斯拉法、理查德·卡恩等人在剑桥大学组成学术圈，经常进行讨论和批判，琼·罗宾逊很快成为凯恩斯主义的先锋，并著书立说，阐述和发扬凯恩斯的新思想。

琼·罗宾逊对经济学的早期贡献主要在微观经济学方面，她提出并系统阐述了不完全竞争理论，《不完全竞争经济学》作为其成名作于1933年出版，这是垄断竞争理论的奠基性著作之一。该理论及其分析方法成为西方经济学的一个重要组成部分。1956年，琼·罗宾逊发表了其代表作《资本积累论》，书中不仅对经济增长理论做了全面和周密的分析，还论述了经济发展与收入分配之间的关系。琼·罗宾逊指出，要实现经济稳定增长，必须满足多项条

---

① 琼·罗宾逊，约翰·伊特韦尔. 现代经济学导论 [M]. 陈彪如，译. 北京：商务印书馆，1982：63.

件，她把满足这些条件的稳定经济状态称为"黄金时代"，她认为这些条件是难以具备的，因而，在现实中经济增长绝不是稳定的。1973 年琼·罗宾逊与约翰·伊特韦尔合著了《现代经济学导论》一书，在书中他们推翻了新古典综合派以边际生产率为依据的分配理论。琼·罗宾逊认为萨缪尔森提出的用边际生产率说明利润率和工资水平的理论是没有根据的，她通过论证得出资本家的消费和投资决定利润的结论，而不是相反的情形。因而罗宾逊主张国家宏观调控以实现收入均等化，她的一些有关经济和政治的激进主张也使得她在西方资本主义国家被称作"凯恩斯左派"。

2. 皮耶罗·斯拉法

皮耶罗·斯拉法是英籍意大利经济学家，新剑桥学派重要代表人物。他于 1921 年赴伦敦经济学院学习，成为凯恩斯的得力助手。1924—1926 年，斯拉法在意大利的佩鲁贾大学任政治经济学教授，开始研究纯经济理论，1926 年转任卡利亚里大学政治经济学教授，后移居英国，担任剑桥大学讲师、教授。

斯拉法的理论是新剑桥学派基本观点的最主要部分。他对李嘉图著作的整理和编撰，不仅使新剑桥学派被称作新李嘉图主义，而且在西方掀起了一股回到李嘉图主义的潮流。经过 30 多年的研究，斯拉法收集和编撰了研究李嘉图的权威著作《李嘉图著作和通信集》，并于 1960 年出版了《用商品生产商品：经济理论批判绪论》一书，用现代的分析方法重建了李嘉图的生产论、价值论和分配论。按照斯拉法的观点，对各种产品的需求模式并不影响价格模式，只会影响每一产业的产出规模。产品的实际价值（价格）取决于生产它们所必需的其他商品的份额。相对价值（价格）和利润由生产一件复合标准商品所使用的生产技术决定，而一件复合标准商品由经济中的基本商品构成，这些基本商品本质上是"资本品"，既以投入的形式也以产出的形式出现。复合标准商品的关键特征是无论工资还是利润的变化对投入的影响，正好和它对产出的影响方式相同。因此，斯拉法说，复合标准商品是李嘉图难懂的不变的价值或相对价格的尺度。而关于分配论，尽管斯拉法本人并未打算直接探讨资本主义社会的分配问题，但他运用"不变价值尺度"，特别是由此得出的标准体系中工资和利润率此消彼长的关系以及工资和利润决定于外部条件的理论，成为新剑桥学派建立收入分配体系的一个重要理论基础。新剑桥学派正是通过斯拉法的理论体系宣称要回到李嘉图古典经济学的传统，即所谓的"重建政治经济学"。

3. 尼古拉斯·卡尔多

尼古拉斯·卡尔多（Nicholas Kaldor, 1908—
1986年）出生于匈牙利的一个犹太律师家庭，
1927年进入英国伦敦经济学院学习，1932年获
得硕士学位并留校任教直到1947年，1949年起
在剑桥大学任教直到退休。他一生中除了担任
教职任务，还活跃于政坛，先后担任多个发展
中国家政府的税务顾问等职务。卡尔多最初的
研究集中在边际主义经济学领域，读过凯恩斯
的《就业、利息和货币通论》后，他的兴趣便
转向了宏观经济学方向。

尼古拉斯·卡尔多

卡尔多在其著作《两种不同的分配理论》中将经济增长理论与收入分配
理论结合起来，提出了自己的经济增长理论。他的理论与琼·罗宾逊的经济
增长理论一起被人们称为"后凯恩斯的增长理论"，以区别于另一个凯恩斯支
派的"新古典增长理论"。在他的模型中，经济增长速度和收入分配是相互联
系的，他认为，社会总收入是在各阶级间进行分配的，各阶级都有其固定的
储蓄倾向，因此，收入分配中利润和工资的比例会直接影响到社会的储蓄水
平，从而影响资本积累率和经济增长率。卡尔多的这一理论反映了新剑桥学
派的经济增长理论和主张：经济增长是以收入分配的不平等程度的加大为前
提的，经济增长率越高，归于资本家的利润在国民收入中所占的份额就越大，
作为工资归于工人的份额就越小。随着经济的增长，收入分配将会更加不利
于工资收入者。因此新剑桥学派认为资本主义制度的各种弊端的症结在于收
入分配不均，要消除这一症结，就必须改进这种收入分配制度，实现收入均
等化。

总体而言，新剑桥学派属于比较激进的凯恩斯主义学派，它对作为凯恩
斯主义经济学右派的新古典综合派的批判具有深刻性，同时它以自己的收入
分配理论和经济增长理论为依据，承认资本主义社会收入分配不均的弊病，
在一定程度上揭露了资本主义经济增长必然出现有利于资本家的分配趋势和
"富裕中的贫困"现象，并提出了以实现收入均等化为主要目标的政策主张，
这是值得称赞的。新剑桥学派在分析方法上，不仅把宏观和微观结合起来，
而且还强调制度历史等因素的作用。它反对新古典综合派的均衡观，提倡历
史观，不仅考虑经济方面的因素，而且还考虑了社会、历史、政治和传统势

力等方面因素，这种互相联系地观察事物、分析问题的方法是新剑桥学派的独到之处。

第五节　凯恩斯主义对中国的影响

"二战"之后直到 20 世纪 70 年代，凯恩斯主义的理论和主张对西方各国政府宏观经济调控政策产生了强烈的影响。而凯恩斯主义在中国的传播、发展与实践的过程是非常曲折的，自 20 世纪 80 年代来，中国政府一直公开致力于以金融和货币工具为基础的需求管理政策，该政策带有明显的凯恩斯主义倾向。

一、凯恩斯主义传入中国

在新中国成立后的很长一段时间内，包括凯恩斯主义经济学在内的西方经济学一度成为被批判的对象。当时的中国经济政策背后的思想主要来源于马克思主义政治经济学理论，在高校教学中虽然也有凯恩斯主义经济学的课程，但这些西方的经济学著作更多的是被当作一种艺术品来学习，而不是作为一种理解经济现状、指导经济政策的工具。这种情况在 1978 年实行改革开放以后逐渐发生改变，我国从遵循马克思主义政治经济学理论，以马克思主义为指导实行计划经济转而开始拥抱西方经济学理论，引入市场经济体制，计划经济与市场经济并存。中国的一些经济学家们开始更广泛地传播和推广"凯恩斯主义""新凯恩斯主义"等理论，并试图基于此发展出具有中国特色的经济学理论。其中著名的北京大学经济学教授厉以宁，源于凯恩斯开创的"非均衡分析"理论，于 1990 年出版了《非均衡的中国经济》一书，开创性地把非均衡概念引入对我国转型经济的分析，并形成了关于中国转型经济的新理论和新思想，直到今天他所倡导的非均衡分析仍然是研究中国经济的标准范本。此外，他还于 1991 年主编了《凯恩斯主义与中国经济》一书。厉以宁是我国最早提出股份制改革理论的学者之一，因此厉以宁教授还有"厉股份"和"中国凯恩斯"的美誉。而另一位具有国际影响力的中国经济学家是北京大学的林毅夫教授。他在担任世界银行高级副行长和首席经济学家期间，发表了一篇题为"Beyond Keynesianism"的文章。林毅夫在文中指出："我们正处在全球性危机中，而摆在大家面前的有两条路。一条是传统的凯恩斯主义，它关注于国内经济，该方法就是在地上挖个洞，然后雇人去填上这个洞，从而创造出就业机会。但是，我建议超越凯恩斯主义：首先，财政政策应该用来投资那些提高未来生产率的地方；第二，财政政策应该超越国界，因为全球危机需要全球解决方案。"① 基于此，林毅夫正式提出并系统阐释了"新结构经济学"。新结构经济学虽然强调内生的结构变化，但其并不否认和排斥凯恩斯主义的粘性价格。更为重要的是，新结构经济学在政策含义方面强调政府干预，尤其注重"有为政府"的作用，这与凯恩斯主义一致。

二、两次金融危机应对中的凯恩斯主义

20 世纪 90 年代以来，凯恩斯主义的宏观调控手段接替了政府的计划之手，成为对中国宏观经济管理的主要手段，而且影响越来越大。1997 年亚洲爆发金融危机，不久之后我国便出现了需求不足、通货紧缩的迹象，在非常复杂的国内国际经济环境下，中国政府第一次推出了积极的财政政策，当年增发 1000 亿元长期建设国债，之后几年一直连续增发，大规模增加对交通、水利等基础设施的投资。同时实施稳健的货币政策，及时采取了降低银行存款利率等货币政策手段。实践证明，1998 年之后一段时期实行的宏观经济调控取得了巨大的成效，有力地促进了国民经济的增长。从理论上来说，我国应对亚洲金融危机的宏观经济政策属于凯恩斯主义的范畴，也可以视为凯恩斯主义在我国的第一次试验。不过，我国在应对亚洲金融危机时期实施的积极的财政政策和宽松的货币政策同时具有鲜明的中国特色和转型经济特点，包括政府投资重点主要集中在公共基础设施建设、决策机制更加灵活等方面。

2008 年，美国次贷危机不断发展，引发了 20 世纪大萧条以来最严重的全球性金融危机。进入第三季度，其影响已从局部发展到全球，从发达国家传导到新兴市场国家和发展中国家，从金融领域扩散到实体经济。国际金融危机不断加深和世界经济形势急剧变化，对我国经济产生较大影响：一是外贸进出口增幅回落较快，投资增长有所放慢；二是工业生产显著放缓，原材料价格和运输市场需求下降；三是房地产和汽车市场低迷，消费热点降温；四是部分企业经营更加困难，就业形势严峻；五是财政收入增幅逐步回落，金融市场潜在风险不容忽视。一些主要发达国家再次将凯恩斯主义经济学视为

---

① Lin J Y. Beyond Keynesianism: The necessity of a globally coordinated solution [J]. Harvard International Review, 2009b, 31 (2): 14-17.

挽救经济、走出危机的撒手锏，即不断地实施积极扩张的财政政策和货币政策来刺激总需求以促进经济增长和增加就业。为了在极度危急的形势下稳住市场经济，中共中央果断采取更加积极的财政政策和十分宽松的货币政策，决定加大投资力度，鼓励企业贷款，准备实施一系列基建工程。除了灾后重建外，主要有如下方面：第一，加快廉租住房、棚户区改造等保障性住房建设；第二，加快农村水电路气房等民生工程和基础设施建设；第三，加快铁路、公路、机场、水利等重大基础设施建设和城市电网改造。为实施上述工程，国家当时决定实施"四万亿计划"。和前一次应对亚洲金融危机的措施相比，这一次的力度更大、方式更多、效果更加显著，对国际经济的影响也更大。同时，从理论上来说，凯恩斯主义的印记也更深。

三、凯恩斯主义在中国面临的问题

凯恩斯主义的主要政策主张是实行扩张性的财政政策，强调扩大政府支出以直接刺激总需求。其机制是在经济社会"有效需求"出现显著下降时，通过政府投资规模的扩张来弥补私人投资和消费的不足，以促进需求扩大、增加就业和促进经济增长。但是，这必须要求政府投资的领域应是企业不愿投资的公共基础设施或公共服务，这样才能起到创造有效需求的作用。历经两轮金融危机和新冠病毒感染疫情冲击，我国通过宏观经济调控弥补有效需求不足、增加就业岗位，有效地促进了经济复苏，但同时，一些问题也开始显现出来。特别是在我国目前市场经济体制还不够完善，政府职能转变还未到位，某些地方政府投资项目盲目上马、自我约束能力缺失等大背景下，政府投资规模过大、对经济的调控力度过大，不可避免地会导致通货膨胀、政府债务负担加重、公共财政风险积累等问题的产生。要知道，凯恩斯主义也具有一定的时代局限性。例如，凯恩斯主义过分强调需求，忽视供给在经济发展中的作用；凯恩斯理论主要针对资本主义短期内出现的经济问题，不利于经济的持续发展；凯恩斯理论主张政府干预经济，实行扩张性财政政策和货币政策，易引发泡沫经济，导致通货膨胀。

在我国社会主义市场经济条件下，政府在经济发展中所扮演的对宏观经济的把控、对市场竞争在一定程度上的保护、优化整体效益、协调经济结构、维护公平分配的角色，切实促进了我国经济在一定时期的繁荣稳定发展，而这在某种程度上是受凯恩斯主义的影响。政府固然在经济发展中扮演着至关重要的角色，但是政府工作中存在许多不足，有些改革举措和政策落实不到位，涉企收费多，个别干部懒政怠政、推诿扯皮、以权谋私、权钱交易、权力寻租的现象时有发生。因此，近年来，我国积极推进政府职能转变，简政放权、放管结合、优化服务改革，使市场在资源配置中发挥决定性作用、更好发挥政府作用。

党的十八大以来，尽管国际国内经济形势过于复杂，但是，总体而言，宏观经济政策工具的组合和运用力度比以前更合理。任何经济理论以及相应的政策工具，都是有特定的适用范围和使用限度。我国不仅需要不断丰富和优化应对经济危机的理论工具和政策组合，而且需要在社会主义市场经济体制建立和完善过程中以及建立和完善后，不断地研究、借鉴和运用基于市场经济的许多具有通用性的经济学原理，创建基于中国重大现实问题的新的经济理论。

阅读材料

1. 刘珺. 旧王朝新政与凯恩斯主义 [C] //中国人民大学国际货币研究所. 《IMI研究动态》2017 年上半年合辑，2017：5.
2. 林木西. 皮埃罗·斯拉法、琼·罗宾逊、宋则行以及新剑桥学派在中国的传承和发展 [J]. 政治经济学评论，2022，13（6）：104-123.

问题与讨论

1. 简述凯恩斯经济思想发生转变的原因。
2. 《就业、利息和货币通论》的主要理论贡献及其影响是什么？
3. 简述"有效需求不足"的原因及凯恩斯革命的意义。
4. 什么是"两个剑桥之争"？
5. 2008 年国际金融危机对我国的影响是什么？中国政府是如何应对的？

参考文献

[1] 姚开建. 经济学说史 [M]. 4 版. 北京：中国人民大学出版社，2021.

[2] 廖涵，陈立兵. 西方经济学说的发展 [M]. 武汉：湖北人民出版社，2011.

[3] 白水秀，任保平. 影响世界的 20 位西方经济学家思想评述 [M]. 北京：中国经济出版社，2011.

[4] 魏丽莉. 经济思想史 [M]. 北京：机械工业出版社，2019.

[5] 海因茨·D.库尔茨. 经济思想简史 [M]. 李酣，译. 北京：中国社会科学出版社，2016.

[6] 斯坦利·L.布鲁，兰迪·R.格兰特. 经济思想史 [M]. 8 版. 邸晓燕，等译. 北京：北京大学出版社，2014.

[7] 常明明. 有效需求：马尔萨斯与凯恩斯经济学比较 [J]. 现代经济探讨，2008，317 (5)：45-48.

[8] 刘涤源. 凯恩斯革命的内涵与真谛 [J]. 武汉大学学报：哲学社会科学版，1995，219 (4)：71-78.

[9] 许光建. 凯恩斯主义在中国的功与过：以应对两次金融危机为例 [J]. 人民论坛，2012，352 (1)：74-75.

第八章

其他一些重要经济学流派与人物

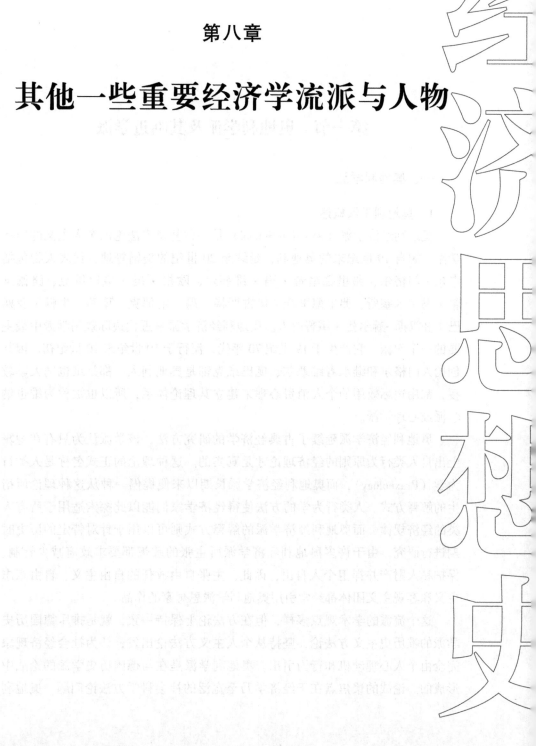

第一节　奥地利学派及其临近学派

一、奥地利学派

1. 奥地利学派概述

奥地利经济学派（Austrian School）是一种坚持方法论的个人主义的经济学派，源自 19 世纪末的奥地利，延续至 20 世纪的美国等地，代表人物包括卡尔·门格尔、弗里德里希·冯·维塞尔、欧根·冯·庞巴维克、路德维希·冯·米塞斯、弗里德里希·奥古斯特·冯·哈耶克、穆瑞·牛顿·罗斯巴德和汉斯-赫尔曼·霍普等人。奥地利经济学派是近代边际效用学派中最主要的一个学派。它产生于 19 世纪 70 年代，流行于 19 世纪末 20 世纪初。因其创始人门格尔和继承者维塞尔、庞巴维克都是奥地利人，都是维也纳大学教授，都用边际效用的个人消费心理来建立其理论体系，所以也被称为维也纳学派或心理学派。

奥地利经济学派延续了古典经济学的研究方法，该学派认为只有在逻辑上出自人类行为原则的经济理论才是真实的。这种理论的正式名称是人类行为学（Praxeology），而奥地利经济学派长期以来便提倡一种从这种理论所衍生的解释方式。人类行为学的方法使得经济学家们能以此探索适用于所有人类的经济规律，而奥地利经济学派的解释方式则可以用于针对特定的历史时期进行研究。由于许多奥地利经济学派所主张的政策都要求政府减少管制、保护私人财产并捍卫个人自由，因此，主张自由放任的自由主义、自由意志主义和客观主义团体都经常引用奥地利学派思想家的作品。

这个流派的学术观点多样，但在方法论上保持一致，就是排斥德国历史学派的唯历史主义方法论，坚持从个人主义方法论出发，认为社会经济现象完全由个人心理动机和行为引出。奥地利学派是在与德国历史学派的论战中形成的。论战的聚焦点在于经济学乃至宽泛的社会科学方法论问题。奥地利的一批学者坚持从人类行为动机出发分析社会经济现象，而德国历史学派则强调经济发展的历史性和国民经济的有机体，致力于历史史料的发掘和整理，试图从过往历史发展中找到社会经济发展的规律，借以解释现实、窥见未来。甚至"奥地利学派"的名号也是由论战对手给起的。德国新历史学派的开拓者古斯塔夫·冯·施莫勒（Gustav von Schmoller，1838—1917 年）在批判维也纳大学那几位"异类"学人的观点时，刻意用了"奥地利学派"，本意是想给维也纳这几位学人的观点贴上"不入流的小地方观点"的标签，借以贬低对手，不承想这个称谓后来走红了，其褒义盖过了贬义，成了原籍奥地利的经济学家们会聚的一杆大旗。

弗里茨·马克卢普（Fritz Machlup）把奥地利学派的代表性观点和方法论概括为六个要义和两个信条。

六个要义中的两个属于方法论，分别为个人主义和主观主义。在解释经济现象时，前一种方法论必须回到个人的作为或不作为，后一种方法论必须回到个人根据他们所拥有或自信拥有的知识，以及他们对外部发展的任何期望作出的判断和选择，特别是他们自己预期行为的感知后果。

第三个要义属于消费者品位或偏好，认为消费者对商品和服务的主观估价，决定了对它们的需求，因此它们的价格受到实际和潜在消费者偏好的影响。

第四个要义是机会成本，认为生产者和其他经济参与者计算成本时，考虑的是必须放弃的替代机会所能带来的收益。

第五个要义是边际主义，认为在所有的经济设计中，价值、成本、收入、生产率等都是由最后一个单位在总量中的增减所决定的。

第六个要义是生产者与消费者的时间结构、消费者的节俭决策，反映了其关于近期、远期或不确定的未来消费的"时间偏好"。生产者的决策与此相似。

两个信条即他们根深蒂固的观念：一个是坚持消费者主权，认为消费者对商品和服务的有效需求，进而通过价格对自由竞争市场施加的影响，对生产者和投资者的生产计划的影响，不仅是个现实存在，而且也是决策的重要目标。只有完全避免政府对市场的干预，以及限制卖方和买方对产品和服务的数量、质量和价格自行判断的自由，才能实现这一目标。另一个是政治上的个人主义，认为只有给予个人充分的经济自由，才能确保政治和道德自由。

奥地利学派的上述观点，几乎全部以直接或间接的路径融入了主流经济学之中。

2. 门格尔

卡尔·门格尔（Carl Menger，1840—1921 年）出生于加利西亚（时为奥地利领土，现属波兰）一个律师家庭，他 1859 年进入维也纳大学读书，第二年转入布拉格大学，1867 年在克拉科夫的贾基洛尼亚大学获得法学博士学位。1872 年重回维也纳大学任经济学讲师。之后还担任过奥匈帝国王储的私人教师等职务。门格尔一生论著甚多，其中最重要的有 1871 年出版的《国民经济学原理》（有中译本）、1883 年出版的《关于社会科学尤其是政治经济学方法的探讨》。

（1）门格尔的资本理论。

门格尔从财货与人的欲望满足关系出发，把财货区分为与人的欲望满足有直接因果关系的低级财货和有间接因果关系的高级财货。如果把低级财货称作第一级财货，那么直接生产第一级财货的是第二级财货，直接生产第二级财货的是第三级财货；而高级财货根据与人欲望满足的因果关系的远近又可以分为若干级。门格尔所说的低级财货相当于消费品，高级财货则相当于资本品，资本品包括生产资料和尚未最终售卖给消费者的消费品存货。

门格尔指出，人们对低级财货的需求是第一位的，对高级财货的需求是派生的。这种派生需求的大小取决于人们对低级财货的需求以及生产低级财货的技术条件。同时，由于高级财货之间的互补特性，人们对某种高级财货的需求与跟它有互补关系的其他高级财货的需求是同时发生的，这种互补性对高级财货的价值决定有着重要意义。

门格尔还认为，高级财货对于人类的福利有重要意义，人类越能不断增加对高级财货的利用，就能使自己支配享乐资料的能力变得越大。高级财货转变为低级财货需要时间，而且这个时间随着高级财货级次的提高而延长，这就是说支配高级财货一方面使人类有可能支配更多的享乐资料，另一方面又使人类不能立即支配这些享乐资料，这中间需要一定的时间。

对西方经济学的资本理论而言，门格尔提出了如下有价值的见解：①将财货区分为消费品和资本品两大类；②考察到了生产的迂回性问题；③积累资本品的动机不在于节欲，而是在于当前满足和未来满足之间的平衡。

（2）门格尔的价值理论。

门格尔把他的价值论确定为四个基本命题：①财货的价值源于财货导致的欲望满足意义；②由于各种欲望满足在保护生命和福利方面的重要性有所

区别,所以各种欲望满足的意义是不同的;③财货价值的差异源于财货所导致的欲望满足的意义不同;④边际欲望获得满足的意义决定财货的价值。

门格尔的价值论与古典学派的价值论完全不同,但两者的区别实际上不在于对同一种经济现象的不同解释,而在于分析了不同的经济现象。古典学派价值论的研究对象是在交换过程中形成的带有客观性质的价值,研究目的是要说明客观交换价值的决定机制;门格尔价值论的研究对象则是消费者对其拥有的财货(不论是怎样获得的)的主观估价,研究目的则是说明这种主观估价的决定机制。故可以把门格尔的价值论正名为消费者个人估价理论,简称为"估价论"。

(3)门格尔的交换理论与价格理论。

门格尔的价格理论是他的理论体系中真正与古典学派的价值论相对应的理论,并试图说明市场交换价值是如何决定的。

门格尔认为价格是经济人在进行财货交换中的一个偶然现象,是在经济活动中经济平衡的一个表征。他认为交换之所以会发生,并不像亚当·斯密所说的那样是因为人的天性就喜欢交换,而是因为交换能更好地满足交换双方(作为消费者的经济人)的欲望(消费欲望)。他认为经济人进行交换的基础有三点:①交换双方都认为对方财货一定量的价值超过自己财货一定量的价值;②双方有力量进行交换;③双方意识到上述条件。这说明了交换的基础在于对交换双方来说被交换财货相互之间都是不等价的。

从交换是不等价的这一信念出发,门格尔重新定义了价格理论的任务——一个正确的价格理论说明的是经济人在试图尽可能地满足其欲望的努力上如何以一定量的财货进行相互交换,而不在于说明事实上并不存在的两个财货数量间表面上的价值相等性。但门格尔实际上只是把卖方垄断时规定销量的情况考虑到了,他并没有分析卖方竞争时的价格决定,他研究的是供给既定条件下的价格决定以及价格一定时的需求,而不是价格和供需相互作用下的价格决定。不过,门格尔的价格理论为庞巴维克用边际对偶说明双方竞争条件下的价格决定提供了基础。

3. 庞巴维克

欧根·冯·庞巴维克(Eugen von Böhm-Bawerk,1851—1914 年),奥地利学派经济学家,奥地利学派第二代的主要代表人物,曾就读于维也纳大学法律专业,后在海得尔贝格大学、莱比锡大学和耶拿大学攻读政治经济学。1881 年任英斯布鲁克大学的经济学教授。1889 年进入奥匈帝国财政部,任币制改革委员会副主席。自1895年开始，曾3次出任奥匈帝国财政大臣。1904年辞去财政大臣职务，任维也纳大学经济学教授。

（1）庞巴维克的价值论。

庞巴维克将门格尔的边际效用价值论全盘接受，并在此基础上相继论述了当物品之间存在替代关系及互补关系时，边际效用如何决定物品的价值。他指出：一物的价值不单纯取决于其本身的边际效用，而且取决于可用来代替它的其他物品的边际效用。由于人们一般是通过交换来取得替代物的，所以上述观点的提出使边际效用价值从门格尔的孤立人那里走进了交换经济，有助于说明在交换经济下物品的主观估价如何形成。

关于互补物品的价值，庞巴维克指出：一组互补物品的总价值等于它们互补使用时的边际效用，除非它们中间的每种物品都可被替代。而关于它们中间每种物品个别的价值则要区分以下几种情况：①若每种物品仅有一种用途且不可替代，则每种物品都具有全组的价值；②若每种物品虽不可替代但都还具有其他用途，则每种物品都将有作为互补品使用时的价值和其他用途上的价值这两种价值，通过自由竞争下的交换会使两者趋于相等；③若在一组互补品中有些可被替代而另一些不可被替代，则那些可被替代物品的价值不会高于它们独立使用时的价值。庞巴维克的互补品价值决定理论为其分配论奠定了基础。

（2）庞巴维克的价格论。

在价格论上，庞巴维克基于门格尔的发展主要提出了当买卖双方竞争时，价格由边际对偶决定。庞巴维克的边际对偶理论已经接近马歇尔后来提出的均衡价格论，已经包含着供给是价格的递增函数、需求是价格的递减函数这两方面的意思，庞巴维克也已经看到了价格由供求均衡点决定，而边际对偶的意义在于表明价格是在许多买者与卖者的个人估价的相互冲突中形成的，但不会依从其中任何一个人的意志而转移。

但是边际对偶也存在着只说明了暂时的均衡价格的局限性。由于庞巴维克没有分析决定供给者供给价格，没有联系成本考虑供给价格的种种因素，因而没有说明短期和长期均衡价格的决定。尽管有此不足，但庞巴维克的思路仍具有联系商品的个人主义和社会客观评价的启发性。

（3）庞巴维克的资本与利息理论。

庞巴维克将人们口中的资本划分为狭义资本和广义资本。狭义资本是指生产资本或社会资本，它是中间产品的集合，包括如原料和固定资本这类除消费品之外的一切产品；广义资本则是指私人资本和获利资本，它除包含中间产品之外，还包括用于交换的消费品（如企业家预付给工人的生活资料等）。这样划分的意义使他更有可能从中间产品的角度去探讨资本在社会化大生产中的功能，他接受了门格尔关于使用中间产品的迂回生产比直接生产具有更高生产力但需要更多时间的命题。

庞巴维克认为：现在物品和未来物品的价值之间存在差别，而这种价值上的差别是一切资本利息的来源；一切利息均来源于同种和同量物品价值上的差别，而同种和同量物品的价值上的差别又是由二者在时间上的差别造成的。利息理论即一切利息形态的产生和利率的高低，都取决于人们对等量的统一产品在现在和将来的两个不同时间内主观评价的不同；把利息、利润、地租都变成心理和自然的产物，把生产过程说成是一种自然生产和成熟的过程。

庞巴维克关于资本和利息的理论直接影响到瑞典学派创始人维克塞尔的累计过程理论，这一点我们将在后面简单叙述。

4. 米塞斯

路德维希·冯·米塞斯（Ludwig von Mises，1881—1973 年），是奥地利学派的第三代掌门人，被誉为是"奥地利学派的院长"。他继承了奥地利学派的传统理论并进行了一些补充，其核心思想在于注重市场竞争的行为性、过程性，致力于经济行为、资本理论、经济周期理论、货币理论等问题的研究。他出生在一个当时属于奥匈帝国的城市伦贝格，父亲是著名的铁路建筑工程师。米塞斯本人说，他在读了门格尔的《国民经济学原理》之后立

路德维希·冯·米塞斯

志成为一名经济学家。他于 1906 年获得博士学位，在之后的 8 年间，一直坚持参加庞巴维克在维也纳大学的经济学讨论班。

米塞斯继承了奥地利学派的分析，他觉察到奥地利学派虽然对消费品以及各种生产要素的相对价格作出了深刻的分析，但在货币分析领域还存在空缺。于是米塞斯把货币及其购买力经济学建构在奥地利学派对个体行动和市场经济的分析基础之上，进而解释经济体系的各个方面。在著作《货币和信用理论》中，米塞斯认为，货币单位的"价格"即其购买力，是由市场因素决定的，货币需求是人们对持有现金余额的一种需求。货币单位的边际效用决定着对现金余额的需求强度。货币的增发会造成其价值的下跌，但至于降

低多少，米塞斯不同意新古典主义的说法即这种波动是有比例的。他认为这种波动取决于货币的边际效用，即民众欲维持其现金余额所需的货币数量。给定货币供给，人们可以通过减少支出来增加他们现金余额的购买力，进而增加他们的实际现金余额，获得更大比例的现金余额。如米塞斯说道："货币提供的服务以其购买力高低为条件。没有人想要持有确定数量或重量的现金。他们想要保持的是具有一定数量的购买力的货币。随着市场的运行趋于把货币的购买力确定在使货币供给和需求一致的最终状态，永远不会有货币过剩或不足。每个人和所有人合在一起总是充分享受他们能得自间接交换和货币的使用的利益，无论总货币量多还是少，货币的购买力变化带来不同社会成员中间财富分配的变化。"①

　　同时，米塞斯也分析说明，货币供应量的增加只是一种征税和财富的再分配过程，不会对社会有任何益处，只会稀释货币的购买力。因为增发的货币，总是从经济体系中某一具体的点，然后像波纹一样扩散开来，所以稀释结果与具体传导顺序息息相关。政府本身以及幸运地享受政府采购和政府补贴的那些人首先得到增发的货币，彼时很多商品价格尚未上涨，故他们的收入增加；而处在货币传导链条最末端的不幸的社会成员，却必将受到损失，因为他们所购买的商品的价格在他们拿到增发货币之前就已经上涨了。因此，通货膨胀的虚假繁荣是短期内使政府及受政府照顾的集团悄悄地获得好处，无权无势的民众的利益则遭受重大损失。由此，米塞斯指出了一条将货币体系与政府彻底分离的道路。他认为货币本质就是一定重量的黄金或白银，再次以黄金或白银的重量作为核算和货币交换媒介是完全有可能的。完全有可能提供一种只有市场能够制造的货币，以摆脱政府可能制造的通货膨胀和再分配倾向。米塞斯强调，健全可靠的、不由政府控制的货币的意义是，价格和成本会随着生产率的提高而出现下降。在此种货币理论下，米塞斯赞同自由货币制度，认为建立不受政府控制的银行系统以避免货币疯狂的膨胀性扩张是绝对必要的。

　　在《货币和信用理论》中，米塞斯的另一个贡献是商业周期理论。市场经济似乎总是在繁荣与衰退的交替过程中前进，很多经济学家探讨经济体系中价格、生产等各种因素，至今也没有完美答案。而米塞斯则认为，市场本身不会导致繁荣与衰退的循环，经济存在周期的原因在市场之外，在于某些

---

① 伊斯雷尔·科兹纳，穆雷·罗斯巴德. 现代奥地利学派经济学的基础 [M]. 王文玉，译. 杭州：浙江大学出版社，2008.

外部干预。政府总是有种鼓励银行货币扩张的冲动，将更多货币注入运行平稳而和谐的市场经济中。增发货币使得利率低于自然利率或时间偏好水平，即反映公众自发的消费—投资比例的自由市场下的利率。企业拿到较低利率的货币，将会扩张生产结构，抬高工资和其他成本，将资源转移到这些更早的投资中。而工人或其他的生产者的时间偏好仍保持不变，这就意味着公众不会储蓄足以购买新的高级投资的资金，于是，这些企业和投资逐渐陷入崩溃。这种消费者所不能接受的消费—投资比例就会形成衰退或萧条的经济，而一旦出现这种情况，政府绝对不能干预，否则会扰乱自由市场的运行；萧条时段是市场清除繁荣时期的比例失调、回归满足消费者需求的自由市场生产体系的必然过程。米塞斯对此给出的良策是：停止信用膨胀，不要干预衰退的自行调整以及人为地用货币来调整经济，而是让市场自由地发挥作用，回归平稳的经济运行常态。

二、瑞典学派

1. 瑞典学派概述

瑞典学派也称北欧学派，因它以斯德哥尔摩大学为主要阵地，故又称为斯德哥尔摩学派。它起源于 19—20 世纪之交，形成于 20 世纪 20—30 年代，在"二战"以后，形成了一整套带有社会民主主义色彩的小国开放型混合经济理论。该学派的主要影响在北欧，对其他西方国家的影响则基本上是学术性的，而不是政策性的。瑞典学派的理论先驱是 K. 维克塞尔、G. 卡塞尔、E. R. 林达尔等。

瑞典学派的理论渊源是维克塞尔的累积过程理论。这一理论将资本边际利润率和利息率的差异及其相对变动视为宏观经济变动的基本决定因素。根据这一理论，维克塞尔提出控制利息率以维持经济稳定的经济政策主张。维克塞尔的累积过程理论和宏观货币政策主张，不仅是瑞典学派的理论渊源，而且开了现代西方国家干预主义经济学的先河，成为凯恩斯主义经济学的理论渊源之一。瑞典学派的理论特点是：采用动态分析方法，区分事前估计和事后估计，引入预期因素和不确定性因素，强调经济过程中时间和序列的作用；采用宏观分析方法，把货币和实体经济结合起来，分析货币利率和自然利率之间的差异对总需求、总供给、价格水平、投资、储蓄、消费等经济变量的影响；采用开放型分析方法，重视国际贸易和国际收支对小国经济的影响，提出外部平衡和内部平衡的概念和政策目标；采用社会民主主义分析方法，倡导政府干预和社会福利政策，提出市场失灵和政府失灵的概念和解决办法。

瑞典学派从它的形成发展过程来看，可以划分为三个时期：19世纪末20世纪初的理论渊源时期；20世纪30年代的形成时期；"二战"后直到现在的发展时期。与此相对应的代表人物也可划分为三代。瑞典学派第一代代表人物或先驱者主要有纳特·维克塞尔、古斯塔夫·卡塞尔、大卫·达维逊等，第二代代表人物主要有缪尔达尔、林达尔、伦德贝格、俄林等，第三代主要代表人物是阿瑟·林德贝克。

2. 维克塞尔

维克塞尔（Knut Wicksell，1851—1926年）是瑞典学派的创始人，出生于瑞典斯德哥尔摩。1885年获乌普萨拉大学数学硕士学位；35岁时转向研究经济学，在这之后的5年遍游英、法、德、奥各国，研习经济理论，1895年获经济学博士学位，并且对奥地利学派、剑桥学派有着深刻的影响。维克塞尔的主要贡献在价值理论、资本和利息以及公共财政等方面。

维克塞尔

（1）维克塞尔的价值理论。

维克塞尔将价值理论作为理论经济学的基本理论。他综合了古典学派的生产费用价值论和边际学派的边际效用价值论，他的价值理论本质上是以一般均衡为前提的供求均衡价值论。该理论与马歇尔的以局部均衡为前提的供求均衡价值论、古典学派的生产费用价值论、边际学派的边际效用价值论的根本区别在于，后两种理论都认为价值有唯一的最终决定因素，而前两种理论则否定这一点。

维克塞尔在其价值理论中有一些富有特点的论点：①维克塞尔不认为某种商品的边际效用仅仅依存于该商品本身的数量，而是强调各种商品的边际效用相互之间的依存关系，强调某种商品的边际效用对所有商品的数量的依存关系；②维克塞尔认为以李嘉图为代表的古典学派在价值问题上的根本错误是忽略了生产边际并非固定不变，而是依需求的变化而变化这一现实，所以虽然价值和生产边际上的生产费用相等，但这并不意味着价值由这种生产费用决定；③维克塞尔和马歇尔一样认为只要财产分配不均等，货币的边际效用在穷人和富人那里就有区别，那么自由竞争所形成的交换均衡就不一定意味着社会福利的最大化；④维克塞尔除考虑到自由竞争条件下的价值决定外还考虑到了不完全竞争，他认为在竞争和垄断之间不存在绝对界限，他还认为消费者信息不完全以及产品的空间差距造成了零售贸易的不完全竞争，进而导致比完全竞争条件下更高的价格和更多的零售商。

（2）维克塞尔关于资本和利息的观点。

维克塞尔在分析资本主义生产时关于资本和利息的观点可概括为如下几点：①维克塞尔认为利息、工资和地租并不完全类似，故不赞成用资本的边际生产力来说明效率；②绝对精确地规定社会资本概念并将其作为一个确定的量，即使不是不可能也是很困难的；③维克塞尔认为在社会资本的某些特定水平上或者说在由此决定的某些特定均衡利率下，在同一产业内可能同时存在两种甚至多种生产方法，不同生产方法可能需要完全不同的资本数额和不同的生产周期；④维克塞尔认为利息是由劳动和土地要素不直接用于生产消费品，而用于更迂回从而更有效的生产消费品的方法所造成的，在这种更迂回的生产方式中，劳动和土地以资本的形式被储存起来，所以资本实质上是储存的劳动和储存的土地，利息则是储存的劳动和储存的土地的边际生产力与现存的劳动力和现存的土地的边际生产力的差额；⑤维克塞尔还分析了资本增加对收入分配的影响，他区分了技术不变时的资本增加和技术进步时的资本增加。他的结论是：进行储蓄的资本家基本上是劳动者的朋友，而技术发明则往往是劳动者的敌人。同时维克塞尔也承认：从长期来看，技术进步对工资和地租的不良影响将由于资本积累而得以抵消；⑥维克塞尔认为储存的劳动与土地之间均衡的比例必须满足下述条件：储存劳动的边际生产力与现存劳动的边际生产力之比，等于储存土地的边际生产力与现存土地的边际生产力之比。⑦维克塞尔认为投资于不同期限的资本相互间的均衡比例要满足下述条件：较长期投资与较短期投资的边际生产力之间保持着按照复利计算的比例关系。于是利率的降低将使得较长期投资相对增加、较短期投资相对缩减。其中前三点表明维克塞尔是当代以琼·罗宾逊为代表的新剑桥学派反对新古典经济学关于边际生产力论和总量资本概念的先驱；而第四点则说明维克塞尔基本上同意庞巴维克的时差利息论，强调时间因素在说明利息现象时的重要性。

缪尔达尔

3. 缪尔达尔

缪尔达尔（Karl Gunnar Myrdal，1898—1987年），是瑞典学派第二代的主要代表人物。

1933 年作为古斯塔夫·卡塞尔的继承人，任斯德哥尔摩大学政治经济学和财政学讲座教授。1933—1938 年兼任瑞典政府经济顾问和瑞典银行理事。1934年和 1942 年还作为瑞典社会民主党成员两度当选为议员。1945—1947 年任瑞典商业部部长，1947—1957 年任联合国经济委员会秘书长。1961 年又回到斯德哥尔摩大学任国际经济学教授，并为该校筹建了国际经济研究所，兼任所长。1962 年担任斯德哥尔摩国际和平研究所理事会主席，1974 年与哈耶克同时获得诺贝尔经济学奖。他的学术活动领域广泛，前期即 19 世纪 20—30 年代主要研究瑞典学派纯理论问题，后期主要从事制度经济学的研究，是当代制度主义学派的代表人物之一。他自己曾说过，"我年轻时期是一个最热心的'理论'经济学家"，从 19 世纪 40 年代起，"我就成了一名制度经济学家"。他的主要著作有：《货币均衡论》（1931 年）、《经济变动中的价格形成问题》（1927 年）、《经济理论发展中的政治因素》（1930 年）、《美国的两难处境：黑人问题和现代民主》（1944 年）、《经济理论和不发达地区》（1957 年）、《亚洲的戏剧：对一些国家贫穷问题的研究》（1968 年）。

4. 林德贝克

阿瑟·林德贝克（Assar Lindbeck，1930—）是瑞典学派第三代的主要代表人物。1964 年任斯德哥尔摩经济学院经济学教授，1968—1977 年还曾在美国先后担任哥伦比亚大学、伯克利加利福尼亚大学、耶鲁大学、斯坦福大学的客座教授。1975—1995 年担任斯德哥尔摩大学国际经济研究所所长。从1969 年起担任诺贝尔经济学奖委员会成员，后任该委员会主席达 15 年之久（1980—1994 年）。1983 年曾访问中国，并于 2004 年应邀出席博鳌亚洲论坛年会，在博鳌亚洲论坛和中国改革开放论坛联合举办的"中国和平崛起与经济全球化"分会上发表题为"一个局外人看中国经济与社会发展战略"的讲演。他的主要著作有：《货币分析研究》（1963 年）、《新左派政治经济学》（1971 年）、《瑞典经济政策》（1974 年）、《通货膨胀：全球性、国际性和全国性问题》（1980 年）。

三、芝加哥学派

1. 芝加哥学派概述

除瑞典学派之外，与奥地利学派精神属性相似的芝加哥学派同样强调"个人"角色与尊重市场机制，追求个人福利、尊重价格机能、保障个人自由意志与行为，回归古典学派的自由主义。芝加哥学派继承了富兰克·奈特以来芝加哥传统的经济自由主义思想和社会达尔文主义，信奉自由市场经济中竞争机制的作用，相信市场力量的自我调节能力，认为市场竞争是市场力量自由发挥作用的过程。就学术创新与影响来说，芝加哥学派的影响力显著，例如贝克尔的家庭经济学、卢卡斯的理性经济预期理论、科斯的交易成本说、蒙代尔的最优货币区理论，以及年青一代莱维特在《苹果橘子经济学》中的新题材与创意分析，而弗里德曼和他的货币数量说我们将在后面进行单独讨论。

无论是芝加哥学派还是奥地利学派，都主张自由主义，反对政府干预，强调个人选择和理性行为，并且都坚决反对凯恩斯主义，从这个角度看它们本属一派，只不过在方法论上有所不同。奥地利学派更倾向于演绎推理、定性分析、过程研究和历史比较，而芝加哥学派更倾向于归纳验证、定量分析、均衡研究和数理建模。有人比喻它们的关系就像武侠小说中的"剑宗"和"气宗"同属华山派一样，只不过剑宗主张剑法是武学的最高境界，以剑意为核心，追求剑速、剑力、剑势的极致，不拘泥于招式和套路，以一剑破万法。而气宗主张气功是武学的根本，以内力为基础，修炼各种吐纳、运气、化气的功法，提升自身的精神和体质，以气化万物。

2. 富兰克·奈特

富兰克·奈特（Frank Hyneman Knight，1885—1972年）是芝加哥学派的创始人，他出生在美国伊利诺伊州的一个农场里，1911年在田纳西州的米利根学院获学士学位，1913年在田纳西大学获硕士学位，同年，奈特进入康奈尔大学学习哲学，一年后开始学习经济学。1916年，奈特从康奈尔大学获得博士学位，其博士论文就是《风险、不确定性和利润》。毕业后，奈特在康奈尔大学任教一年，然后在芝加哥大学任教两年，接着移居艾奥瓦，并在艾奥

富兰克·奈特

瓦大学晋升为教授。1927年，奈特回到芝加哥大学，成为芝加哥大学历史上最具影响的经济学家，他一直在芝加哥大学工作到退休。

奈特也是美国经济学界最具权威性的人物之一，1930年获得美国著名的古根海姆奖，1950年他被推选为美国经济学会会长，1957年获弗朗西斯·沃尔克奖章（The Francis A. Walker Medal），这是美国经济学会的最高奖。

奈特正是从理论条件下竞争与实际条件下竞争的不一致性出发，即从对

完全竞争与不完全竞争的分析入手，通过引入不确定性概念，尤其是通过区分两种不同意义的不确定性概念，即风险与不确定性，揭示了理论上的完全竞争与实际竞争之间的本质区别，从而揭示了利润的来源。在这一过程中，奈特天才地研究和定义了企业和企业家的性质。

首先，奈特用"风险"表示可度量的不确定性，用"不确定性"表示不可度量的风险。具体来讲，风险的特征是概率估计的可靠性，以及因此将它作为一种可保险的成本进行处理的可能性。估计的可靠性来自所遵循的理论规律或稳定的经验规律，对经济理论的目的来说，整个概率问题的关键点是，只要概率能够用这两种方法中的任一种以数字表示，不确定性就可以被排除。与可计算或可预见的风险不同，不确定性是指人们缺乏与事件相关的基本知识，对事件可能的结果知之甚少，因此，不能通过现有理论或经验进行预见和定量分析。

不仅如此，奈特还说明了利润的起源，他认为在不确定性假设下，所有的生产决策是在知识有限的情况下作出的，以至于对可能出现结果的概率计算成为不可能。由于每个决策只产生一种唯一的结果，所以，个体决策所导致的一系列可能的结果不受统计计量的约束。经济学分析是在完全竞争假设下对经济运行机制的研究，完全竞争是一个使产品价值与其成本趋于一致的过程，但是，在现实中两者总存在一个差额，这个差额就是利润。也就是说，由于现实中的竞争并非完全竞争，理论与实际的不一致性造成了不确定性，从而不确定性是利润存在的基础。

奈特强调，变化不一定会导致利润的产生，因为有些变化可以事先精确地计算到成本中，使成本与产品售价相同，不会产生利润；只有不确定性能够将利润与变化联系在一起。利润的真正来源是不确定性，仅有变化和进步不足以产生利润，变化和进步的结果并不是其本身的结果，而是不确定性的结果。

奈特还揭示了企业的性质，在他看来，基于不确定性的假设，决定生产什么与如何生产优先于实际生产本身，这样生产的内部组织就不再是一件可有可无的事情了。生产的内部组织首先要找到一些最具管理才能的人，让他们负责生产和经营活动。世界上只有少数人是风险偏好者，而绝大部分人是风险规避和风险中性者，后者愿意交出自己对不确定性的控制权，但条件是风险偏好者即企业家要保证他们的工资，于是，企业就产生了。也就是说，在企业制度下，管理者通过承担风险获得剩余，工人通过转嫁风险获得工资。

为了说明企业家和企业的性质，奈特的基本分析思路为：现实的经济过程是由预见未来的行动构成的，而未来总是存在不确定因素的，企业家就是通过识别不确定性中蕴含的机会，并通过资源整合来把握和利用这些机会获得利润。沿着这一思路，奈特分析了企业的性质和在现代化生产条件下企业存在的理由，不确定性的存在意味着人们不得不预测未来的需要。首要的问题和职能是决定做什么和怎样去做，因此出现了一个特殊阶层，他们向他人支付有保证的工资，并以此控制他人的行动，功能的多层次专业化的结果是企业和产业的工资制度，它在世界上的存在是不确定性这一事实的直接结果。

3. 卢卡斯

罗伯特·卢卡斯（Robert E. Lucas, Jr., 1937—2023年），美国著名经济学家、芝加哥经济学派代表人物之一、芝加哥大学教授，1995 年诺贝尔经济学奖得主。卢卡斯出生于美国华盛顿的雅吉瓦，因与其父同名，故被称为小卢卡斯。起初卢卡斯对历史学感兴趣，在 1959 年获得芝加哥大学历史学学士学位后，卢卡斯进入加州大学伯克利分校读历史学研究生，其中的一位历史学家对他影响很大。这位名叫亨利·皮朗的历史学家用经济生活的连续性分析了罗马帝国的覆亡，

罗伯特·卢卡斯

这令卢卡斯的思想发生了很大转变，并从此喜欢上了经济学。之后，他又回到芝加哥大学，并于 1964 年获得芝加哥大学经济学博士学位。

（1）卢卡斯和理性预期理论。

最开始提出理性预期理论的是约翰·穆斯，他说："由于预期是对未来事件有根据的预测，所以它们与有关的经济周期理论的预测本质上是一样的，我们把这种预期叫作'理性'预期。"[①] 按照他的观点，人们在进行经济决策时依据当时所取得的信息，能够对有关变量的未来变动作出正确的预测。小卢卡斯把此概念运用于宏观经济分析，向凯恩斯主义的经济理论和政策展开猛烈抨击，他认为凯恩斯主义的宏观经济政策不仅是弗里德曼所认为的长期内无效，在短期内也是无效的。

理性预期理论认为，参加经济活动的人都是维护自身利益的理性人，他们在作出决策时，都会对经济变量进行合乎理性的预期，以避免自己的利益在市场波动中遭受损失。为了更好地分析理性预期的形成，小卢卡斯提出了

---

① 张玉喜. 理性预期与均衡：新古典宏观经济学与新凯恩斯主义经济学的比较及其启示 [J]. 天津社会科学，2021（4）：89-99.

附加预期变量的总供给分析。传统宏观经济学的总供给曲线是表示整个社会的价格总水平与总产量之间关系的一条曲线，由于完全竞争假设，故货币工资和价格水平具有充分的伸缩性，劳动市场实现充分就业，所以总供给曲线是一条垂直线。而理性预期理论认为，总供给曲线表示的是当工人预期的产品价格水平一定时，一个社会在不同的实际价格下所提供的产量曲线。而现实中经济总是存在波动的，经济人在面对货币冲击时，会很快形成对未来价格的预期，因此，只要货币政策具有系统性，就不可能改变产出增长的长期路径，由此，波动的根源是货币政策的随机性带来的冲击。因此，宏观的经济政策要想有效，必定是不能被正确预期的政策，只有具有欺骗性的政策才能做到这一点：而理性人在长期中不可能持续性犯认识上的错误，所以，宏观经济政策无论如何都值得怀疑。理性预期理论是对凯恩斯主义理论在政策指导有效性上的一种致命反驳。

（2）卢卡斯和人力资本内生增长理论。

这一模型是在舒尔茨人力资本理论的基础上发展而来的。卢卡斯区分了人力资本的内部效应与外部效应，前者指个人的人力资本能提高自身的生产率和收益；后者是指平均人力资本水平的提高能提高所有生产要素的生产率。人力资本的外部性具有报酬递增的性质，使人力资本成为经济增长的引擎，引起经济增长。不过，他曾指出："有两大原因使得目前这样一个理论还无法很好地适应经济发展理论的需要：解释跨国差异时明显的失效以及国际贸易将导致资本——劳动比率和要素价格迅速趋同这一预言与现实明显矛盾。"①

（3）卢卡斯和经济周期理论。

卢卡斯在 1977 年发表的《对经济周期的理解》和 1978 年发表的《失业政策》中阐释了他的经济周期理论。经济波动是由未预料到的或不规则的货币冲击引起的，即货币供应量意外的不规则变动，使生产者产生了"错觉"，以为物价产生了短期的相对价格波动，从而改变生产决策，引起了就业量和产量的波动。这一理论有两个前提：一是生产者掌握的经济信息不充分；二是厂商与工人的利益一致。在这样的前提假设下，价格的变动对产量或就业量的变动影响体现在以下两个方面：一是劳动供给的实际收入，在长期中由于有理性的预期，价格变动不会造成影响，但短期内价格上升，则企业与工人的收入都会增加，反之则减少；二是价格变动的实质，如果是总的价格水平变动，则不会造成影响，而如果是相对价格变动，就会使生产者变动决策，

① 朱勇，王成勇. 新增长理论的产生和发展 [J]. 国外理论动态，1998（12）：17-20.

从而产量和就业量发生变化。卢卡斯的经济周期理论分析就建立在这种货币存量的意外变化引起经济波动现象的基础之上。

由此，在卢卡斯看来，如果说凯恩斯主义宏观经济政策是有效的，那完全是基于存在"货币幻觉"的假定。由于理性人的合理预期，具有"欺骗"性质的凯恩斯干预政策可以暂时欺骗一部分人，却不可能欺骗所有人，更不可能长期欺骗，故凯恩斯主义的宏观经济政策是无效的。但是，卢卡斯并不是主张绝对经济自由的无政府主义者，他只是反对干扰社会经济正常运行的凯恩斯主义的宏观经济政策，认为对于政府能够加以控制的和有助于稳定经济的变量，政府不应不管，而是要使这些变量稳定在一定的水平，制订并公开宣布长期不变的原则，取信于民。

1995年，卢卡斯获得诺贝尔经济学奖，以表彰其在理性预期理论方面的杰出成就，以及他对这一学派发展的开创性贡献。卢卡斯提出的理性预期理论不仅促使了理性预期学派的产生，也成为新古典宏观经济学的基础。目前理性预期理论已经被广大经济学家接受，被称为现代经济学中继凯恩斯革命、弗里德曼货币主义革命之后的理性预期革命。

4. 斯蒂格勒

乔治·斯蒂格勒（George Joseph Stigler，1911—1991年），美国著名经济学家、经济学史家、芝加哥大学教授，1982年诺贝尔经济学奖得主，同弗里德曼一起并称为芝加哥经济学派的领袖人物。斯蒂格勒的教学生涯首先是从爱达荷大学开始的，1936—1938年担任助理教授。1938—1946年任教于明尼苏达大学。1946年，斯蒂格勒得知他的母校芝加哥大学希望他参加教授征选的面试，跟他同一天前来应征的另一位教授候选人是米尔顿·弗里德曼。结果，由弗里德曼获得了

乔治·斯蒂格勒

这仅有的教授缺额。落选的斯蒂格勒来到布朗大学短暂地任教了一年。1947—1958年任教于哥伦比亚大学，这段时间斯蒂格勒的经济思想趋于成熟。1958年芝加哥大学再度有一个教授缺额，斯蒂格勒终于得偿所愿被聘为正教授，其后在芝加哥大学里经历了芝加哥经济学派引领风骚的20多个年头。1977年在斯蒂格勒的指导下创立了"芝加哥大学经济与国家研究中心"（Center for the Study of the Economy and the State），斯蒂格勒出任该所主任。1981年斯蒂格勒从经济系教授职位上退休，但持续担任研究中心主任至1991

年去世为止。

在斯蒂格勒的早期学术生涯中，他对经济学的许多领域都感兴趣。1938年，他着手于价格理论方面的研究并发表著作。他在芝加哥大学负有盛名的《政治经济学》期刊上发表了他的第一篇论文《社会福利和差额价格》。不久之后，他就着手撰写他的第一本专著《竞争价格理论》（1942年）。1946年，他又出版了《价格理论》。

斯蒂格勒是芝加哥学派在微观经济学方面的代表人物，他是信息经济学的创始人之一。他认为消费者获得商品质量、价格和购买时机的信息成本过大，使购买者既不能也不想得到充分的信息，从而造成同一种商品存在着不同价格。斯蒂格勒认为这是不可避免的、正常的市场和市场现象，并不需要人为的干预。斯蒂格勒的观点更新了微观经济学的市场理论中关于一种商品只存在一种价格的假定。在研究过程中，斯蒂格勒还把这种分析延伸到劳动市场。这些研究建立了一个被称为"信息经济学"的新的研究领域。

5. 贝克尔

加里·贝克尔（Gary S. Becker，1930—2014年），1930年出生于美国宾夕法尼亚州的波茨维尔，在普林斯顿大学完成本科学业，大学毕业后成为芝加哥大学的研究生，1955年获得芝加哥大学博士学位。1960年，30岁的贝克尔成为哥伦比亚大学教授，1970年后则一直是芝加哥大学教授，其间担任过很长一段时间的芝加哥大学经济系主任，并曾担任美国经济学会会长等职务。贝克尔奉行新自由主义经济的观点，反对国家干预经济且主张自由竞争的市场经济。

加里·贝克尔

（1）贝克尔的歧视理论。

1957年贝克尔出版了以其博士论文为基础的《歧视经济学》一书。歧视问题是其应用理性选择和行为最大化假设进行社会和政治问题分析的第一次尝试，"却遇到了绝大多数职业经济学家的冷漠和敌意"[1]。但是，贝克尔还是坚持自己在该领域的研究，从成本—收益视角对歧视进行了新的定义，即若一个人有一种歧视偏好，则他为了与某些人而不是其他人的接触联系，愿

---

① 加里·S.贝克尔. 人类行为的经济分析 [M]. 王业宇，陈琪，译. 上海：上海人民出版社，1995：23.

意直接或间接减少自己的收入或承担由此导致的成本增加。简言之，歧视他人的人必定为他的歧视付出代价，而这种代价可以用货币衡量。贝克尔用歧视系数来定义这种歧视偏好，歧视系数是指货币成本与净成本的差额，当歧视存在时，歧视系数大于 0。而对于如何解决歧视问题，贝克尔认为政府干预无能为力，只能通过市场体系的自由竞争使歧视者在竞争中处于劣势，这必然会改进歧视现象。另外，增加人力资本的积累，受歧视群体从自身着手，加强教育和在职培训，这又涉及他的人力资本投资理论。

（2）贝克尔的人力资本投资理论。

贝克尔的人力资本理论主要是用数学方法构建人力资本理论的微观经济学基础。他认为，理性人行为的目的是利益最大化，对于一项收益在未来的投资，只有其预期收益的现值大于其成本时，人们才会选择这项投资。贝克尔就是运用成本—收益分析方法来探讨个人对包括教育、健康、培训、医疗等投资的实证主义分析研究。他认为：

"人力资本投资是通过增加人的资源影响未来货币与心理收入的活动。[①]

"这种投资包括学校教育、医疗保健、在职培训等，这些投资的共同点是增进人的技能、健康等，从而提高人的货币或心理收入，即形成人力资本投资的收入效应。"[②]

贝克尔认为人力资本投资除了有收入效应，还有人力资本投资回报率的概念。人们是否进行人力资本投资和投资量的大小都是由投资回报率决定的，他指出："唯一决定人力资本投资量的最重要因素可能是这种投资的有利性或收益率。"[③]

对上述收入效应的均衡条件以及收益回报率进行分析，贝克尔均运用数学方法给出了精致的模型，这也是贝克尔分析的一个特点——他本人的数学天赋和特长。除了考虑成本收益，贝克尔认为，投资时间跨度的长短、工资的差别、风险的偏好程度等也会影响人力资本的投资。

在芝加哥学派各经济学家掀起的人力资本研究热潮中，贝克尔凭借《人力资本》一书占据人力资本问题研究的制高点，于 1992 年获得诺贝尔经济学奖。

---

①　加里·S.贝克尔. 人力资本 [M]. 梁小民, 译. 北京：北京大学出版社, 1987：1.

②　加里·S.贝克尔. 人力资本 [M]. 梁小民, 译. 北京：北京大学出版社, 1987：5, 8.

③　加里·S.贝克尔. 人力资本 [M]. 梁小民, 译. 北京：北京大学出版社, 1987：42.

第二节　新制度经济学派

一、概述

1937 年科斯的《企业的性质》一文发表，标志着新制度经济学的诞生。20 世纪 70 年代初，西方国家面临经济发展"滞胀"的困境，社会生产成本提高，导致供给不足，因而引发经济停滞与通货膨胀。这让人们对凯恩斯主义"高通胀与高失业率（经济衰退）不能同时存在"的观点提出疑问。另外，世界上其他国家，由于民族独立与解放，建立了自己的政府，实行了与本国国情相适应的制度，提高了效率，从而使经济蓬勃发展，同时也让人们认识到导致经济发展不同背后的经济制度的重要性，这样的时代背景为新制度经济学提供了有利的发展条件。

我们这里所说的制度经济学派与第四章提到的美国制度主义学派有所不同，前者是美国自由主义经济学的分支，后者则是德国历史学派在美国的继承和发展。

从 20 世纪 60 年代后期开始，一大批新古典经济学家开始尝试通过修正和扩展新古典经济学理论，以便能够把握和处理迄今为止还处于其分析范围之外的大量问题。这些经济学家对经济组织结构产生了兴趣，他们开始试图在保留传统价格理论的基本要素——稳定性偏好、理性选择模型和均衡分析方法的基础上，将微观经济理论更一般化。他们的研究主要涉及三个被新古典经济学忽视的领域：各种可供选用的社会法规（产权）和经济组织如何影响经济行为、资源配置和均衡结果；在相同的法律制度下，像企业以及其他一些经济契约的经济逻辑，经济组织的形式使经济行为发生变化的原因；控制生产与交换的基本社会与政治规则背后的经济逻辑和变化过程。

这一支新兴的新古典经济学流派被冠上了诸如产权学派、交易成本经济学、新经济史、新产业组织理论、新比较经济体制或法与经济学等各式各样的名称，但被广为接受的是，新制度经济学代表人物之一奥利弗·威廉姆森在他 1985 年出版的著作《资本主义经济制度》中给该学派贴上的标签——新制度经济学。① 新制度经济学的核心内容就是"交易费用"和"产权"。作为新制度经济学的开山之作，科斯在《企业的性质》中主要论述了交易费用的概念、通过企业内部和市场进行资源配置的区别，并对比了两种方式下交易的费用等。提出交易费用是对新古典经济学中完美价格体制（即当市场上出现混乱时，价格机制通过市场可以自动、迅速、无成本地把混乱状态调整到应有的秩序）的一种修正，后来威廉姆森设立了交易成本经济学。关于产权理论，"科斯定理"最广为人知。而新制度经济学的代表人物德姆塞茨和阿尔钦后来在这一理论方面有了进一步的发展。

新制度经济学的研究对象是制度及其生成机制。科斯在《论生产的制度结构》中指出："当代制度经济学应该从人的实际出发来研究人，实际的人在由现实所赋予制约的条件中活动。"②

新制度经济学的另一代表人物道格拉斯·诺思也在《经济史中的结构与变迁》中指出："制度经济学的目标是研究制度演进背景下人们如何在现实世界中作出决定和这些决定又如何改变世界。"③

总的来说，新制度经济学的重要目的就是解释制度与人的关系以及制度在社会经济发展中的作用，将新古典经济学的原理拓宽到制度领域里。④

二、科斯

1. 生平

罗纳德·哈里·科斯（Ronald Harry Coase，1910—2013 年）出生于英国伦敦，1929 年进入了伦敦经济学院学习商科。在伦敦经济学院学习期间，科斯对阿诺德·普兰特教授的企业管理方面的课程很感兴趣，在聆听了普兰特对经济体制如何用定价机制来协调的讲解后，科斯认识到了"看不见的手"的无穷力量，方始改变了原来对于社会主义的信奉。普兰特还帮科斯争取到了去美国卡塞尔的游学奖学金。正是这笔奖学金，使科斯真正走上了经济学家之路。

罗纳德·哈里·科斯

① 思拉恩·埃格特森. 新制度经济学［M］. 吴经邦，等译. 北京：商务印书馆，1996：10-11.

② 罗纳德·哈里·科斯. 论生产的制度结构［M］. 陈郁，译. 上海：上海三联书店，1994：8.

③ 道格纳斯.C.诺思. 经济史中的结构与变迁［M］. 陈郁，罗华平，译. 上海：上海人民出版社，1994：2.

④ 贺卫，伍山林. 制度经济学［M］. 北京：机械工业出版社，2003：9.

在美国，科斯访问了许多大学，参观了一些工厂企业，阅读了许多期刊、杂志和联邦交易委员会报告，用来研究工业组织中的纵向一体化和横向一体化等经济问题。后来 1932 年科斯回国，成为英国邓迪大学经济与商业学院的一名助教，主要讲授商业企业组织的课程，也正是在这授课过程中，他明确地表达了后来发表的《企业的性质》的主要观点。

1937 年，年仅 27 岁的科斯发表了《企业的性质》，但在当时反响平平。"二战"爆发后，科斯进入政府部门工作。科斯真正开启他经济学家的辉煌篇章是在 1951 年移居美国之后。在美国，科斯先后于布法罗大学和弗吉尼亚大学任教，后来则一直担任芝加哥大学教授和《法律经济学》主编，以英国、加拿大和美国的市政经验为依据，继续他在伦敦经济学院对广播业的经济关系的研究，并写了《美国联邦通讯委员会》一文。1991 年，科斯因为发现和澄清了交易费用和产权对于经济运行的生产制度结构及其运作的作用和意义而获得了诺贝尔经济学奖。[①]

2. 科斯定理

一般认为是科斯在《社会成本问题》一文中提出的观点，乔治·斯蒂格勒在阅读该文之后将其公式化，整理并命名为"科斯定理"。目前观点有三，内容如下：

（1）科斯第一定理。

如果交易成本等于零，那权利的初始界定就不重要。权利的任意配置可以无成本地得到直接相关经济主体的纠正，所以在没有交易成本的情况下，可交易权利的初始配置不会影响它的最终配置或社会福利。因此，仅仅从经济效率的角度看，权利的一种初始配置与另一种初始配置无异。

科斯第一定理的一个推论是，通过清楚完整地把产权界定给一方或另一方，并允许把这些权利用于交易，政府能有效率地解决外部性问题。

（2）科斯第二定理。

当交易成本为正时，权利的初始界定很重要。当存在交易成本时，可交易权利的初始配置将影响权利的最终配置，也可能影响社会总体福利。既然权利的初始配置将影响到社会福利，因此提供较大社会福利的权利初始配置较优。

科斯第二定理也有以下两个推论：第一，在选择把全部可交易权利界定给一方或另一方时，政府应该把权利界定给最终导致社会福利最大化，

---

① 程恩福，胡乐明. 新制度经济学［M］. 北京：经济日报出版社，2004：13-15.

或社会福利损失最小化的一方；第二，一旦初始权利得到界定，仍有可能通过交易来提高社会福利。但是，由于交易成本为正，交易的代价很高，因此，交易最多只能消除部分而不是全部与权利初始配置相关的社会福利损失。

（3）科斯第三定理。

在假设政府能够成本比较低地近似估计并比较不同权利界定的福利影响，同时假定政府至少能公平、公正地界定权利的前提下，当存在交易成本时，通过明确分配已界定权利所实现的福利改善可能优于通过交易实现的福利改善。[①]

三、诺思

1. 生平

道格拉斯·诺思（Douglass C. North，1920—2015年），美国经济学家、历史学家。1920年出生于美国马萨诸塞州坎布里奇市。1942年、1952年先后获加州大学伯克利分校学士学位和博士学位。

诺思是新经济史的先驱者、开拓者和抗议者。由于建立了包括产权理论、国家理论和意识形态理论在内的"制度变迁理论"，1933年，诺思获得诺贝尔经济学奖。曾任《经济史杂志》副主编、美国经济史学协会会长、国民经济研究局董事会董事、东方经济协会会长、西方经济协会会长等职务。历任

道格拉斯·诺思

华盛顿大学经济学教授、剑桥大学庇特美国机构教授、圣路易斯华盛顿大学鲁斯法律与自由教授及经济与历史教授、经济系卢斯讲座教授。

2. 制度变迁理论

（1）产权理论。

产权理论是诺思制度变迁理论的第一大理论支柱。诺思认为有效率的产权对经济增长起着十分重要的作用。他曾提到"增长比停滞或萧条更为罕见这一事实表明，'有效率'的产权在历史中并不常见"。很显然，经济能否增长往往受到有无效率的产权的影响。有效率的产权之所以对经济增长起着促进的作用，因为一方面产权的基本功能与资源配置的效率相关，另一方面有

---

① 约瑟夫·费尔德. 科斯定理1-2-3 [J]. 经济社会体制比较，2002（5）：72-79.

效率的产权使经济系统具有激励机制。这种机制的激励作用体现在以下三个方面：降低或减少费用；使人们的预期收益得到保证；从整个社会来说，个人的投资收益充分接近于社会收益（在产权行使成本为 0 时，充分界定的产权使得个人的投资收益等于社会收益）。所以诺思认为产权的界定、调整、变革、保护是必要的。

（2）国家理论。

国家理论是诺思制度变迁理论的第二大理论支柱。诺思对国家的看法集中体现在这一悖论中："国家的存在是经济增长的关键，然而国家又是人为经济衰退的根源。"对这一悖论的论证，诺思是从国家与产权的关系展开的。如果国家能够界定一套产权，提供一个经济地使用资源的框架，它就能促进全社会福利增加，推动经济增长，这就是国家契约论；如果国家界定一套产权，仅使权力集团的收益最大化，就不能实现整个社会经济的发展，而会造成人为的经济衰退，这就是国家掠夺论。那么，对国家存在的解释到底是契约论还是掠夺论呢？诺思认为"尽管契约论解释了最初签订契约的得利，但未说明不同利益成员的利益最大化行为，而掠夺论忽略了契约最初签订的得利而着眼于掌握国家控制权的人从其选民中榨取租金"①，所以他把不全面的两种理论统一起来，用"暴力潜能"论解释国家的存在。为什么国家对经济发展起着双重作用呢？诺思认为国家作为"经济人"提供服务有两个基本的目的：一是界定形成产权结构的竞争与合作的基本规则（即在要素和产品市场上界定所有制结构），这能使统治者的租金最大化；二是在第一目的的框架中降低交易费用以使社会产出最大，从而使国家税收增加。事实上，这两个目的是不一致的。第一个目的实质上指国家企图确立一套基本规则，以保证统治者收入最大化，但国家为使自己的"垄断租金"最大化，并不关心交易费用的降低和有效率的制度的创新，从而会阻碍经济的增长。第二个目的是界定一套使社会产出最大化且完全有效率的产权以推动经济增长。基于上述两个目的的不一致性，诺思进一步认为国家在竞争约束与交易约束下会界定一套有利于统治集团而无效率的产权结构。

（3）意识形态理论。

意识形态理论是诺思制度变迁的第三大理论支柱。诺思认为只有意识形态理论才能说明如何克服经济人的机会主义行为如"搭便车"现象，才能进

---

① 道格纳斯.C.诺思. 经济史中的结构与变迁 [M]. 陈郁，罗华平，译. 上海：上海人民出版社，1994：2.

一步解释制度的变迁。在诺思的制度变迁论中，国家理论说明产权是由国家界定的，而产权理论表明一个国家的经济绩效取决于产权的有效性。但是上述两大理论并没有成功解释如何克服"搭便车"的问题，也许产权的无效率性及其不完全性，可以部分地解释"搭便车"等经济行为的存在，但是产权的充分界定及行使，经济行为的监督与考核是要花费成本的。在成本小于收益的情况下，有效率且完全的产权也许勉强克服了这种经济行为，然而在成本大于收益的情况下，单靠有效率且完全的产权无济于事。总之，上述两大理论无法彻底克服机会主义行为，从而无法完全阐明制度变迁。因此，制度变迁的研究需要一种意识形态理论。诺思认为意识形态是一种行为方式，这种方式通过提供给人们一种"世界观"而使行为决策更为经济，使人的经济行为受一定的习惯、准则和行为规范等的协调而更加公正、合理并且符合公正的评价。当然这种意识形态不可避免地与个人在观察世界时对公正所持的道德、伦理评价相互交织在一起，一旦人们的经验与其思想不相符合时，人们会改变其意识观念，这时意识形态就会成为一个不稳定的社会因素。

在诺思看来，制度是被制定出来的一系列规则、法律的程序和行为的道德规范，制度的作用是约束追求个人福利或效用最大化的个人行为。

制度乃是一个社会中的游戏规则。更严谨地说，制度是人为制定的限制，用以约束人类的互动行为。因此制度构成了人类交换的动机，此处所谓的交换包括政治的、经济的以及社会的行为。

诺思的制度变迁理论构建在有限理性和诱致因素两个基本假设之上。诺思认为由于神经、生理、语言和环境以及不完全信息等方面的约束，人的理性意识是有限的。因此，诺思在坚持新古典经济学"完全理性"的分析前提下，用利他主义、意识形态、自愿负担约束和非财富最大化修正了"完全理性"，提出了"有限理性"假设。在有限理性的状态下，人类行为的动机不仅仅是追求财富价值的最大化，还要追求威望、权力和声誉等非财富价值的最大化。

诺思的制度变迁理论还假定制度变迁的诱致因素在于制度变迁主体希望获得制度变迁的最大潜在利润（外部利润），但这种利润在现有的制度安排中无法获得，这就说明整个经济中还存在可以改善的余地，通过帕累托改进可以使社会的总福利水平得到提高。诺思认为潜在利润是制度变迁主体进行制度变迁的根本诱因，而制度变迁就是将外部利润内在化的过程。

按照诺思的分析，制度变迁是由三个因素共同决定的：一是非正式制度，如教规、禁忌、习俗、传统、伦理道德规范和行为管理等意识形态规范；二是正式制度，即法规，如先法、法律、规章和产权等规则；三是实施机制，是指制度内部各要素之间彼此依存、有机结合和自动调节所形成的内在关联与运行方式。正式制度与非正式制度之间既存在着相互的联系，又在制度变迁中起着不同的作用。非正式制度是正式制度的支持系统，并为正式制度提供合法性。非正式制度其实占据社会规则的大多数，许多正式制度是由非正式制度发展而来的，一国正式制度的完善也要受到非正式制度的制约。当正式制度与非正式制度之间存在矛盾冲突或者不相容时，正式制度就会流于形式，或者在执行中变形，甚至根本无法实施，形同虚设。正因为如此，诺思认为正式制度不能盲目移植。

第三节　一般均衡理论与福利经济学

一、一般均衡理论

1. 概述

一般均衡理论（General Equilibrium Theory）由 1874 年法国经济学家瓦尔拉斯（Walras）在《纯粹经济学要义》（*The mere economics to iustice*）一书中首先提出，经希克斯、萨缪尔森、阿罗、德布鲁等人延伸和完善而成。一般均衡理论是理论性的微观经济学的一个分支，寻求在整体经济的框架内解释生产、消费和价格。

一般均衡是指经济中存在着这样一套价格系统：①它能够使每个消费者都能在给定价格下提供自己所拥有的生产要素，并在各自的预算限制下购买产品来达到自己的消费效用极大化；②每个企业都会在给定的价格下决定其产量和对生产要素的需求，来达到其利润的极大化；③每个市场（产品市场和要素市场）都会在这套价格体系下达到总供给与总需求的相等（均衡）。当经济具备上述条件时，就是达到一般均衡，这时的价格就是一般均衡价格。

一般均衡是经济学中局部均衡概念的扩展。在一个一般均衡的市场中，每个单独的市场都是局部均衡的，一般均衡的目标是经济效率最优，即经济福利最优。该理论的实质是说明资本主义经济可以处于稳定的均衡状态。在资本主义经济中，消费者可以获得最大效用，资本家可以获得最大利润，生产要素的所有者可以得到最大报酬。

2. 瓦尔拉斯的一般均衡理论

瓦尔拉斯一般均衡理论需要这样几个假设：①要求市场的参与者有关于市场的完全信息；②假定经济中不存在不确定因素，因此不会因为预防不测而贮藏货币；③不存在虚假交易，所有的交易都是在市场均衡价格形成时达成；④经济系统是个"大经济"，即有足够多的参与者，从而符合"无剩余条件"。即使在上述假定下，瓦尔拉斯体系的问题也是明显的，瓦尔拉斯没有注意到这个问题：要决定 n 个未知数，至少需要 n 个方程，但是 n 个方程未必决定 n 个未知数；要 n 个方程决定 n 个未知数，方程必须是线性的，而且方程之间必须线性无关。同时瓦尔拉斯体系不能排除唯一的均衡解包括零价格（针对免费物品）和负价格（针对类似噪声的物品）的情况，因此瓦尔拉斯体系必须包括所有物品，而不仅仅是正常的经济物品。

一般均衡理论后来由帕累托（Pareto）、希克斯（Hicks）、诺伊曼（Ronald Neumann）、萨缪尔森（Samuelson）、阿罗（Arrow）、德布鲁（De-breu）和麦肯齐（McKenzie）等人加以改进和发展，这些经济学家利用集合论、拓扑学等数学方法，在相当严格的假定条件之下证明：一般均衡体系存在着均衡解，而且这种均衡可以处于稳定状态，并同时满足经济效率的要求。

3. 阿罗-德布鲁的一般均衡理论

阿罗-德布鲁（Arrow-Debreu）用数学模型证明了一般均衡。阿罗-德布鲁对一般均衡理论存在性的证明，主要依存于两个假设：消费与生产集合都是凸集，每个经济主体都拥有一些由其他经济主体计值的资源，因此这种均衡的整体稳定性取决于某些动态过程，这些过程保证每个经济主体都具有总需求水平知识，并且没有一项最终交易实际上是按非均衡价格进行的，这当中的某些假定也许可以放松，以适应少数行业中的规模报酬递增，甚至所有行业卖方垄断竞争的度量。但是，寡头垄断的存在否决了所有一般均衡解（就像它否决竞争均衡的所有其他概念一样），更不用说消费和生产中的外在性的存在了。

阿罗-德布鲁一般均衡理论，主要是为了研究竞争的市场均衡。它的一个主要假设，也是新古典经济学的一个基本假设，将市场制度安排作为外生给定。一般均衡理论经过阿罗、德布鲁和哈恩等人运用数学形式加以修饰，已经变得更加完善。在瓦尔拉斯-阿罗-德布鲁一般均衡理论中，货币的存在仅仅是为了便利生产和交换的进行。实际上，货币是可有可无的，由瓦尔拉斯创立，由阿罗和德布鲁进一步完善，并被希克斯、萨缪尔森等人加以运用的一般均衡模型要保持逻辑上的一致性，必须是一个只能分析实物经济的静态模型，这个静态模型是无法转而用来分析动态的货币经济的，这是由模型的内在逻辑结构或者其均衡的概念决定的，新古典一般均衡的框架中很难处理时间问题。

根据新古典一般均衡的概念，当经济主体在给定偏好、技术和商品所有权的情况下，实现最优时，"不存在使价格发生变动的机制"。新古典的框架要求在其他条件给定的情况下，经济主体只对价格的变动反应，既然价格不变动，也就不存在均衡的变动。

二、福利经济学

1. 概述

新古典学派的弘扬者庇古，沿用了马歇尔的局部均衡理论，在基数效用论的基础上，以马歇尔提出的消费者剩余和生产者剩余为工具讨论了社会福利的改善，正式提出了福利经济学。福利经济学作为新古典学派，依然秉承着自由放任主义，主张采取收入再分配和货币管理等适当的政策措施，来调和阶级矛盾和维持经济稳定。福利经济学并不是一个清晰、统一的思想体系，它仍植根于传统的经济学思想之中，只不过它关注和研究的重点不同。福利经济学家更加关注以下两方面的问题：一是定义并分析如何达到福利最大化；二是明确妨碍实现福利最大化的因素，并尝试提出解决建议。

2. 帕累托

维尔弗雷多·帕累托（Vilfredo Pareto, 1848—1923年）于1848年出生在巴黎。其父是热那亚的贵族，母亲是法国人。帕累托年幼时，由于父亲政治立场的问题，一家被迫离开意大利。1850年前后，帕累托回到意大利，之后在都灵工艺学院学习工程学，于1869年获得工程学博士学位。毕业后，帕累托根据专业方向，进入国有铁路公司工作，成为一名工程师，后又前往意大利佛罗伦萨制铁公司担任主管。1890年，公司出现经济危机，帕累托辞职离开。此时，他开始阅读马费

维尔弗雷多·帕累托

奥·潘塔莱奥尼的《纯粹经济学原理》，并爱上了经济学。在这之前帕累托只是一名纯粹的工程师。1892 年，他开始在经济学杂志上发表一些论文。他独到的见解和过人的天赋很快引起了学术界的关注。1893 年，受到瓦尔拉斯的邀请，帕累托成为瑞士洛桑大学的政治经济学教授，继承了瓦尔拉斯的教职。

帕累托是数理经济学的创始人之一，良好的数学和工程学基础使他成功地将经济学图文转化成数学方程，从而推动了经济学的数学化，进一步发展了瓦尔拉斯的一般均衡理论。不过，后来帕累托的学术理念发生了巨大的转变。随着研究的深入，他感到纯经济分析的效果是有限的，经济学应将社会、心理和政治因素纳入分析框架。因此，他逐渐转向社会学领域，并发表了一些重要著作。1896—1897 年，帕累托收集和扩充了自己的课堂讲义，出版了《政治经济学讲义》。1898 年，帕累托的生活发生了明显变化：他继承了一大笔遗产。1906 年，帕累托辞去了教授职位，到日内瓦湖畔独居，成了一名隐士。在经济学领域，我们主要研究的是他在 1906 年出版的《政治经济学手册》，以及 1909 年出版的该书的法语附录。帕累托在社会学领域的著作有 1902—1903 年的《社会主义体系》和 1916 年的《普通社会学总论》。

（1）序数效用论与无差异曲线。

基数效用论认为消费者可以区分商品 A 和商品 B 中的哪个商品给自己带来的效用更多，并且可以精确地说出两种商品给自己带来的效用。在基数效用论下，不同商品的效用是可以量化的，并且可以相互比较。序数效用论则仅认为消费者可以判断自己更喜欢商品 A 还是商品 B。序数效用论并不需要消费者量化商品的效用，它仅需要消费者能够清晰地区分自己的偏好。在现实生活中，我们几乎不可能精确地衡量不同商品给自己带来的确切效用，我们所能做的就是将不同商品按照自己的喜爱程度排序。因此，序数效用论使微观经济学的分析基础更加贴近现实。

帕累托在序数效用论的基础上改进了埃奇沃思的无差异曲线。虽然效用不能被精确地测定，但是消费者可以在不同的商品组合中选择自己偏好的商品组合。更进一步地分析，消费者也可以选择多种商品组合，并且消费者对这些商品组合的喜欢程度是相同的。根据希克斯在 1939 年出版的《价值与资本》一书中对帕累托的分析，虽然序数效用代替了基数效用，但对边际主义经济学理论来说，所有希望的结果都可以在这种无差异图的基础上得到。这种序数效用论也成了现代微观经济学效用论的主流。

（2）帕累托最优。

帕累托最优（Pareto Optimality）也称为帕累托效率（Pareto efficiency），是指资源分配的一种理想状态，假定固有的一群人和可分配的资源，从一种分配状态到另一种状态的变化中，在没有使任何人境况变坏的前提下，使得至少一个人变得更好，这就是帕累托改进或帕累托最优化。帕累托最优状态就是不可能再有更多的帕累托改进的余地；换句话说，帕累托改进是达到帕累托最优的路径和方法。帕累托最优是公平与效率的"理想王国"。

但是帕累托最优标准并不是完美的，它存在很多缺陷，我们不能僵硬地把它放入现实社会。帕累托标准在静态的效率观点上来判定现存分配状况下是否达到社会福利最大化，它忽视了社会分配公平和道德的问题，也没有考虑到短期补偿性支付和政策长期效果的情况。阿马蒂亚·森就举过一个例子："设想我们正在分一个蛋糕。假定每个人都偏好更大的而不是更小的蛋糕，那么任何可能的分配都将是帕累托最优的，因为任何使某人境况改善的变化都将使其他人境况恶化。问题的关键是分配，帕累托最优对此没有任何说服力。"[①]

3. 庇古

阿瑟·赛西尔·庇古（Arthur Cecil Pigou，1877—1959 年）是英国著名经济学家，剑桥学派最正统、最权威的解释者。他出生于英格兰怀特岛一个军人家庭，就读于剑桥大学，最初两年研究历史，第三年在马歇尔的影响和鼓励下转读经济学。1900 年获本校文学硕士学位，翌年任本校国王学院讲师，一年后任研究员。1908 年，他在自己 31 岁时继任了马歇尔在剑桥大学的政治经济学教授席位，是当时校史上最年轻的经济学教授，并任此职长达 35 年之久，后于 1943 年退休。在其

阿瑟·赛西尔·庇古

前任马歇尔去世后，庇古是最著名的新古典经济学家，他对马歇尔推崇备至，宣称马歇尔学说囊括了所有的经济理论。庇古对马歇尔学说的宣传促进了剑桥学派的形成和发展。

---

① 阿马蒂亚·森. 正义的理念 ［M］. 王磊，李航，译. 刘民权，校译. 北京：中国人民大学出版社，2012：12.

①庇古的福利经济学基本命题。庇古的福利经济学主要分为两部分：其一，根据边际效用价值学说提出一套福利概念，并把这种主观福利概念与国民收入联系起来；其二，从国民收入的增加和国民收入的分配出发，推导出增加社会福利的各种因素。他还从福利的概念展开论述，并将福利分为两类："广义"的福利，即"社会福利"；"狭义"的福利，即"经济福利"。广义的福利包括自由、家庭幸福、精神愉快等内容，是人们对享受或满足的一种心理反应或主观评价，是一种意识状态，是难以计量和研究的。狭义的福利是社会福利的一部分，它虽然也是一种主观评价，但它是直接或间接与货币尺度发生联系的部分，因而是可以用货币计量的，经济学所要研究的就是经济福利。

②收入均等化。庇古接受了马歇尔关于分配不均是资本主义制度的一个严重缺陷和希望通过不会伤害人们的主动性，从而不会大大限制国民收入的增长又可改善分配不均的方法，来增长社会福利的观点。他根据边际效用递减原理，认为随着货币收入的增加，货币的边际效用递减。贫穷阶层的货币收入很少，所以他们的货币边际效用很大。与此相反，富裕阶层的货币收入较多，所以他们的货币边际效用很小。这样，如果把富人的一部分钱转移给穷人，就会增大货币的效用总量，社会福利总量也会增加，因为穷人的所得大于富人的所失。庇古的结论是，从分配方面来说，要增加社会经济福利，就必须实现收入分配的均等化。

如何实现收入的均等化——庇古提出了福利经济学的政策主张：政府一方面采取向富人征收累进所得税、遗产税之类的措施；另一方面又采取一些社会福利措施，如养老金、免费教育、失业保险、医疗保险、房屋供给等，将货币收入从富人那里"转移"给穷人，就可以增加穷人的所得，增加货币的边际效用，从而使整个社会的满足总量增加。

庇古认为，福利措施应当以不损害资本增值和资本积累为原则，否则就会减少国民收入和社会福利。在涉及转移收入的具体措施时，他认为"自愿转移"（即资本家自愿拿出一部分所得）比"强制转移"（即政府征收累进所得税和遗产税）要好。但收入的"自愿转移"往往会少于社会所需要的收入转移的数量，因此还是需要政府强制转移收入。当然，庇古提醒道，无论实行哪一种收入转移措施都要防止懒惰和浪费。

庇古用自己的分析表明，国家运用经济政策调节可以改变资本主义的分配关系，从而避免无产阶级和资产阶级之间的阶级对抗。庇古的福利经济学的出现标志着西方经济学中新的分支的诞生，在经济学史上具有重大意义。在庇古之后福利经济学也发生了演变：西方经济学界将庇古的福利经济学称为"旧福利经济学"，将之和以序数效用论为基础的"新福利经济学"做区分。

第四节　哈耶克的主要学术思想

一、人物生平

弗里德里希·奥古斯特·冯·哈耶克（Friedrich August von Hayek，又译为海耶克，1899—1992 年）是出生于奥地利的英国知名经济学家、政治哲学家，1974 年诺贝尔经济学奖得主，被广泛誉为 20 世纪最具影响力的经济学家及社会思想家之一。他坚持自由市场资本主义、自由主义，主要代表作包括《通往奴役之路》《致命的自负》《自由秩序原理》等。

弗里德里希·奥古斯特·冯·哈耶克

作为 20 世纪伟大的思想家之一，哈耶克具有令人信服的先知能力，预见经济大萧条的出现和苏联的解体都是他深邃思想和不俗实力的证明。哈耶克的学术生涯从 20 世纪 20 年代持续到 80 年代末，此间，他不仅学术足迹遍布世界，他的学术核心思想也不曾发生改变——自由主义思想。他坚决反对凯恩斯及其支持者的国家干预理论，同时批判社会主义；除此之外，与芝加哥学派的自由主义主张相比，哈耶克的想法则更为深入——在主张自由主义的程度、范围和理论体系方面都有所体现。

哈耶克的经济学研究不仅深入，而且广泛。他的研究不局限于经济学研究，同时涉及社会学、政治学、伦理学、法学等多方面学科，正如他的思想体系一样，在自由主义为核心的条件下，触类旁通至其他相关的领域和思想。

二、主要观点

1. 货币和经济周期理论

哈耶克的学术生涯是从研究货币和经济周期理论开始的，并在这一领域取得了傲人的成绩。在米塞斯的理论指引下，他在经济周期理论上作出了许多非常重要的贡献，1974 年瑞典皇家科学院授予哈耶克诺贝尔经济学奖的原因，也正是 20 世纪 30 年代他在经济周期理论上所作出的贡献。

哈耶克认为货币变化会对相对价格产生非常有害的影响。当人为地增加新货币时，它总会在某个节点进入经济系统。这样就会在最先接触新货币的消费阶段与最远离新货币影响的消费阶段之间存在价格差异。新货币以人为压低的利率（低于自然利率）进入经济系统，则贴现率的相对下降和信用条件的相对放松必然导致投资支出相对于消费支出的增加，进而扭曲指引企业家活动的指标，特别是投资在不同生产阶段的资本的相对回报率指标。作为低利率的结果，以前无利可图的投资现在看上去是有利可图的。投资支出的相对增加，推动生产要素价格的上涨，企业家往往会采用更为资本密集的生产方法，并且增加对自然资源的需求。同时，消费品产业的相对利润下降，因为在这些产业，成本逐渐爬升，而产品价格却没有上涨。由此，生产要素从最靠近消费的部门向资本最为密集的部门转移。这种转移必定会持续很长一段时间，直到更为资本密集的生产结构得以投入使用。随着资本从消费部门的移出，消费品部门的相对价格必然上涨，这必将反转上述由信用扩张所产生的结果，最靠近消费产业的部门利润开始上升，投资部门的利润开始下降。这样，投资部门的过度扩张必然出现严重亏损。这种生产结构的剧烈变动导致了经济的衰退，根源在于银行系统人为的信用扩张导致融资变得过于容易。由此，在一个由生产率的普遍提高导致价格下降的环境中，为保持稳定而采取的货币政策注定会导致投资者和消费者的决策之间出现严重的跨期失调，这种失调最终会导致经济的衰退。

哈耶克就是据此预测 20 世纪 30 年代的经济大萧条的。哈耶克强调衰退在根本上是由对消费品的相对过度需求引发的危机，或者说是由于储蓄的短缺，衰退时很多生产过程存在"闲置能力"，但这并不能说明存在消费不足。因此，哈耶克得出庞巴维克的资本理论与米塞斯的周期分析理论的必然结论，即货币干预将加深经济主体（投资者和消费者）决策之间的跨期失调，而衰退只不过是健康经济调整的一个阶段。这一阶段不可避免，但可以通过制止任何后续的信用扩张或人为的消费刺激政策来缓解，而允许市场力量的自由参与、调节建立市场参与者的真实欲望适应新的生产结构才是解决问题的根本途径。① 这一经济周期理论详细反映在他的著作《利润、利息和投资》中。

从哈耶克论述的经济周期理论中，我们可以明显了解哈耶克对货币的看法，他在早期著作中是赞成金本位制的，他说，"尽管金本位制具有不可避免的缺陷，但是出于政治上的考量，实行金本位制是完全必要的"。"二战"后，哈耶克不再坚持纯粹的金本位制，而主张货币存量应该根据商品数量变化而扩张或收缩。20 世纪 70 年代后，哈耶克主张货币发行的"非国有化"，即通过货币竞争的私人发行，消除货币发行中的政府垄断。然而在现实中，货币体系与商品价格指数联系起来之后，在商品价格波动的情况下，货币体系注定呈现出高度的不稳定性。

2. 经济自由主义

除了在理论经济上的贡献，哈耶克最引以为傲的成就莫过于对自由的深入探讨。从经济自由到社会自由，从市场经济到极权主义，他的自由思想深入人类社会发展的每个角落。

要对他的自由主义有所理解，我们先来看他阐述的自由的两个基础。第一，个人主义为核心的自由观。哈耶克认为自由是一种状态，即"一个人不受制于另一个人或另一些人因专断意志而产生的强制状态"。② 在此状态下，强制被降低到最小限度，每个人可以完全遵从自己的意志。第二，人类有限理性的知识论。哈耶克认为，市场运作过程就是发现知识、利用知识的过程。而市场中的不同参与者在不同时间和不同环境中，加之自身不同的社会生活经历，每个人所掌握的知识具有异质性。知识的交流与创新是通过价格体系在分散的竞争过程中完成的。由此，一定阶段的知识或理性显然都有其局限性，没有人能掌握社会的全部知识，人类永远处于一种有限理性的状态。

哈耶克认为，私人企业制度和自由市场制度是迄今适合个人自由主义的最好制度。个人在自由市场制度下，自由选择实现其目的的手段，完成社会经济的发明创造过程，推动社会的进步。而经济自由最重要的是保护个人财产，这也是经济自由主义的一种内在要求。哈耶克指出："私有制是自由的重要保障，这不但是对有产者，而且对无产者也一样。只是由于生产资料掌握在许多个独立行动的人手里，才没有人控制我们的全权，我们才能够以个人的身份来决定我们要做的事情。如果所有的生产资料都落在一个人手里，不

---

① 赫苏斯·韦尔塔·德索托. 奥地利学派：市场秩序与企业家创造性 [M]. 朱海就，译. 杭州：浙江大学出版社，2010：93-94.

② 哈耶克. 自由秩序原理 [M]. 邓正来，译. 北京：生活·读书·新知三联书店，1997：3.

管它名义上是属于这个社会的，还是属于独裁者的，谁行使这个管理权，谁就有全权控制我们。"①

同时，哈耶克承认私有制社会有一些缺陷，存在着穷人和富人，但他依然推崇私有制社会。因为这一社会具有自由经济制度，所以穷人可以通过个人的努力致富，而其努力不会受到任何人的阻碍。经济自由主义可以实现机会平等，每个市场参与者根据自己掌握的知识平等地接受挑选与被挑选的机会。哈耶克强调："市场上各方必须应该自由地按照他们能找到交易伙伴的价格进行买卖，任何人必须应该自由地进行生产、出售和买进任何可能生产和出售的东西。进入各种贸易的通道也必须在平等的条件下向所有人开放。法律必须不能容忍任何个人或集团通过公开或隐秘的力量限制这些通道。"

在哈耶克看来，这些要求在公有制社会里必然是做不到的，唯在自由主义的经济环境下才有可能，因此，他强烈反对任何形式的政府对自由市场的干预，无论是专制社会还是民主国家。

第五节　熊彼特的主要学术思想

一、人物生平

约瑟夫·阿罗斯·熊彼特（Joseph Alois Schumpeter, 1883—1950 年），1901—1906 年在维也纳大学攻读法学和社会学，1906 年获法学博士学位，是一位有深远影响的美籍奥地利政治经济学家（尽管他并非"奥地利学派"成员，但在早期他受到了奥地利学派的深刻影响）。

熊彼特曾在维也纳大学攻读法律和经济，曾是庞巴维克的学生。在校期间，他结识了德国社会民主党人希法亭和奥托·鲍威尔（Otto Bauer, 1881—1938 年）等人，由此接触到马克思主义学

约瑟夫·阿罗斯·熊彼特

说。后留学英国，求教于马歇尔和埃奇沃思，并对仅有一面之缘的瓦尔拉斯

---

① 哈耶克. 自由秩序原理 [M]. 邓正来，译. 北京：生活·读书·新知三联书店，1997：23.

推崇至极。因此，可以说熊彼特集剑桥、洛桑和奥地利三大学派之大成。之后，熊彼特移居美国，一直任教于哈佛大学。

熊彼特经济理论知识的渊博在近代经济学家中鲜有敌手，他将自己创新的观点贯穿于各个分析领域，使自己的理论体系前后一致、自成一家。可以说，熊彼特的创新理论及其所蕴含的演化观，是在均衡经济学的领域之外发展起来的。与其说他的目的是取代均衡经济学，不如说是对均衡经济学进行补充。熊彼特以《经济学者和统计学者需用的数学初步》（1946年，合著）来推动使用应用数学完善经济学的研究，提出数学方法仅仅只是一种极其重要的辅导手段的同时，注重统计分析的应用。

二、主要观点

1. 创新理论

注重对理论、历史与统计分析的综合是熊彼特方法论的另一特点。熊彼特在阐述其自成体系的经济理论时，有着自己独特的方法论特征：以"创新"理论为核心；将一般均衡理论作为出发点，探讨动态均衡的分析；用经济体系的内在动力来解释经济现象；将经济理论的分析、历史的分析和统计分析方法与数字分析方法相结合，并动态地研究资本主义经济的演进过程。[①]

在创新理论的基础上，他研究了资本主义的发展和周期波动，解释了垄断和竞争，甚至通过创新理论来预测资本主义的前途等重大问题。

2. "熊式"创新

传统经济理论所说的经济发展，指的是人口、资本、地租等数量上的变迁，熊彼特创造性地用生产技术和生产方法的变更来解释经济的发展过程。熊彼特在瓦尔拉斯的一般均衡理论的基础上加入动态因素去考察，他认为瓦尔拉斯的一般均衡理论是在假设条件下从外部因素考察经济变化的静态分析，而不是内在因素推动的经济变化。他试图提出："一种关于经济变化的纯经济理论，也就是说，这种变化不仅仅是决定于推动经济制度从一个均衡到另一个均衡的各种外在因素的纯粹的经济理论的基础上。"[②]

熊彼特阐明经济从静态走向动态是由于内在因素的作用。他曾解释这种过程分为两个方面：一个是所谓的"循环流转"或均衡的趋势，另一个是所

① 尹伯成. 西方经济学说史：从市场经济视角的考察 [M]. 上海：复旦大学出版社，2006：200.
② 约瑟夫·熊彼特. 从马克思到凯恩斯 [M]. 韩宏，等译. 南京：江苏人民出版社，2003：2.

谓的"循环轨道的变化"或经济体系内部的"自发变化"。①

在循环流转中，经济体系不会发生反复无常的变化，产品的价值与价格是由工资和地租构成的生产费用决定的，这是静态理论要分析的。然而，当经济过程出现"新组合"时就会改变循环流转的均衡状态。"新组合"包括五个方面：引进新产品、引进新的生产方法、开辟新市场、获得原材料的新供应来源、实现企业的新组织。这些方面就是熊彼特所说的"创新"，其特征是："循环渠道的自发而非连续的变化，是对均衡的扰乱，它永远地改变并代替既存的均衡状态。"②

也因此，熊彼特的"创新"即"经济发展"是经济自发的而非连续的一种质变。由于"创新"使新产品的价值、价格超过生产费用，于是具有"特殊资质"的企业家通过执行"创新"方式获得在工资、地租之外的利润和利息。

3. 创新与经济周期

熊彼特运用其创新理论来解释资本主义的经济周期性波动，由此建立的创新经济周期理论在经济学界产生了很大的影响。经济周期理论主要反映在其巨著《经济周期：资本主义过程之理论的、历史的和统计的分析》之中。

熊彼特认为企业家为了获得潜在利润进行生产要素的"新组合"，实现"创新"，一旦这种"创新"被认为是有利可图时，其他人就会仿效，形成所谓的企业家集群，促进经济发展，产生经济的繁荣。当旧企业以及信贷大量投注在新的生产中时，新产品就会充斥市场，竞争加剧，物价下跌，导致信用紧缩，萧条来临。熊彼特认为这是正常的再吸收和清算过程，经济会转向自动紧缩，趋向于新的临近的均衡。他称此为"第一个波浪"，即创新因素产生的逻辑上的繁荣和衰退，这个两阶段周期被称为"纯模式"。

但是，熊彼特认为资本主义经济周期实际上包括四个阶段：繁荣、衰退、萧条和复苏。在经济繁荣中，物价上涨、投资机会增加、信用扩张，投机活动大幅度增加，这又往往会导致错误预测的出现并引发过度投资，使得繁荣处于均衡水平之上。由于这种投资机会的增加和银行信用的扩张往往与"创新"活动无关，因而不产生任何推动力。可以说一旦投机活动消失，价格暴跌，经济将陷入萧条，处于均衡水平之下，这就是"第二个波浪"。之后，经济会对失衡状态进行调整，这就是复苏阶段。经济的四阶段周期即如此循环往复，形成经济周期。

---

① 约瑟夫·熊彼特. 经济发展理论 [M]. 何畏，等译. 北京：商务印书馆，1990：68-69.
② 约瑟夫·熊彼特. 经济发展理论 [M]. 何畏，等译. 北京：商务印书馆，1990：72.

熊彼特进一步分析，虽然创新是使经济呈现周期性波动的内在因素，但经济领域是广泛的且生产部门是有差异的，因此会存在多种创新。不同的"新组合"依据引入时间的不同对经济的影响范围与程度是有差别的。由此，熊彼特认为若干个时间跨度不同的周期相互叠加的结果就是资本主义经济表现出来的周期运动。

4. 创新与垄断

熊彼特认为资本主义是一个由创新活动引起创造性毁灭的过程。创新活动引起企业间分享创新利润的竞争，在此过程中，守旧企业被淘汰，另一些企业会诞生或壮大。因此，从长期来看，因为完全竞争不利于创新活动的开展，故其效率不如垄断。在静态均衡中，完全竞争是一种最有效的资源配置机制，但资本主义的本质是创造性毁灭的过程，在这种过程中，不仅创新容易被模仿，完全竞争也不利于刺激创新。因此，熊彼特认为垄断行为实际上是针对创新面临的不确定性的一种保险机制，能鼓励有才能的企业家进行创新活动，进而达到促进资本主义发展的目的。

垄断利润是对企业家不断创新的激励，任何垄断都会被连续不断的创新打破（行政性垄断除外）。因为这在熊彼特看来，任何垄断行为都只是暂时的，除非行政性垄断，因此，他认为政府没有必要去限制某个行业中存在的来自创新和竞争的垄断势力。

5. 熊彼特论资本主义与社会主义

熊彼特在《资本主义、社会主义与民主》中提出并论述了两个命题：第一是资本主义是否能活下去；第二是社会主义能否可行。他以创新理论分析资本主义的发展前景，最终得出资本主义将自动进入到社会主义的结论。

熊彼特把资本主义看成"在本质上是经济变动的一种形式或方法"。他认为："资本主义不是在自己的经济失败下崩溃的，而是'它的成就破坏了维护它的社会制度'。"[①]

有若干因素使资本主义不能存在下去，而是过渡到社会主义。首先是企业家职能的消失，创新逐渐成为例行事务："经济进步日趋非人身化和自动化。机关和委员会的工作日渐代替个人的行动。"[②]

企业家的创新成功导致他们进入资本家行列，资产阶级维持其生活的秩序则需要依靠企业家的成功，而企业家的职能性逐渐丧失，使资产阶级本身

---

① 约瑟夫·熊彼特. 资本主义、社会主义与民主 [M]. 绛枫，译. 北京：商务印书馆，1970：80.

② 约瑟夫·熊彼特. 资本主义、社会主义与民主 [M]. 绛枫，译. 北京：商务印书馆，1970：166.

的存续存在很大的危险性。其次，资产者职能的消失。熊彼特认为以下两个原因会导致累积资产的资产者丧失其职能：一是资产者家庭会解体，资产者的精神特征会使其分析生儿育女的成本问题，显然这一项成本越来越高，于是家庭会出现解体，进而使资产者失去积累资产的动力；二是资产者对其资产的物质形式的态度："资本主义仅仅用一包股票代替了工厂的围墙和机器，夺走了财产这个观念的生命。"①

再次，资本主义保护阶层的毁灭。资产阶级更习惯于营业活动而不是处理政治事务。最后，资本主义造成一种"合理的""批判的"社会气氛，形成一个知识分子集团而产生对资本主义秩序的敌意。因为资本主义社会的角落在短期内充斥着对利润的追逐和无效率、失业，而随着知识分子的社会地位不断提高，他们将会对资本主义展开严厉的批判，使资本主义几乎普遍存在着敌对的社会气氛。同时熊彼特强调，资本主义不会在短期内崩溃，它的崩溃和社会主义的出现将是一个长期渐进的过程，这是因为上述因素的作用是逐步发生的。由于人们的思想愈发社会化，组织愈发官僚化，经济进步愈发计划化和自动化，产生温和的社会主义是其必然的结果。

在熊彼特看来，社会主义是一种由官僚统治的温和的计划经济。他对社会主义的定义如下："社会主义社会，我们用来指这样一种制度模式，即对生产手段和生产本身的控制权是授予一个中央当局的——或者我们可以说，在这个社会中，经济事务原则上属于公众而不属于私人方面。"②

虽然对社会主义有过系统的论述，但实际上熊彼特并不相信社会主义，他认为社会主义的优越性只是"蓝图的逻辑"，而"实际上也许是全然不能实现的"。他坚信资本主义制度衰亡的最终结果是出现一个具有较高能力的阶级来经营管理经济，而他所谓的要实现的"社会主义"，只不过是在资本主义制度限度内实行的某种生产组织形式的改变。③

---

① 约瑟夫·熊彼特. 资本主义、社会主义与民主 [M]. 绛枫，译. 北京：商务印书馆，1970：178.
② 约瑟夫·熊彼特. 资本主义、社会主义与民主 [M]. 绛枫，译. 北京：商务印书馆，1970：182.
③ 黄志贤，郭其友. 当代西方经济学流派的演化 [M]. 厦门：厦门大学出版社，2006：261-262.

第六节　弗里德曼的主要学术思想

一、人物生平

米尔顿·弗里德曼（Milton Friedman，1912—2006 年），美国经济学家，芝加哥大学教授、芝加哥经济学派领军人物、货币学派的代表人物，1976 年诺贝尔经济学奖得主、1951 年约翰·贝茨·克拉克奖得主。弗里德曼被广泛誉为 20 世纪最具影响力的经济学家及学者之一。

米尔顿·弗里德曼

弗里德曼以研究宏观经济学、微观经济学、经济史、统计学、主张自由放任资本主义而闻名。1976 年获诺贝尔经济学奖，以表扬他在消费分析、货币供应理论及历史和稳定政策复杂性等范畴的贡献。弗里德曼是另一位芝加哥经济学派成员、法律经济学奠基人亚伦·戴雷科特的妹夫。

弗里德曼出生于纽约的一个工人阶级的犹太人家庭，他在 16 岁前完成了高中课程，凭奖学金入读罗格斯大学。1932 年取得文学学士，翌年他到芝加哥大学修读硕士，1933 年芝大硕士毕业。上第一堂经济课时，座位是以姓氏字母编排，他紧随一名叫罗斯（Rose Director）的女生之后。两人于 6 年后结婚，从此终生不渝。弗里德曼曾说他的作品无一不被罗斯审阅，更笑言自己成为学术权威后，罗斯是唯一胆敢跟他辩论的人。

毕业后，他曾为罗斯福新政工作以求糊口，批准了许多早期的新政措施以解决当时面临的艰难经济情况，尤其是新政的许多公共建设计划。辗转间他到哥伦比亚大学继续修读经济学，研究计量、制度及实践经济学。返回芝加哥后，被亨利·舒尔茨（Henry Schultz）聘任为研究助理，协助完成了《需求理论及计算》论文。

1941—1943 年，他出任美国财政部顾问，研究战时税务政策，曾支持凯恩斯主义的税赋政策，并且协助推广预扣所得税制度。1943—1945 年在哥伦比亚大学参与哈罗德·霍特林（Harold Hotelling）及沃利斯·艾伦（W. Allen Wallis）的研究小组，为武器设计、战略及冶金实验分析数据。1945 年，他与后来的诺贝尔经济学奖得主乔治·斯蒂格勒到明尼苏达大学任职，1946年他获得哥伦比亚大学博士学位，随后回到芝加哥大学教授经济理论，其间再为美国国家经济研究局研究货币在商业周期中的角色。这是他学术上的重大分水岭。

在他的自传中，弗里德曼曾描述1941—1943年为罗斯福新政工作时，"当时我是一个彻底的凯恩斯主义者"。随着时间过去，弗里德曼对于经济政策的看法也逐渐转变，他在芝加哥大学成立货币及银行研究小组，借着经济史论家安娜·施瓦茨的协助，发表影响深远的著作《美国货币史》。他在书中挑战凯恩斯学派的观点，抨击他们忽略货币供应、金融政策对经济周期及通胀的重要性。

接着他在芝加哥大学担任经济学教授，直至1976年退休。这30年里他将芝加哥大学经济系形塑成紧密而完整的经济学派，力倡自由经济，被称为芝加哥经济学派。在弗里德曼的领导下，多名芝加哥学派的成员获得诺贝尔经济学奖。他在1953—1954年以访问学者的身份前往英国剑桥大学冈维尔与凯斯学院任教。从1977年开始弗里德曼也加入了斯坦福大学的胡佛研究所。弗里德曼在1976年获得了诺贝尔经济学奖，1988年取得了美国的国家科学奖章。

二、主要观点

1. 现代货币数量论

在弗里德曼看来，货币需求主要取决于总财富，但总财富实际上是无法衡量的，只能用永久性收入而不是用不稳定的现期收入来代替。

对于永久性收入而言，一般而言，随着收入的增加即财富的增加，货币需求增加。弗里德曼认为，人们的永久性收入是稳定的，它是人们长期收入的平均预期值，在商业周期扩张阶段，人们的暂时性收入大于永久性收入。收入变动幅度平均来说是比较稳定的，趋于永久性收入，即永久性收入是稳定的。弗里德曼的永久性收入是由非人力财富和人力财富组成的。

永久性收入在弗里德曼的货币函数中起主导作用。在凯恩斯的消费函数中，消费是现期收入的函数，并用消费支出增量和现期收入增量的关系——边际消费倾向递减规律说明消费不足和短期经济波动。而根据永久性收入假说，即使现期收入增加，消费是按永久性收入而稳定变化的，与现期收入关系不大。同时，永久性收入假说的一个必然逻辑是既然收入与货币需求正相关，那么永久性收入的稳定性必然要求货币需求的稳定性，这就是弗里德曼的"单一规则"的经济政策的理论基础。

相对而言，凯恩斯认为货币预期回报率是常量，而弗里德曼认为不是常量。当经济中利率上升时，银行可以从贷款中获得更多的利润，从而用更高的利率吸收存款，所以以银行存款形式持有货币回报率随着债券和贷款利率的上升而上升。银行存款竞争一直到没有超额利润为止，这一过程使 $r_b - r_m$ 保持相当稳定。弗里德曼这种观点意味着利率变动对货币需求影响极小，那么利率的变动在长期中对产量和就业的影响就小，这也使弗里德曼反对将变动利率作为政府调控经济的理论渊源。

弗里德曼不同于凯恩斯之处之一是弗里德曼将货币和商品视为替代品，商品和货币互为替代品的假设表明，货币数量的变动可能对总产出产生影响。

所以弗里德曼的永久性收入是决定货币需求的主要因素，货币需求对利率不敏感，永久性收入的稳定导致了货币需求的稳定。

2. 政策观点

①大萧条。在弗里德曼的各项主张中，影响最大的论述是对大萧条的批判。他把大萧条称为"大紧缩"，他认为 20 世纪 30 年代的全球经济灾难实是源于一场普通的金融风暴，由于联邦储备银行的政策和管理失误，错误的紧缩货币供给进一步恶化了这场风暴，最终演变成无法收拾的大恐慌。他认为经济大恐慌并非"自由放任"造成的，反而是政府对市场过多的干预和管制造成的。

他描述当时美国政府在大恐慌前就已经对经济进行了沉重的管制，而对银行的管制造成银行无法向市场上对货币的需求作出反应。而且，美国联邦政府限制了货币兑换黄金的汇率，起初这种限制导致了大量黄金过剩，但之后这种限制又导致大量黄金流出美国。

弗里德曼认为这种无法对货币需求作出反应的限制造成银行丧失了处理能力，在对黄金和货币的汇率进行限制的同时却没有修正通货紧缩的压力，结果导致了经济大恐慌。他以这个论点进一步主张，美国政府提升税率的举动造成了对民众更大的伤害，接着又印制更多钞票来偿还债务（因此又导致通货膨胀），这些失误加起来便彻底摧毁了中产阶级的储蓄。

弗里德曼说道："正是联邦储备银行的举动，将这场普通的经济衰退——虽然可能是相当严重的一场，转变为一次主要的经济灾难，而不是试着用它的力量来抵销大衰退。1929 年至 1933 年间货币供给减少了三分之一便是这场灾难的开端……大恐慌不但不是一场自由企业体制的衰退，反而是一场政府造成的悲剧。"①

---

① 弗里德曼. 货币的祸害：货币史片段 [M]. 安佳，译. 北京：商务印书馆，2006：3.

弗里德曼的结论是政府应该停止对货币和外汇市场的干预，这个理论衍生出了大量的经济研究和争论，同时也促生了后来国际间所采用的自由浮动的汇率制度。

不过弗里德曼在宏观经济学上的理论很快便被淘汰了，如同他的朋友乔治·斯蒂格勒所描述的："就像学界的传统一样，他并没有获得完全的胜利，这一部分是因为他的研究与后来的理性预期，亦即后来由同样芝加哥大学出身的罗伯特·卢卡斯发展的新理论，是处于两个不同的路线上。"弗里德曼在"二战"时替美国财政部工作，并且在美国税制的预扣所得税制度设计上扮演了重要角色。

②自由意志主义政策。弗里德曼也支持许许多多自由意志主义的政策，例如对毒品和卖淫的合法化。除此之外，他也参与了尼克松政府的委员会，研究将美军兵役改为雇佣/自愿的制度，并且在 20 世纪 70 年代废除征兵制的运动中扮演了重要角色。他后来将征兵制的废止视为他最值得骄傲的成就。他在 1981 年担任罗纳德·里根的经济政策顾问，并且在 1988 年取得了总统自由勋章和国家科学奖章。他说他的政治观点是自由意志主义的哲学，加入共和党只是为了"一时的方便"，不过他也说："我相信我也能被称为古典自由主义者。我其实不在乎我被称为什么，我比较注重于让人们思考那些理想的本身，而不是我个人。"①

弗里德曼最初提倡以负所得税（Negative Income Tax）制度取代美国的福利制度，但稍后他则反对负所得税的预算案，批评预算案的安排只不过是补充既有的体制而不是取代之，这次事件又使他成了新闻头条。后来费里德曼大力提倡以教育券制度（School Vouchers）作为公立和私立学校的学费补贴制度，他说："美国需要的就是一个让所有学生都能受益的教育券制度，这也能避免过度的管制。"②

他认为教育券制度能使私立学校挑战公立学校的垄断地位。

依据肯尼思·米诺格（Kenneth Minogue）和哈克·劳埃德（Harry Girvetz）的说法，弗里德曼与哈耶克两人是促使古典自由主义在 20 世纪复苏的主要人物。2005 年，弗里德曼曾与其他 500 名经济学家一起连署讨论大麻合法化所能带来的经济利益。

③学券制。1955 年弗里德曼在《经济学和公共利益》一文中首次提出把

---

① 陆跃祥，唐洋军. 十年后，重读弗里德曼［J］. 读书，2016（10）：73-79.
② 陆跃祥，唐洋军. 十年后，重读弗里德曼［J］. 读书，2016（10）：73-79.

学校的管理和运作权从负责发放教育拨款的官僚手上释放出来。在该制度下，家长会获得一批学券，自行选择学校，取得学券的学校将可凭此向政府拿取资源，由此鼓励学校改善教学质量，并将选择权交回家长。不过，学券制遭到广泛争议，部分教师工会指控这是把教育商品化，会影响教师铁饭碗，又认为该政策违宪，改革一直未能落实。1996 年他成立弗里德曼基金会（Milton and Rose Friedman Foundation），研究各地学券制成效，并向公众宣扬学券制的优点和教育改革的迫切性。

第七节　中国古代代表性经济思想

西方自古希腊至现代产生了一大批杰出的经济思想家，推动了人类社会进步。与此同时，在历史长河中，中国也涌现出许多杰出的经济思想家，尽管最终没有导致中国自发走向市场经济道路，但依然闪烁着智慧的光芒。中国古代主要的经济思想揭示了中国古代经济思想精华产生发展的规律性，这些社会经济思想的精华，从古代到近代，犹如一条红线，一脉相传，不断丰富和发展。

一、夏商周时期的"家""国"本位

中华文化起源于黄河流域，中华民族自形成之日起就面临一个"治黄"的挑战。正是在黄河治理的基础上，中华文明诞生了最早的国家形态——夏王朝。夏商周三代，延续的都是一个有利于治水的大一统的政治格局。经过短暂的春秋战国的分裂动荡，秦始皇统一中国，改西周分封制为郡县制，进一步强化了中央集权的政治体制，建立了完善的中央集权的大一统帝国。大一统帝国统治的基础是小农经济和建立在小农经济基础上的宗法血缘关系。大一统帝国的体制既有利于治黄水利工程的实施，也有利于克服小农经济的分散性而把财富集中起来，从而创造相对较高的生产力水平以造就都市经济的繁荣。大一统、强有力的中央集权国家的存在也是以小农为基础的中国古代文明所产生的政治和社会条件。中国传统经济思想就是在这个大一统国家的背景下孕育发展起来的。

中国古代所谓的"经济"就是经邦济世（或经世济民），讨论的就是治理大一统国家需要解决的诸多经济政策问题，诸如农工商之间的关系、国家的财税和土地等问题，这就与西方早期经济思想讨论的多是诸如个人家庭如何处理生产、交换、分配和消费等微观问题明显不同。纵观中国古代经济思想史，历代思想家们集中讨论的课题主要是土地、货币和财政，这三大问题讨论的出发点都是围绕实现治国平天下这一本位目标进行的。

在西方以家庭为本位的经济思想中，则是把什么是财富以及怎样去获取财富作为其经济思想关注的主线与核心。苏格拉底、柏拉图和亚里士多德是古希腊经济思想的代表性人物，号称"希腊三杰"。三人都有丰富的财富思想，都探讨过诸如货币、价值和商品交换与分工等经济学的核心问题，甚至"现代经济学的下面一些成分来源于希腊的思想：享乐主义计算、主观价值、递减的边际效用、效率和资源配置"。① 其中，又以亚里士多德的理论最有成就。

二、先秦诸子百家时期民生经济思想②

1. 儒家诸子民生经济思想

（1）孔子。

孔子说："富与贵，是人之所欲也"③，并表达了个人求富的愿望："富而可求也，虽执鞭之士，吾亦为之。"④在孔子看来，解决好老百姓的"足食"问题即是富民和治国之道。如果官府能"因民之所利而利之"⑤，就能使劳动阶级产生极大的生产自主性和创造性，从而促进生产力的发展。这是最灵活的、最便捷的民生政策。

在分配上，孔子强调统治阶级要"敛，从其薄"⑥，节用爱人，让百姓"足食"，民生富庶，才能使"民信之矣"⑦。孔子的治国三步骤就是"庶矣""富之""教之"⑧，实质上就是说，只有解决了民生问题，才能实现治国理想。

（2）孟子。

孟子提出要让百姓拥有一定数量的、足以维持本人及家庭成员生存和维持劳动力再生产的"恒产"，从而"仰足以事父母，俯足以畜妻子，乐岁终身

---

① 小罗伯特·B.埃克伦德，等. 经济理论和方法史［M］. 杨玉生，等译. 北京：中国人民大学出版社，2001：10.

② 方建国. 先秦诸子百家民生经济思想探析：结构变迁视角［J］. 中国经济史研究，2015（3）.

③④⑤⑦⑧ 均出自《论语》.

⑥ 出自《左传》.

饱，凶年免于死亡"①。孟子给"恒产"所定的标准是"五亩之宅""百亩之田"②，满足使百姓维持其最低生活水平的物质生产条件。孟子指出，"不违农时，谷不可胜食也"，"百亩之田，勿夺其时，数口之家可以无饥矣"③，就是说，不违背自然规律和农业生产规律、合理分配农作时间和徭役时间、不破坏生产是民生的基本保障。在小农经济条件下，农民的生存条件和税赋多少是相对的，也是相依的。因此政府要"取于民有制"，"易其田畴，薄其税敛，民可使富也"④，合理的分配是生产和民生的必要条件。

孟子还认为，在社会分工条件下，"以其所有易其所无"，"以羡补不足"⑤。就是说，商品交换或互通有无是满足人们日益增长的物质需要、改进经济状态的一个有效途径，可以缓解民生困难。

（3）荀子。

荀子认为，发展农业生产是富民的"本"，只要百姓努力生产，勤俭持家，"强本而节用，则天不能贫"⑥。农业生产是富国和富民的"本"和"源"，如果不重视社会生产的发展，只知道利用赋税手段没完没了地搜刮百姓来增加国家收入，那就是"伐其本，竭其源"⑦。所以，荀子说："轻田野之税，平关市之征，省商贾之数，罕兴力役，无夺农时，如是，则国富矣。夫是之谓以政裕民。"⑧政府注重发展生产，增加整个社会的财富，就可以使百姓的财富和国家的财政收入同时增加，"如是则上下俱富，交无所藏之。是知国计之极也"⑨。

为此，荀子提出了两个政策主张：一是"节其流，开其源"⑩，通过"开源节流"的理财之道协调财政收入和社会经济发展的关系；二是"制礼明分"，就是为社会成员规定一定的等级界限，制定不同的分配标准，将各阶级的分配限制在一个合理范围内。荀子指出"兼足天下之道在明分"⑪，在制度上防止对财富的随意侵占和奢靡浪费，保证社会再生产的可持续进行。

2. 法家诸子民生经济思想

（1）商鞅。

商鞅认为农业是民生之本，为"本事""本业"。他认为，无论是国富还是民富都必须依靠专心务农和农业发展，"农则易勤，勤则富"，"壹之农，然后国家可富"⑫，"故民壹务，其家必富"，"能事本禁末者富"⑬。"富"就是

---

① ② ③ ④ ⑤ 均出自《孟子》。
⑥ ⑦ ⑧ ⑨ ⑩ ⑪ 均出自《荀子》。
⑫ ⑬ 均出自《商君书》。

生产出更多的农业剩余产品，因此，商鞅推行了一系列法令：①鼓励和保护一夫一妻的小农私有制及其生产方式；②以刑赏驱使人民"事本禁末"，推行农战一体化政策；③鼓励移民来秦国从事农业，千方百计压缩非农业人口；④运用价格政策打击商人、奖励农业生产，人为地提高粮价而降低货币的购买力。

（2）管子。

齐国法家的民生经济思想有五个方面。第一，在于粮食生产。粮食是维持生命的必需品，也是富民的基础，"民非谷不食"，"博民于生谷"①，务五谷、殖桑麻、育六畜、捕鱼鳖，发展农、林、牧、副、渔等农业生产，就是"强本事"。《管子》说："强本事，去无用，然后民可使富"②，"务五谷，则食足；养桑麻、育六畜，则民富"③。只有农业生产发展了，百姓富裕了，国家财政收入才能充足的来源"民足于产，则国家丰矣"④。国家要抓好和保护农业生产"无夺民时，则百姓富"⑤，否则，"民不务经产则仓廪空虚，财用不足"⑥。

第二，民可"自富"。当私有制出现了，国家就要允许和鼓励私人任意追求财利，"不推而往，不引而来，不烦不扰，而民自富"，"是故人主有能用其道者，不事心，不劳意，不动力，而土地自辟，囷仓自实，蓄积自多，甲兵自强"⑦，"民自富"是富国强兵的基础。

第三，富民在于人口和耕地的增长。《管子》说"无土而欲富者忧"⑧，"田畴星而国邑实"⑨，"地辟举则民留处"⑩。《管子》主张"均地分力"劳力和土地要合理地、按比例地增长，"富民有要，食民有率，率三十亩而足于卒岁"⑪，促进农业生产的发展。

第四，轻徭薄赋。《管子》主张"府不积货，藏手民也"，统治阶级"取于民有度，用之有止"⑫。《管子》提出"与之分货"分配制度改革，就是耕种国有土地的劳动者以"分货"的形式把自己的剩余劳动产品交给国家，而把必要的劳动产品留给自己。"与之分货，则民知得正矣，审其分，则民尽力矣"⑬，就能使百姓有一定私产，就可能把较多的财富和劳动力用于农业生产，以推动整个社会经济的更快发展，最终实现"富上而足下"的"圣王之至事"。

第五，在"四民分业"的社会，《管子》指出，"无市则民乏"⑭，交换是必然的，对生产的发展是有利的。

（3）韩非子。

为了使尽可能多的百姓从事耕战，韩非子主张堵塞一切耕战以外的成功

---

①②③④⑤⑥⑦⑧⑨⑩⑪⑫⑬⑭　均出自《管子》。

途径，除"五蠹之民"①。他说："丈夫尽于耕农，妇人力于织纴，则入多。务于畜养之理，察于土地之宜，六畜遂，五谷殖，则入多。"②韩非子认为，只有百姓掌握农牧知识，努力劳动，不铺张浪费，国家不横征暴敛，百姓才能走向富裕，过上较好的生活，"侈而堕者贫，而力而俭者富"③。

3. 道家诸子民生经济思想

（1）老子。

老子认为"天之道损有余而补不足"④，所以统治阶级要抑制剥削贪欲，不要苛酷地压榨百姓来增加自己的余财，才能更好地保全和增加统治阶级的财富。如果一味地"损不足以奉有余"⑤，必导致贫苦百姓的反抗，"民之饥，以其上食税之多，是以饥。民之难治，以其上之有为，是以难治。民之轻死，以其求生之厚，是以轻死"⑥。老子也反对过多地积累私人财产，主张"圣人不积""知足者富""厚藏必多亡"⑦，认为"积"是激化社会矛盾和导致被统治阶级、被压迫阶级暴力反抗的根源。老子还反对严刑峻法、穷兵黩武、苛赋重役，主张把政府活动减少到最小限度，无为而治，不干扰生产，不乱夺民财，"我无事，而民自富"⑧，尤其是统治阶级要节俭，"去奢去泰"，"少私寡欲"⑨，以俭率下，才能在社会中形成崇俭、素朴和纯真的风气，才能不激化阶级矛盾。

（2）庄子。

庄子将这一愿望演化为"无欲而天下足，无为而万物化，渊静而百姓定"⑩。庄子的"无欲"比老子更消极、极端。老子主张"寡欲"，而庄子主张无欲、绝欲和灭欲；主张生产劳动以满足生活需要为止，不求生产更多的财富，认为"不利货财"⑪，不积财。社会上无财富可争，自然就不会有因争致乱的革命和战争。庄子甚至主张限制生产活动，使其不产生任何剩余，对求富、积财进行釜底抽薪，从而实现"其民愚而朴，少私而寡欲；知作而不知藏，与而不求其报；不知义之所适，不知礼之所将"⑫的"建德之国"的理想社会。

4. 墨家民生经济思想

墨子认为，老百姓要创造财富或"生财密"就不得不高强度地劳动而

---

①②③　均出自《韩非子》。
④⑤⑥⑦⑧⑨　均出自《道德经》。
⑩⑪⑫　均出自《庄子》。

"强从事""农夫早出暮入，耕稼树艺，多聚菽粟"①"妇人夙兴夜寐，纺绩织纴，多治麻丝葛布绳"②，多生产"衣食之财"，特别是要多打粮食，"凡五谷者，民之所仰也，君之所以为养也。故民无仰，则君无养；民无食，则不可事。故食不可不务也，地不可不力也"③。这是小生产者生产方式下的"生财密"或增加财富的方式。

墨子认为统治阶级"厚作敛于百姓，暴夺民衣食之财"④，必使广大百姓更加贫困。他主张轻徭薄赋，反对苛税重役；要求统治阶级在生活享受方面全面实行节制和自我约束："为宫室不可不节""为衣服不可不节""为食饮不可不节""为舟车不可不节"⑤。如果将节用之财转用于民生支付和民生必需品的生产，那么不仅能够缓解阶级矛盾，还能调动百姓生产积极性，就能使一国财富成倍增长："圣人为政一国，一国可倍也；大之为政天下，天下可倍也"⑥，"去大人之好聚珠玉、鸟兽、犬马，以益衣裳、宫室、甲盾、五兵、舟车之数，于数倍乎？若则不难"⑦。也就是说，如果将一些用于珠玉、鸟兽、犬马的奢侈消费转用于百姓衣食住行或转用于基础建设和国防建设，就会促进财富数倍地增长。

5. 商家的民生经济思想

商家主要研究和讨论怎样管理和增殖个人或家庭财富的问题，以"富家"和"治生"为宗旨。从这个角度来说，商家是最典型的"民生"之学，与其他诸子大而言之的"富国"之学有着明显的区别。商家的很多理论，看起来是"生意经"，但大多数与民生问题紧密相关，不应被忽视。

计然根据农时、气候、天灾、收成等具体情况来谈农、商之事，"旱则资舟，水则资车，物之理也。六发穰，六岁旱，十二岁一大饥。夫粜，二十病农，九十病末。末病则财不出，农病则草不辟矣。上不过八十，下不减三十，则农末俱利，平粜齐物，关市不乏，治国之道也"⑧。显然是将处理好农、商二者之间的关系上升到治国的层面，依然走先秦诸子的国家管理民生的路子。

《史记》记载，陶朱公将计然之策"用之家"，就是根据计然"积着之理"的"务完物，无息币"的理论来"治生""富家"，根据市场需求和价格变化来调整商业行动，以少量货币而获得更多数量的货币，"与时逐""择人而任时"⑨，从而"为生可以致富矣"⑩。但在小农经济中，由于商品生产的有限，这种富民的机会并不多。

---

①②③④⑤⑥⑦　均出自《墨子》。
⑧⑨⑩　均出自《史记》。

三、唐朝时期刘晏的经济思想

1. 时代背景

刘晏生活的历史时期是我国封建社会的鼎盛时期，也是中国唐王朝由盛转衰的历史转折时期，他所实行的经济改革在历史上也是前无古人后无来者的改革。

唐代是中国封建社会发展的顶峰，当时的中国是世界上最富强、最文明的国家。有很多国家的人都会不远万里前来中国求学和进行商业贸易。唐代出现了两个盛世——贞观之治和开元盛世，这两个连续的盛世时期让唐王朝国力雄厚，声名远播。而安史之乱发生之后，这个难以复刻的盛世王朝也岌岌可危。但是在开元盛世的繁荣背后却暗藏着激烈的社会矛盾，也昭示着一场国家之灾马上就要到来。唐玄宗晚年时沉醉于酒色，安于享乐，荒淫无度，不愿励精图治，导致了安史之乱的发生，这场叛乱使国家经济基本处于瘫痪状态。正是在这个国家摇摇欲坠危机重重的时刻，刘晏开始着手经济改革以振兴深受打击的国家经济。

2. 思想内容

（1）以人为本。

在租税上，刘晏提出要因民所急而收税，以保证国家充足利用。这充分体现了刘晏"以人为本"的经济思想理念。民之所急莫过于日常生活必需而又不容易找到替代的物品。譬如：盐是人们生活的必需品，这是人人都需要的，而且需求导致的供求弹性很小，不管盐价是高还是低都可以很快地卖出去，若进行适当的价格涨幅，是不会产生由销售量急剧变化引发的不稳定现象，所以类似这种商品的税收征收可以获得相对稳定的收入。于是刘晏的理财重点就放在了盐政的整顿和改革上，而他的因民所急进行税收的思想帮助确定了专卖商品的选择。这种做法其实桑弘羊和管仲这些先人也进行过，但是最终总结出来一套明确清晰的理论的还是刘晏。

这种思想是在人们对生活必需品的买卖中产生的财富征收一定的税费，这当中不区分贫富，每个人都要担负一笔税收，其转嫁的目标人群就是全体国民。这种相对的租庸调制使税收为百姓带来了"人不苦，人不乏"的生活环境，相对之前的税收政策大大减轻了百姓的负担。

（2）重视商业。

刘晏重视官办商业和私营商业的同时发展。不仅如此，还有对于重要商品的流通和生产的熟练组织，这当中含有很浓厚的重视商业的经济思想。刘晏的这种经济思想在某种程度上带有一定的市场经济的味道。刘晏吸收并继承了桑弘羊和管仲的经济思想中的精华，即不同意直接强制性地增加人民生活的经济负担，而是将对商业经营运作的大力提倡和支持作为主要的经济手段，以此来为国家增加收入，充盈国库，充实国家财政经济。在此指导思想的引领下，刘晏极为重视商业的发展，比如刘晏开创了食盐的专营专卖，实行民间专营、官营、商销和商运等。桑弘羊虽重视商业的发展，但是他重视的是官方商业运作与发展，对于私营的商业还是有打压的意识，对商业的监管与干涉过多。而在这方面刘晏主张对商业进行相对宽松的监管制约，他在重视官营商业运作的同时，又注重对私营商业的销售能力的借用和有效的利用。这些做法，既有效地疏通了商品流通的渠道，又最大限度地使官府所设的各个机构需要的费用开支得到了缓解，解决了官僚机构经营商业造成的时效低、浪费严重、贪污大以及扰民现象丛生等问题。

刘晏这种思想是符合商品经济发展的历史规律的，在不同的条件下会实施不同的政策。改革家所起到的重要作用就在这里表现出来。刘晏不建议纯粹地对国家进行全面干预，他主张在一定的经济范围内且商业贸易自由的情况下，不应当对商业进行完全死板的管理，不应当只做单一的流通渠道，也就是官营，应当将官营和私营这两种商业渠道都做起来，这一点与我们现在运行的市场经济十分类似，在那个历史背景下展现了刘晏经济思想的创新意义。

3. 实施举措

（1）整顿漕运。

首先刘晏对江淮到长安整个水道进行了调查研究，掌握了漕运水路的第一手资料，针对这些资料制订出一系列有关的漕运治理方案，并亲自到漕运现场指挥工作人员进行施工。刘晏认为，江、河、渭、汴等水流的流速并不相同，有急有缓，所以建设施工时一定要根据各个河段的实际水情进行建设，通过营造运船、训练水运工人、分段接力进行运输等方法，方便水利运达。所以有关部门下达了一项规定：长江的运船要能通行到扬州，汴水的运船可以抵达河阴，黄河的运船能够到达渭口，而渭口的船只要能够运行到太仓。在这些河岸的沿途要设立一些粮仓，进行粮食的收存发放。这样不仅使各个河道上的船只更容易地了解到水情的变化，也减轻了江南人民的生活重担，还提高了运输效率，对过往船只的安全也起到了保障作用。刘晏还将运船进行了分组，每十艘船为一组，由军队当中的领导负责，每次进行航运，十次不出现差错的就可以获得奖励和晋升的机会。至此开始，每年都会有四十万斛以上的粮食运送至京城。刘晏还设立了造船坊，建造了两千多艘坚固的船只，在南粮北运等方面发挥了积极的作用，也缓解了北方如关中等地区粮食紧缺的危机局面。

（2）盐法改革。

唐朝初期，对于盐业的发展实行的也是相对较为宽松的政策，很多法制都沿用了隋朝的旧制，如盐税征收。但之后整个社会经济结构、财政需求以及政治情况等都发生了改变，故盐业政策的改变也不可避免。盐政改革实行的是食盐专卖制度。对于制作生产食盐的人们经过政府查监后可以允许落户籍，这些人被称为亭户。亭户所制作的食盐全部被官商收购，再转卖给平民百姓，这种叫作民制官收、官运官销的食盐专卖制度。刘晏还认为官员越多，人们要承担的负担就越多，所以在整顿盐政的同时，他还进行了盐务机构的重置，方便收购与专卖。

（3）实施常平法。

由于叛乱刚过，国家的经济环境不稳定，为了稳定物价，刘晏在各个主要城市的主要街道上设立了巡院，每月每旬都要把各地的气象情况及水旱情况报告到朝廷，由官营企业从丰收的地方高价收购大量的粮食，再到粮食产量低的地方以低于市场的价格卖给当地的百姓。常平法有效地防止了唯利是图的不法商贩肆意哄抬物价，帮助各地稳定了物价，可以说是取得了巨大的成果，也得到了有效的贯彻和实施。

刘晏还招收了一些喜欢行走善于运动的人，让这些人在各地巡院的同时彼此相互照应，了解信息。虽然各地物价有高有低、各不相同，尽管他们离京城很遥远，但是最多不超过 5 天就可以知道各地的价格，朝廷可迅速掌握各地的粮食价格，再由官府进行物价调节，消除产品价格的不当差异。

四、宋朝时期王安石的经济思想

1. 时代背景

王安石生活在北宋中期，当时的北宋政权在社会各方面都面临着深刻的危机，积贫积弱是当时北宋政权的主要特征，除了加强中央集权导致的较为普遍的"不求有功，但求无过"的不良官场作风，还表现在冗官、冗兵和冗费几个方面。由于科举录取名额的扩张，加上恩荫制、磨勘制的推行，北宋时期的官僚队伍在数量上迅速庞大起来。北宋时期，各级官员都拥有极其优厚的待遇以及不定期的巨额封赏，进一步造成冗官现象。一方面北宋在与外邦的战争中一向胜少败多，不得不纳币称臣，增加了额外的财政开支；另一方面北宋还要不断增兵布防，以此实现对国家中心地区的森严守卫，故北宋政府的军事开销非常庞大。"冗吏耗于上，冗兵耗于下，此所以尽取山泽之利而不能足也。"这归咎于北宋政府自开国以来采取的"重文轻武，守内虚外"的不当治国策略。更不必说为了安抚辽、夏，北宋每年还需向外输送一大批巨额的财政支出，无疑让本就负累重重的北宋政府更雪上加霜。

此外，商品经济发达和非农人口增加也是北宋不同于其他时期的典型社会特征。北宋军事能力不强，始终受到来自外邦的威胁，但由于当时农业技术推广带来了生产力的进步，所以北宋的经济仍然得到快速发展。生产力的快速发展带来愈发明显的社会分工趋势。过剩的劳动力则投入工商业的发展之中，并推动了矿冶、纺织、陶瓷、船舶等行业的蓬勃发展，形成了活跃的市场体系。越来越多的人投入经商活动中，进一步促进了商品经济的蓬勃发展，一时间呈现出"货殖之事益急，商贾之事益重"的局面。发达的商品经济一方面带来和增加了商业税收，另一方面也使北宋人口结构发生着巨大的改变，大量人口不再从事与封建社会集权官僚制相适应的小农经济模式，而是在人地矛盾等社会因素制约下被迫放弃农业，涌入城市加入工商业，这导致非农人口大量增长。

2. 思想内容

（1）民不加赋而国用饶。

这是王安石变法的核心经济思想，也是王安石力主的变革派与保守派官员们发生的主要思想冲突之一。和许多保守派不同，王安石主张社会的财富总量并不是一个定值，而是可以通过劳动的行为不断增加。因此，北宋政权应该因势利导，结合当时的社会现状通过适当的政策予以引导，以推动社会财富总量的不断增长，进而既可以满足国家繁复的财政需求，又不会给百姓增加太多额外的赋税负担。

王安石的核心经济思想在当时的时代背景之下具有一定的先进性。他不仅用一种动态的、变化着的视角来看待经济社会，提出了经济增长的可行性，还富有洞察力地提出了经济增长的两大路径。第一，"因天下之力，以生天下之财",要注重相对传统的资源开发,充分利用各类资源、力量,依傍天下所有力量来获取天下所有的财富;第二,"富其家者资之国,富其国者资之天下",要重视流通,建立开放性的经济。

(2)抑制兼并,扶持小农。

在北宋中期,由于统治阶级采取的"田制不立""不抑兼并"的国家政策,大量土地被兼并集中到了地主和富户的手中,一般的农民只占有少量的土地或根本没有土地,只能成为地主富户的佃户或者从事非农业工作。因此,即使在北宋时期商品经济迎来了空前的繁荣,对于大量社会底层的普通农民而言,生活依旧十分贫困。面对这种巨大的贫富悬殊,王安石针对小农家庭经济的脆弱性表达了抑制兼并、扶持小农的经济改革思想。在王安石看来,土地兼并现象严重表面上看是"不抑兼并"的结果,但是其本质原因还是在于个体农户的抗风险能力太低,因为平时的赋税负担很重,一旦遇到灾荒等突发风险没有生产之力的时候,就会负债累累难以为继,只能将土地卖给地主富农抵债,进而被趁机兼并。

(3)抑制豪商,维持市场秩序。

在宋代中期,由于社会生产力的发展,从事商品贩卖的人逐渐增多,在很大程度上促进了全国性的商业繁荣。在这个过程中,少数商人通过对财富的积累渐渐成为豪商,这些豪商一方面更加促进了商业的繁荣发展;另一方面部分豪商也进一步利用自身优势,根据地区之间的差价和各地需求供给的差异进行投机倒把的活动,在盘剥小农的同时干扰市场,构成社会上动荡的不稳定因素。王安石认为为维持市场长期存续良性发展,需要维持稳定的市场秩序,打破富商对市场的垄断把控。

3. 实施举措

(1)青苗法、方田均税法、免役法。

青苗法实质就像一种农业贷款,指政府借贷一定额金钱以满足农民生产和生活的基本需要,农民完成秋收后则需偿还本利;方田均税法是一种重新丈量、评估、登记土地,确保土地所有者依照其实际拥有的土地数量和等级缴纳税赋的策略;免役法则是针对差役法的一项改革,即废除原来的按户等轮流充当州县差役的方法,改由州县官府自行出钱雇人应役且官府雇人的募役费则由当地地主按户等分担。这三种法均是王安石用来增加个体农户抗风险能力,为扶持个体农户、抑制兼并行为而推行的。

(2)市易法、均输法。

市易法蕴含的基本思想来自桑弘羊的平准思想("贱即买,贵即卖"),

即通过政府的宏观调控来保持物价平稳；均输法则在于"徙贵就贱，用近易远"。这两种法的推行是王安石用来奠定市场良性发展的基础。

五、明朝时期张居正的经济思想

1. 时代背景

张居正改革发生在明朝万历元年至万历十年（1573—1582 年），正是国家多事之秋。社会经济最棘手的问题是土地兼并问题，从明朝中期以后，贵族大地主兼并土地的情况相当严重。在江南，有的大地主占田 7 万顷。在朝廷中，大学士徐阶一家就占了 24 万亩。全国纳税的土地，约有一半为大地主所隐占，而且他们拒不缴税，严重影响了国家收入。隆庆五年（1571 年），全年财政收入只有 250 万两，而支出达到 400 多万两，赤字超过三分之一。官员的贪污、浪费和浩大的军费更加重了财政的拮据，国穷财尽已到了触目惊心的地步。

2. 思想内容

（1）节用爱民，以保国本。

张居正反对通过"开利源"来理财，因为在他看来，"夫天地生财，止有此数，设法巧取，不能增多"。他早年曾较多接触下层人民，深深懂得安民养民后国富的道理，他指出："窃闻致理之要，惟在于安民。"张居正认为，"古之理财者，汰浮溢而不骛入，节漏费而不开利源"，理财还是要以节用为主。

同时，张居正还要求皇帝和百姓一同过苦日子，在皇室的奢侈性花费上锱铢必较、寸步不让，他据理力争，停输钱内库供赏，节省服御费用，使封建统治者的奢侈消费现象有所收敛。

（2）厚商利农。

张居正反对传统的重农轻商观念，认为应该农商并重，并提出"省征发，以厚农而资商……轻关市，以厚商而利农"的主张。因此他反对随意增加商税，侵犯了商人利益。这些做法顺应了历史的发展潮流，在一定程度上减轻了百姓的负担，缓和了一触即发的阶级矛盾，对历史的发展起了积极的推动作用。

3. 实施举措

（1）清丈全国土地。

万历六年（1578 年），他不顾豪强地主和勋戚的反对，下令清丈全国的土地，包括勋戚的田庄和军屯地在内。经过多年努力，共丈出土地 700 余万项，其中查出勋戚豪强和军官隐占的庄田、屯田即达 80 多万顷。

（2）实行一条鞭法。

"一条鞭法"是张居正经济改革的核心内容，他的目的是均赋役，通过按丁、粮派役的办法，把原来按人分派的差役部分地转入地亩之中，为一部分无地或少地的农民减轻了丁役负担，赋税与差役合而为一，简化了赋役名目和征收的手续，对于抑制贪官污吏营私舞弊、敲诈勒索农民也有一定的积极作用。不仅如此，还规定让农民以银代役，由政府用银雇役，这种折银制度从此被稳定下来，使农民对封建国家的人身依附关系日益减弱，客观上适应了明中叶以后商品经济发展的需要，促进了商品货币关系的滋生和发展，标志新生产关系的萌芽正在封建社会母体内悄悄孕育。

阅读材料

1. 李黎力，徐宁鸿慎. 新奥地利经济学派在中国：历史与展望 [J]. 上海经济研究，2021（3）.

2. 冯兴元，刘业进. 诺思的贡献与思想遗产 [J]. 学术界，2016（2）：24–37.

3. 黄少安. 罗纳德·科斯与新古典制度经济学 [J]. 经济学动态，2013（11）：97–109.

4. 张旭昆，岑丞. 健康经济学与我国医疗保障制度改革 [J]. 经济学动态，2003（2）：28–30.

5. 传播哈耶克：中国当代思潮转向的标志 [N]. 新京报，2014–07–19.

6. 陈潇潇，安同良. 熊彼特学说在中国的传播与发展 [J]. 学海，2015（2）：110–117.

问题与讨论

1. 简述奥地利学派与芝加哥学派的基本观点的异同。

2. 简述新制度经济学的主要观点。

3. 试说明福利经济学主要思想在我国的适用性。

4. 试比较哈耶克和米塞斯的货币与经济周期理论。

5. 简述"熊彼特的创新理论"，并简要分析"熊彼特创新理论"对中国创新发展的启示。

6. 弗里德曼曾说过："我不是一位供给学派经济学家，我也不是一位货币主义经济学家，我是一位经济学家。"你如何理解他这句话？

7. 试比较中国诸子百家代表性观点与古希腊代表性经济思想的异同。

参考文献

[1] 魏丽莉. 经济思想史 [M]. 北京：机械工业出版社，2019.

[2] 张旭昆. 经济思想史 [M]. 北京：中国人民大学出版社，2017.

[3] 海因茨·D.库尔茨. 经济思想简史 [M]. 李酣，译. 北京：中国社会科学出版社，2016.

[4] 赖建诚. 经济思想史的趣味 [M]. 杭州：浙江大学出版社，2011.

[5] 伊斯雷尔·科兹纳，穆雷·罗斯巴德. 现代奥地利学派经济学的基础 [M]. 王文玉，译. 杭州：浙江大学出版社，2008.

[6] 程霖，陈旭东，张申. 中国传统经济思想的历史地位 [J]. 中国经济史研究，2016 (2)：16-31.

[7] 程霖，陈旭东，张申. 从传统到现代：近代以来中国经济思想的变迁路程 [J]. 经济思想史学刊，2023 (1)：3-45.

[8] 方建国. 先秦诸子百家民生经济思想探析：结构变迁视角 [J]. 中国经济史研究，2015 (3)：25-42，143.